Nick Pope begann seine Arbeit im britischen Verteidigungsministerium im Jahre 1985. Von 1991 bis 1994 war er dort zuständig für die Aufklärung von UFO-Sichtungen. Auch nach dem Ende seiner offiziellen Beschäftigung mit UFOs widmet er sich intensiv dem Studium paranormaler Phänomene. Er lebt in London.

Deutsche Erstausgabe März 1998

Titel der Originalausgabe: »Open Skies, Closed Minds. For The First
Time A Government UFO Expert Speaks Out«

Originalverlag: Simon & Schuster Ltd, London
Umschlaggestaltung: Agentur Zero, München
Umschlagfoto: Tony Stone/Steven Peters, München
Satz: Ventura Publisher im Verlag
Reproduktion: Franzis-Druck, München
Druck und Bindung: Clausen & Bosse, Leck
Printed in Germany
ISBN 3-426-77310-4

5 4 3 2 1

Nick Pope

Die UFO-Akte

Der UFO-Beauftragte des britischen Verteidigungsministeriums packt aus

Mit einem Vorwort von Timothy Good

Aus dem Englischen von Annemarie Pumpernig

Knaur

Für Mutter
in liebevollem Gedenken

Anmerkung des Autors

Wenn nichts Gegenteiliges vermerkt ist, handelt es sich bei den in diesem Buch vertretenen Ansichten um meine eigene Meinung, die nicht als die offizielle Position des Verteidigungsministeriums oder einer anderen Behörde verstanden werden sollte.

»Doch durch die unendlichen Weiten des Weltraums hindurch … betrachteten gewaltige kalte und mitleidlose Wesen unsere Erde mit neidischen Augen und schmiedeten langsam, aber sicher ihre Pläne gegen uns …«

H.G. Wells
Der Krieg der Welten
(William Heinemann)

Inhalt

Dank

Wie alle Bücher, so ist auch dieses das Ergebnis einer Gemeinschaftsarbeit, und viele Menschen haben zu dem Endprodukt ihren Beitrag geleistet. Besonders erwähnen möchte ich die folgenden Personen:

Meinem Agenten Andrew Lownie danke ich für seine geduldige Hilfe und die Ermutigung, die er mir ständig zuteil werden ließ, und dafür, daß er mich mit sicherer Hand durch die Wirren des Schreibens geleitete. Ohne Andrew wäre dieses Projekt niemals in Gang gekommen.

Mein Dank gilt auch Mei Trow, der beim Schreiben mit mir zusammenarbeitete und dieses Buch zu etwas machte, worauf wir beide stolz sein können. Mei hat seinen gesunden Menschenverstand und seinen Humor in den Text eingebracht, und seine soliden Recherchen und erhellenden Einsichten haben dem Projekt viel Positives gegeben.

Ich danke auch allen Angehörigen von Simon & Schuster, die mir in den einzelnen Stadien, die ein Manuskript bis zu seiner Fertigstellung durchläuft, mit Rat und Tat zur Seite standen und die mir jede Unterstützung und jeden Rat zuteil werden ließen, die ich mir nur wünschen konnte. Mein besonderer Dank gilt Martin Fletcher, Jacquie Clare, Gillian Holmes, Lisa Shakespeare, Cathy Schofield, Aruna Mathur, Glen Saville, Aniz Damani und Caroline North

Ein herzliches Dankeschön geht auch an Timothy Good für das ausgezeichnete Vorwort und dafür, daß er den Text mit Expertenblick begutachtet hat.

Besonderen Dank schulde ich einer Reihe von Ufologen und anderen Erforschern paranormaler Phänomene, deren Begeisterung und Engagement mich zu der Überzeugung brachten, daß diese Themen eine ernsthafte Untersuchung verdienen, und deren Scharfsinn und Klugheit meine eigenen Überzeugungen formen halfen. Wir sind uns nicht in allen Dingen einig, und nicht alle sind davon überzeugt, daß UFOs außerirdischen Ursprungs sind, aber sie haben ausnahmslos bahnbrechende Arbeit geleistet, und sie sind alle wunderbare Menschen. Ich kann sie an dieser Stelle unmöglich alle erwähnen, aber insbesondere möchte ich John Spencer, Timothy Good (noch einmal), Budd Hopkins, Graham Birdsall, Philip Mantle, Tony Dodd, Colin Andrews, Jenny Randles, Ralph Noyes und Lucien Morgan danken.

Mein ewiger Dank gilt Mark und Vivienne Birdsall und allen Angehörigen der Quest Picture Library, die die meisten der wundervollen Fotos in diesem Buch auftrieben und ihr Erscheinen ermöglichten.

Außerdem möchte ich meinen vielen Freunden und Kollegen im Verteidigungsministerium danken, die mich in diesem Unterfangen fast ausnahmslos unterstützten und mich auch in schwierigen Zeiten ermutigten.

Sehr dankbar bin ich meinem Vater für seine klugen Worte, seine fachlichen Ratschläge und seine Unterstützung rundum. Vielen Dank auch an meine Stiefmutter Helen und an meinen Bruder Seb für die Unterstützung, die sie mir zuteil werden ließen, und an Michèle Kaczynski dafür, daß sie während der Entstehung dieses Buches meine Vertrauensperson war.

Des weiteren gilt mein Dank auch Nick Forbes vom Public Record Office, Charles Halt, Ed Walters, Ray Santilli, Ian Macpherson, Lizzie Wickham, Laura Newall, Yetunde Koledoye, Richard Horsley, Jane Goldman und all den anderen Menschen, die zu erwähnen ich vergessen habe, denen ich aber nicht minder dankbar bin.

Schließlich schulde ich auch den verschiedenen Zeugen Dank,

ob namentlich bekannt oder nicht, deren Berichte mir halfen, mir meine Meinung über das UFO-Phänomen zu bilden. Ich habe mein Bestes getan, um den Mysterien auf den Grund zu gehen, die ihr Leben verändert haben, und ich hoffe, daß ich – wenn ich sie schon nicht zu lösen imstande bin – ihnen wenigstens dabei helfen konnte, mit ihnen zurechtzukommen. Trotz all der Traumata, die sie erlitten haben, und der Fragen, die offengeblieben sind, sind sie in gewisser Weise Glückspilze: Sie haben Anteil an etwas gehabt, das wir anderen gerade erst zu erkennen, geschweige denn zu verstehen beginnen.

Vorwort

von Timothy Good

Meine erste Begegnung mit der Abteilung des Verteidigungsministeriums, die sich mit UFO-Berichten aus der Bevölkerung befaßt, geht auf das Jahr 1963 zurück. Ich meldete telefonisch die Sichtung eines offensichtlich unbekannten Objekts, das eines Abends im August mehrere Stunden lang über meiner im Südosten gelegenen Londoner Vorstadt und über den nahe gelegenen Grafschaften schwebte. Das Ministerium versprach, der Sache auf den Grund zu gehen, und innerhalb einiger Tage nach der Sichtung wurde mir eine plausible Erklärung vorgelegt. In zahlreichen Kontakten, die ich seit damals mit dem Ministerium hatte, wurden meine Anfragen immer höflich und mit Ernsthaftigkeit behandelt. Gemeinsam mit den meisten führenden Forschern teile ich den offiziellen Standpunkt des Ministeriums, dem zufolge die Mehrzahl der Sichtungen (etwa 90 Prozent – obwohl ich glaube, daß diese Zahl willkürlich angenommen wurde) mit konventionellen Flugzeugen, Luftschiffen, Ballons, Sternen, Planeten, Laserstrahlen und ähnlichem erklärt werden kann. Es gibt nur einen Punkt, in dem ich mit dem Ministerium nicht einer Meinung bin: Das Ministerium glaubt, daß die verbleibenden 10 Prozent der Sichtungen nichts verkörpern, was über unser derzeitiges Wissen hinausgeht, und daß sie keine Bedrohung unserer nationalen Sicherheit darstellen. Das glaube ich nicht. Und dann kam Nick Pope.

In der Zeit von 1991 bis 1994, als Nick als UFO-Beauftragter im Secretariat (Air Staff) 2a arbeitete, korrespondierte ich viel mit ihm, und das, was er sagte, deckte sich immer mit der offiziellen Politik. Als Nick dann plötzlich begann, auf eigene

Initiative Treffen mit führenden britischen UFO-Experten zu organisieren, fragte ich mich, ob sich der offizielle Standpunkt vielleicht geändert hatte. Schließlich sickerte durch, daß dem nicht so war. Doch als ich Nick im Jahr 1993 traf (gemeinsam mit dem bekannten Autor und Forscher John Spencer, der das Treffen organisiert hatte), war ich erstaunt festzustellen, daß Nick nicht nur gut informiert war, sondern daß er dem UFO-Phänomen auch vollkommen objektiv gegenüberstand. Wie er mir später in einer Pizzeria in Whitehall erklärte, wurde er seiner Meinung nach dafür bezahlt, daß er seine Arbeit machte, und deshalb verspürte er im Gegensatz zu den meisten seiner Vorgänger eine Verpflichtung, dem Thema auf den Grund zu gehen. »Ich empfand es als meine Pflicht, hinauszugehen und Expertenmeinungen einzuholen«, erzählte mir Nick im Jahr 1995. »Ich mußte einfach wissen, was da vor sich geht, und ich wollte unbedingt die wichtigsten Experten dieses Gebietes treffen und ihre verschiedenen Meinungen kennenlernen.«

Obwohl Nicks Initiative von einigen seiner Kollegen in seiner Abteilung mit Argwohn betrachtet wurde – und andere sie regelrecht verspotteten – entstand in der Folge eine noch nie dagewesene Zusammenarbeit mit UFO-Forschern. Nicks Hoffnung, daß diese Zusammenarbeit die Beantwortung der Fragen der Öffentlichkeit erleichtern würde, erwies sich als vollkommen gerechtfertigt. Ich erinnere mich zum Beispiel an einen Fall, in dem wir die Sichtung eines beleuchteten »Raumschiffs« untersuchten, die im November 1993 aus dem Raum London gemeldet wurde. Nick und ich hatten die gemeinsame Aufgabe, verschiedene Zivilbehörden zu kontaktieren, damit diese das Objekt identifizierten. Das »Raumschiff« erwies sich als ein von »Virgin Lightships« geflogenes, beleuchtetes Luftschiff.

Von besonderem Interesse in diesem Buch sind jene Berichte, die Nick in der Zeit vorgelegt wurden, in der er offizieller

UFO-Beauftragter war, und die sich anscheinend einer konventionellen Erklärung entziehen. In den fünfziger Jahren erklärte der Luftfahrtminister George Ward in seinen Berichten an die Mitglieder des Unterhauses UFO-Sichtungen oft mit »Ballons«, vor allem jene, die von den Piloten der Royal Air Force gemeldet wurden. Als aber sein Freund Desmond Leslie, ein Cousin zweiten Grades von Sir Winston Churchill und ehemaliger Kampfpilot des Zweiten Weltkriegs, im Jahr 1954 diese offiziellen Darstellungen in Zweifel zog, nannte Ward mehrere Gründe, warum er sich dazu verpflichtet fühlte, diese Berichte der Öffentlichkeit zu »erklären«. Einer dieser Gründe war die Angst, sich lächerlich zu machen. »Was soll ich sagen?« fragte Ward. »Ich *weiß*, daß es kein Ballon war. *Sie* wissen, daß es kein Ballon war. Aber bevor nicht eine fliegende Untertasse im Hyde Park am Boden liegt und wir eine Besichtigungsgebühr verlangen können, *müssen* es Ballons gewesen sein, denn sonst würde die Regierung stürzen, und ich könnte meinen Job an den Nagel hängen.«

Ward erklärte weiter, in welch schwieriger Situation er und andere Mitglieder der Regierung Ihrer Majestät sich befänden. Er sagte, falls er die Existenz fliegender Untertassen zugeben würde, ohne handfeste Beweise dafür vorzulegen, dann würde die Öffentlichkeit glauben, die Regierung sei verrückt geworden, und das Vertrauen in sie verlieren. Offensichtlich gibt es eine sehr schmale Grenze zwischen der Angst, sich öffentlich lächerlich zu machen, und der Sorge über die nationale Sicherheit!

Obwohl die Chefs der britischen Fernsehanstalten endlich – wie zuvor bereits in anderen Staaten – erkannt haben, daß dieses Thema von ungeheurem öffentlichen Interesse ist (was eine Reihe ernstzunehmender Dokumentationen nach sich gezogen hat), läßt die Einstellung der britischen Presse immer noch sehr zu wünschen übrig. Für die Boulevardzeitungen ist

es ebenso notwendig, Sensationsmeldungen zu diesem Thema zu liefern, wie für die sogenannten »seriösen« Medien, es lächerlich zu machen. Zweifellos werden die Medien auf dieses Buch genauso reagieren.
Dabei trägt keine dieser Reaktionen dazu bei, zu einer ernsthaften Einschätzung des Phänomens zu gelangen. Der ungarische Verteidigungsminister, György Keleti, antwortete 1994 auf die Frage eines skeptischen, aber sensationslüsternen Reporters einer ungarischen Zeitung, ob er Angst vor einer UFO-Invasion habe:

> ... ich war Kolumnist (im Budapester *Ufomagazin)*, und ich veröffentlichte UFO-Fälle, die in der ungarischen Armee beobachtet und gemeldet wurden. Ich erwähnte nie, daß wir irgendwelche Maßnahmen gegen UFO-Kräfte vorbereiteten, sondern ich wies die Öffentlichkeit nur darauf hin, daß wir als Zivilbevölkerung hier auf der Erde nicht in der Lage sein würden, uns gegen solche Kräfte zu verteidigen ... Das Verteidigungsministerium hat viele Berichte über UFO-Sichtungen in der Gegend um Szolnok erhalten, und das bedeutet logischerweise und ohne Zweifel, daß sie [die UFOs] sehr wohl wissen, wo sie landen müssen und was sie zu tun haben. Es ist wirklich erstaunlich, daß ... die Zeitungen die Berichte der Behörden ständig zurückweisen.

Ich muß auch das Thema UFOs und nationale Sicherheit anschneiden. Aus Tausenden Dokumentenseiten, die in vielen Ländern veröffentlicht wurden – wegen der dort geltenden liberalen Gesetze zur Informationsfreiheit besonders in den Vereinigten Staaten –, geht ziemlich eindeutig hervor, daß UFOs seit den vierziger Jahren Gegenstand intensiver Forschungen seitens des Militärs und der wissenschaftlichen Nachrichtendienste waren. Sie enthüllen auch, daß viele Be-

hörden der USA (mit Ausnahme der Air Force) jegliche ernsthafte Beteiligung an diesen Untersuchungen lange leugneten – so lange, bis eine wahre Flut veröffentlichter Dokumente das Gegenteil bewies. Darüber hinaus geben Behörden wie die CIA, die Defense Intelligence Agency, die National Security Agency und die Nachrichtendienste der Air Force, der Armee und der Navy zu, daß viele Top-Secret-Dokumente im Interesse der nationalen Sicherheit immer noch zurückgehalten werden. Und bereits in den fünfziger Jahren wurde in einem bislang streng geheimen Memorandum der kanadischen Regierung erklärt, daß die Ergebnisse amerikanischer Forschungen über »fliegende Untertassen« einen höheren Prioritätsgrad hatten als die Wasserstoffbombe. Selbst ein früherer Direktor der CIA, Konteradmiral Roscoe Hillenkoetter, gab 1960 in einer Erklärung vor dem U.S.-Kongreß zu, daß »viele Menschen durch die staatliche Geheimniskrämerei und die Tatsache, daß diese Dinge lächerlich gemacht werden, zu der Annahme verleitet werden, unbekannte Flugobjekte seien Unsinn«. Wenn da nichts verschleiert wird, warum dann die Geheimniskrämerei? Nick Pope hat in Großbritannien keine Anzeichen einer solchen Geheimniskrämerei gefunden. Nun habe ich Nick zwar als einen überaus aufrichtigen Menschen kennengelernt, aber ich bezweifle trotzdem, daß die Beamten seiner Abteilung umfassend informiert wurden. Ich bin mir zum Beispiel sicher, daß die meisten Militärberichte an andere Abteilungen weitergeleitet werden, wie mir auch von gut informierten Quellen bestätigt wird. Selbst ein ehemaliger Leiter des Verteidigungsstabes wie Großadmiral Lord Hill-Norton (der fest davon überzeugt ist, daß vieles vertuscht wird) wurde an seinen Versuchen, mehr herauszufinden, gehindert. Da überrascht es wohl kaum, daß es Nick nicht gelang, irgendwelche einschlägigen Beweise beizubringen.
Es ist bekannt, daß die wissenschaftlichen und technischen

Nachrichtendienste des Verteidigungsministeriums in den fünfziger Jahren Top-Secret-Untersuchungen über das UFO-Phänomen durchführten. Wie kommt es dann, daß trotz der Bestimmung, solche Akten nach dreißig Jahren zu veröffentlichen, kaum Berichte über durchaus bekannte UFO-Sichtungen, die Piloten der Royal Air Force in diesem Zeitraum machten, an das Staatsarchiv weitergeleitet wurden? Sie sind der Öffentlichkeit dadurch wahrscheinlich noch über Jahre hinaus unzugänglich. Angesichts der Tatsache, daß einige der harmloseren Berichte überlebt haben, fällt es mir schwer, den offiziellen Erklärungen Glauben zu schenken, die da lauten, daß solche Akten entweder nicht existieren oder daß sie routinemäßig vernichtet wurden.

Nick ist jedenfalls davon überzeugt, daß von UFOs eine potentielle Bedrohung der nationalen Sicherheit ausgeht. »Die Rolle der britischen Regierung in der UFO-Forschung besteht darin festzustellen, ob die Verteidigung des Vereinigten Königreichs durch UFOs bedroht ist oder nicht«, sagte er mir 1995. »Wenn tatsächlich, wie bestimmte Indizien nahelegen, regelmäßig strukturierte Flugobjekte unbekannten Ursprungs in den Luftverteidigungsraum des Vereinigten Königreichs eindringen, dann erscheint mir das im geringsten Fall als potentielle Bedrohung. Wie können wir sagen, daß keine Bedrohung besteht, wenn wir diese Objekte nicht kennen, wenn wir nicht wissen, woher sie kommen oder was sie wollen?«

In der offiziellen Politik der Freigabe von UFO-Berichten militärischer Beobachter hinkt Großbritannien hinter anderen Ländern her. Die Verteidigungsministerien Belgiens, Ungarns, Italiens, Rußlands und insbesondere Spaniens haben inzwischen viele Berichte über UFO-Sichtungen von Luftwaffenpiloten und anderen Militärs freigegeben. Darüber hinaus ist die Realität des UFO-Phänomens von einigen europäischen Verteidigungsministern bestätigt worden. Nach dem aufsehenerregenden Eindringen großer, meist dreieckiger Flugkörper in den belgischen Luftraum in den Jahren 1989/1990, das von über 2500 Zeugen beobachtet wurde – darunter mehreren F-16-Luftwaffenpiloten und zahlreichen Polizeibeamten –, erklärte Generalmajor Wilfried De Brouwer, stellvertretender Chef der Königlichen Belgischen Luftwaffe: »Zweifellos wird der Tag kommen, an dem man das Phänomen mit technischen Erkennungs- und Aufzeichnungsmethoden beobachten kann, die jegliche Zweifel über seinen Ursprung ausräumen. Damit sollte es uns gelingen, einen Teil des Schleiers zu lüften, der lange Zeit über dem Rätsel der UFOs lag. Doch es existiert, es ist Realität, und das ist bereits für sich genommen eine wichtige Feststellung.«

Nick Pope, einem wahrhaften Pionier, ist zu seinem Mut zu gratulieren, daß er dieses bahnbrechende Buch geschrieben und damit seine Karriere im Verteidigungsministerium einem beträchtlichen Risiko ausgesetzt hat. *Die UFO-Akte* bietet einen faszinierenden, klugen und objektiven Überblick über dieses komplexe und facettenreiche Thema, und ich bin davon überzeugt, daß das Buch viel dazu beitragen wird, mit dem Mythos aufzuräumen, daß UFOs nichts als lächerlicher Unsinn sind.

Timothy Good ist einer der angesehensten Experten auf dem Gebiet der UFO-Forschung. Er ist Autor und Herausgeber einer Reihe von Bestsellern über das Thema, darunter *Above Top Secret: The Worldwide UFO Cover-up*, *Alien Liaison: The Ultimate Secret* und *Alien Update*. Sein neuestes Buch trägt den Titel *Beyond Top Secret: The Worldwide UFO Security Threat* (deutscher Titel: Jenseits von Top Secret), aus dem die in diesem Vorwort zitierten Informationen stammen.

Einführung

Obwohl ich, wie ich hoffe, im allgemeinen ein offener Mensch bin, stand ich paranormalen Phänomenen bis zum Jahr 1991 mit einer gewissen Skepsis gegenüber. Als karrierebewußter Beamter des Verteidigungsministeriums war ich nicht der Mensch, der sich leichtfertig irgendeiner absonderlichen Theorie verschrieb, für die es keine Beweise gab. Ich glaubte nicht an UFOs; ich wußte nicht, daß es Leute gab, die sich mit UFO-Forschung beschäftigten, und ich hatte noch nie von dem Phänomen der Entführung durch Außerirdische gehört. Und überhaupt – paranormale Erfahrungen machten doch nur Leute, die nicht ganz richtig im Kopf waren, oder? Doch dann wurde mir die merkwürdigste Aufgabe meines Lebens zugeteilt: Ich sollte UFO-Sichtungen untersuchen, um sicherzustellen, daß von außerirdischen Flugobjekten keine Gefahr für das Vereinigte Königreich ausging. Ich sollte ein echter »Fox Mulder« werden, Held der britischen Kultfernsehserie *Akte X;* Nick »Spooky« Pope, von Zeugen und Entführten als Vertrauensperson geschätzt, von Ufologen als »Insider-Verbündeter« betrachtet und von ein oder zwei meiner Vorgesetzten als verschrobener Sonderling abgestempelt.

Ich begann in einer Situation, in der jeder UFO-Bericht, wie bizarr er auch sein mochte, mit Flugzeuglichtern erklärt wurde – fertig. Doch ich hatte immer ein unangenehmes Gefühl dabei, eine Untersuchung für abgeschlossen zu erklären, wenn ich meine Möglichkeiten nicht voll ausgeschöpft hatte. Ich war einfach nicht bereit zu behaupten, daß von UFOs keine Bedrohung ausging, solange ich nicht wußte, was in Wirklichkeit vor sich ging. Kurz gesagt, ich würde die Dinge ganz offen

beim Namen nennen. Ich würde keine Rücksicht auf die Vorurteile jener Leute nehmen, die nicht einmal dann zugeben würden, daß es Phänomene gab, die sie sich nicht erklären konnten, wenn eine fliegende Untertasse in ihrem eigenen Garten landete. Wie Fox Mulder war ich der Rebell, der Mann aus den Vorzimmern der Macht, der nicht bereit war, sich wie die anderen an die Spielregeln der Gesellschaft zu halten.
Eine der ersten Aktivitäten, in die ich mich in meinem UFO-Posten vertiefte, war das Lesen. Ich las mich gründlich in das Thema ein. Die meisten UFO-Sichtungen wurden als Lichter am Himmel beschrieben. Selbstverständlich konnte es sich bei diesen Lichtern um irgend etwas handeln, und tatsächlich erwiesen sich die meisten von ihnen als nichts anderes als jene Flugzeuglichter, von denen die meisten meiner Vorgänger so besessen gewesen zu sein schienen. Aber dann gab es auch die Phänomene der »nahen Begegnungen«. Ich hatte Steven Spielbergs Film *Unheimliche Begegnung der dritten Art* gesehen, und deshalb glaubte ich, alles über diese Begegnungen zu wissen. Doch offensichtlich war dem nicht so. Es stellte sich heraus, daß es auch sogenannte »Begegnungen der vierten Art« gab, bei denen Menschen von Außerirdischen entführt worden waren. Das behaupteten sie jedenfalls. Es gab, so schien es, zwei häufige Szenarien: Manche Leute wurden aus ihren Betten heraus entführt, andere – zum Beispiel – aus ihren Autos heraus, wenn sie spätnachts auf einer verlassenen Straße fuhren. Weitergehende Forschungen enthüllten das Phänomen der »verlorenen Zeit«, bei dem Menschen viel später als erwartet zu Hause ankamen und über einen bestimmten Teil ihres Abends keine Rechenschaft ablegen konnten. Etwas war geschehen, aber sie hatten keine bewußte Erinnerung an diese Ereignisse. Dieses Etwas war, wie viele Ufologen sagen, eine Entführung durch Außerirdische, die den Fahrer in ein Raumschiff setzten, ihn irgendeiner medizinischen Behandlung un-

terzogen und ihn oder sie dann mit der hypnotisch verstärkten Anweisung, sich nicht zu erinnern, in das Auto zurückbrachten.

Phantasievolle Erfindungen aufmerksamkeitsgeiler Spinner? Halluzinationen kranker Köpfe? Vielleicht. Aber ich war sowohl dem Verteidigungsministerium als auch der Öffentlichkeit gegenüber verantwortlich. Ich mußte alle Sichtungen und Erfahrungen auf objektive Weise untersuchen, unabhängig davon, was ich selbst von einem Zeugen oder seiner Erfahrung hielt. Ich durfte mich auf keinen Fall von persönlichen Eindrücken beeinflussen lassen. Anfänglich hielten mich viele aus der Welt der Ufologie lediglich für »den Mann aus dem Ministerium«, dessen Welt sicher nicht zerschmetterte UFOs, tote Außerirdische und kosmische Vertuschungsaktionen waren. Aber als ich anfing, mich tagtäglich mit Menschen zu beschäftigen, die von mit menschlicher Logik nicht zu erklärenden Erlebnissen berichteten, begann ich mit UFO-Forschern zusammenzuarbeiten, und auf beiden Seiten entstand Vertrauen. Ich beriet Entführte, indem ich entweder versuchte, ihre Erlebnisse zu erklären, oder – häufiger – indem ich ihnen einfach half, sie zu verarbeiten.

In den folgenden drei Jahren vertiefte ich mich intensiv in das Phänomen der UFOs und in die Entführung durch Außerirdische, und bald hatte ich ein umfassendes Wissen über diese Themenbereiche angesammelt. Die Hunderte Fälle, die ich jedes Jahr untersuchte, waren lediglich die Spitze des Eisbergs – 95 Prozent der Sichtungen wurden uns von vornherein überhaupt nicht gemeldet. Entweder weil die Betroffenen nicht wußten, daß es sich um eine Angelegenheit von öffentlichem Interesse handelte oder weil sie befürchteten, sich lächerlich zu machen.

Die drei Jahre, die ich auf diesem Posten verbrachte, waren eine einzige Entdeckungsreise, bei der mir mein offizieller

Status einen Vorsprung gegenüber anderen Forschern verschaffte. Es sind viele ausgezeichnete Bücher über das UFO-Phänomen geschrieben worden, aber die Autoren sind im wesentlichen begeisterte Amateure, deren Interesse sich aus einem persönlichen Erlebnis oder einer noch aus der Kinderzeit stammenden Faszination für den Weltraum und Science-fiction herleitet. Die allgemeine Vorstellung von UFOs als fliegende Untertassen mit kleinen, grünen Männchen darauf wurde von einer stimmgewaltigen Handvoll von Spinnern geprägt, die zwar am wenigsten wissen, aber am lautesten schreien. Nirgendwo wird dieses offenkundiger als bei der angeblichen Rolle der Regierungen, denn die These einer offiziellen Vertuschung ist eines der liebsten Steckenpferde der Verschwörungstheoretiker.

Als Beamter des Verteidigungsministeriums konnte ich persönlich mit Menschen sprechen, die solche Phänomene beobachtet haben. Ich lernte viele wichtige Vertreter der UFO-Lobby kennen und hatte einen noch nie dagewesenen Zugang zu den Rohdaten über dieses Thema – den Akten, die, wie man von manchen Lobbyisten hört, die Regierung unbedingt unterdrücken möchte – und zu anderen Quellen, die dem normalen Bürger nicht zugänglich sind. Ich sprach auch mit Radarexperten, Astronomen, Militärpiloten und einer ganzen Armee von Zivil- und Militärexperten, mit Menschen, zu denen zivilen UFO-Forschern der Zugang normalerweise zwar nicht unbedingt verwehrt ist, aber von deren Existenz sie nicht immer wissen.

Als ich schließlich im Rahmen einer größeren Beförderung an einen anderen Posten versetzt wurde, hatte sich mein Horizont erweitert. Inzwischen halte ich es für möglich, daß das Universum ein viel eigenartigerer Ort ist, als uns die offizielle Wissenschaft vermuten läßt. Vielleicht sind paranormale Phänomene nichts als reale Ereignisse, die wir einfach nicht verstehen können. Vor ein paar hundert Jahren muß ein Blitz für die Menschen wohl etwas ganz Ähnliches gewesen sein. Vielleicht sollte man diese Erlebnisse – so beängstigend sie auch sein mögen – unter einem positiven Gesichtspunkt betrachten.

1
»Und von dem Feuer gingen Blitze aus«

Und ich sah, und siehe, es kam ein ungestümer Wind von Norden her, eine mächtige Wolke und loderndes Feuer, und Glanz war rings um sie her, und mitten im Feuer war es wie blinkendes Kupfer. Und mitten darin war etwas wie vier Gestalten, die waren anzusehen wie Menschen. Und jede von ihnen hatte vier Angesichter und vier Flügel. Und ihre Beine standen gerade, und ihre Füße waren wie Stierfüße und glänzten wie blinkendes, glattes Kupfer. Und sie hatten Menschenhände unter ihren Flügeln an ihren vier Seiten; die vier hatten Angesichter und Flügel. Ihre Flügel berührten einer den andern. Und wenn sie gingen, brauchten sie sich nicht umzuwenden; immer gingen sie in der Richtung eines ihrer Angesichter. Ihre Angesichter waren vorn gleich einem Menschen und zur rechten Seite gleich einem Löwen bei allen vieren und zur linken Seite gleich einem Stier bei allen vieren und hinten gleich einem Adler bei allen vieren. Und ihre Flügel waren nach oben hin ausgebreitet; je zwei Flügel berührten einander, und mit zwei Flügeln bedeckten sie ihren Leib. Immer gingen sie in der Richtung ihrer Angesichter, wohin der Geist sie trieb, dahin gingen sie; sie brauchten sich im Gehen nicht umzuwenden. Und in der Mitte zwischen den Gestalten sah es aus, wie wenn feurige Kohlen brennen, und wie Fackeln, die zwischen den Gestalten hin- und herfuhren. Das Feuer leuchtete, und aus dem Feuer kamen Blitze. Und die Gestalten liefen hin und her, daß es aussah wie Blitze. Als ich die Gestalten sah, siehe, da stand je ein Rad auf der Erde bei den vier Gestalten, bei ihren vier Angesichtern. Die Räder waren anzuschauen wie ein Türkis und waren alle vier gleich, und sie waren so gemacht, daß ein Rad im andern war. Nach allen vier

Seiten konnten sie gehen; sie brauchten sich im Gehen nicht umzuwenden. Und sie hatten Felgen, und ich sah, ihre Felgen waren voller Augen ringsum bei allen vier Rädern. Und wenn die Gestalten gingen, so gingen auch die Räder mit, und wenn die Gestalten sich von der Erde emporhoben, so hoben die Räder sich auch empor. Wohin der Geist sie trieb, dahin gingen sie, und die Räder hoben sich mit ihnen empor; denn es war der Geist der Gestalten in den Rädern.

So steht es im ersten Kapitel des Buches des Propheten Ezechiel, in der Übersetzung Martin Luthers. Ezechiel, der Priester, Sohn von Buzi aus dem Land der Chaldäer, erblickte Visionen Gottes, und »die Himmel öffneten sich«. Die Geschichten des Alten Testaments sind dafür bekannt, daß sie frei interpretiert werden können. Ezechiel beschreibt in der Folge den Thron Gottes mit seinem regenbogenfarbenen Licht auf die übliche Weise, in der Art, wie Michelangelo ihn Jahrhunderte später malen sollte. Aber selbst wenn wir sämtliche Allegorien und die durch religiöse Ekstase begründeten Träume, Phantasien und Halluzinationen weglassen, und selbst wenn wir in Rechnung stellen, daß die Bibel zahlreiche Übersetzungen aus dem Hebräischen ins Griechische ins Lateinische und dann in die modernen Sprachen über sich ergehen lassen mußte, so hat diese Beschreibung dennoch etwas eigenartig Mechanisches an sich. Die Flamme, der Blitz, die Räder, selbst die eigenartige Bewegung der Vision – »und ein jedes ging gerade vor sich hin; wohin der Geist sie zu gehen trieb, dahin gingen sie, sie wandten sich nicht beim Gehen« – entspricht vielen Augenzeugenberichten der modernen Zeit über die Landung unbekannter Flugobjekte. »Und sie hatten hohe Felgen, und ich sah, ihre Felgen waren voller Augen ringsum bei allen vier Rädern« – könnten das die glitzernden

Lichtringe sein, mit denen die Rümpfe »fliegender Untertassen« versehen sind?
Seit Jahrhunderten übt der Himmel eine besondere Faszination auf die Menschheit aus. Das Königreich der Wolken, die Wölbung des Regenbogens, die Abermillionen Lichtpunkte am nächtlichen Himmel – das alles wurde von empfindsamen, poetischen Menschen zu einem ganz eigenen Bild verwoben. Der Donner stammt von Gottes Fässern, die über den leeren Himmel gerollt werden. Der Regenbogen ist das Symbol des göttlichen Versprechens, niemals wieder eine Flut über die Menschheit kommen zu lassen. Und in der Dunkelheit ist das Sternenlicht das Strahlen des Himmels, das durch den gepunkteten nächtlichen Vorhang schimmert.
Was die frühen Menschen nicht verstanden, davor hatten sie Angst, und das beteten sie als Gottheit an. Den Regen, die Sonne, den Mond, die Sterne, den Donner und die Winde – alle diese natürlichen Phänomene wurden irgendeiner Art von Gottheit zugeschrieben. Und als unser Selbstbewußtsein und unser Wissen wuchsen, begannen wir den Himmel zu personalisieren und Menschenähnlichkeit in den Konstellationen zu erblicken: den Großen Bären, Orion, den Jäger, die Plejaden.
Und der Himmel bestimmte unser Schicksal: Bedeutende Ereignisse auf Erden wurden von seltsamen Aktivitäten am Himmel angekündigt. Die angelsächsische Chronik des Jahres 793 spricht von »feurigen Drachen« über Northumbria. In diesem Jahrzehnt wurden die Küsten der nördlichen Königreiche der Sachsen immer wieder von plündernden Wikingerbanden heimgesucht. Am 8. Juni dieses Jahres wurde der Norden Englands von Blitzen und Wirbelstürmen verwüstet. Auf die Kathedrale von York regnete ein Strom von Blut herab. Die Insel Lindisfarne wurde von den marodierenden Nordländern gestürmt und ihr Münster dem Erdboden gleichgemacht. In

Irland kündigte zwei Jahre später eine Mondfinsternis Ruhr, Tollwut und Pocken an.
Im Jahr 1561 beschrieben Augenzeugen eine Schlacht am Himmel über der bayrischen Stadt Nürnberg. Fast ein Jahrhundert später entstand dazu Miltons Ausspruch »Es herrschte Krieg im Himmel«. Merkwürdige Objekte – rund und zylindrisch – schossen über den Dächern der Stadt hin und her. Vielleicht war auch das ein Omen, denn Nürnberg wurde im Dreißigjährigen Krieg, als Katholiken und Protestanten um die Vorherrschaft in Mitteleuropa kämpften, schwer in Mitleidenschaft gezogen.
Shakespeares Stücke sind voll von derartigen Vorfällen. In *Julius Caesar* stützte sich der Dichter auf Chroniken von Plutarch. Cassius, einer der Verschwörer, der den Möchtegern-Kaiser bald erdolchen sollte, beschreibt Szenarien, die an Ezechiel erinnern:

> »Auf einen Haufen hatten
> Wohl hundert bleiche Weiber sich gedrängt,
> Enstellt von Furcht; die schwuren, daß sie Männer
> Mit feur'gen Leibern wandern auf und ab
> Die Straßen sahn. [...] Wenn dieser Wunderzeichen
> So viel zusammentreffen, sage niemand:
> ›Dies ist der Grund davon, sie sind natürlich.‹
> Denn Dinge schlimmer Deutung, glaub ich, sind's
> Dem Himmelsstrich, auf welchen sie sich richten.«

Es ist heute unmöglich, diese Erlebnisse genau zu interpretieren. Die verwirrten Iren des achten Jahrhunderts mußten eine Möglichkeit finden, das Unerklärliche mit dem wenigen wissenschaftlichen Wissen, das ihnen zur Verfügung stand, zu erklären. Die Menschen von Northumbria hatten zur selben Zeit schreckliche Angst vor den Wikingern, und diese Angst führte dazu, daß sie jedes kleine Naturphänomen verzerrten und übertrieben darstellten – vielleicht war ihre Angst sogar der Auslöser des Phänomens. Und Shakespeare, der Geschichtenerzähler, mußte seine Erdlinge, die nach übernatürlichen Ereignissen lechzten, bei ihrer Vorstellungskraft packen. Es ist jedoch sehr wahrscheinlich, daß die Wurzeln dieser Phänomene in den natürlichen Bewegungen von Meteoriten oder atmosphärischen Bedingungen liegen: Kometen, Kugelblitze, Luftspiegelungen oder nächtlich leuchtende Wolken. Eins ist sicher: Die Vorstellung unerklärlicher Dinge am Himmel ist so alt wie die Geschichtsschreibung selbst.

Der Archäologe Erich von Däniken nutzte diese ungeklärten Sichtungen in seinen Büchern *Der Tag, an dem die Götter kamen* und *Beweise* und entwickelte seine faszinierende Theorie der »vorgeschichtlichen Astronauten«. Die Götter, gleich in welcher Religion oder welchem Glauben sie auftreten, waren in Wirklichkeit außerirdische Hominiden – »Menschen aus dem All« –, und ihre vorgeschichtlichen Besuche auf diesem Planeten wurden von Generation zu Generation in Form von Religionen, Mythologien, Geschichten und Liedern weitergegeben. Von Däniken führt auch konkrete Beweise für diese Besuche an: von den perfekten Pyramiden von Ägypten und Peru über die alten Druidenkreise von Stonehenge und Avebury bis hin zu den geheimen Höhlen von Ecuador und den riesigen Steinköpfen der türkischen Berge. Die Beweise mögen nicht überzeugend sein, aber die Frage »War Gott ein Astronaut?« ist faszinierend.

Dr. Jacques Vallée bringt in seinem Buch *Dimensions* unbekannte Flugphänomene mit psychischen Phänomenen in Verbindung. Er machte einmal die interessante Beobachtung, daß in einer Ausgabe der *Encyclopaedia Britannica* der Eintrag für »unbekannte Flugobjekte« zwischen »Einhorn« und »einheitliche Feldtheorie« zu finden ist, was er als besonders passend ansieht, weil das UFO-Phänomen damit zwischen dem Reich der Magie und dem der Wissenschaft angesiedelt wird.

Die Kunde über die ersten voll dokumentierten Sichtungen von unbekannten Flugobjekten gelangte Ende des letzten Jahrhunderts aus den Vereinigten Staaten zu uns. Man kann zu Recht davon ausgehen, daß das Land, dem wir so faszinierende Phänomene wie den Spiritismus (der 1848 von dem Ort Hydesville im Staat New York ausging) und den Bigfoot (einen behaarten Hominiden, der angeblich irgendwo in den nördlichen Rocky Mountains lebt) verdanken, auch auf dem Gebiet der unbekannten Flugobjekte bahnbrechend war. Im November 1896 erschien am Himmel über Sacramento, Kalifornien, ein deutlich sichtbares Licht, und im späteren Verlauf des Monats wurden weitere Sichtungen aus dem nördlichen Kalifornien, aus dem Staat Washington und aus Kanada gemeldet. Oberhalb des Lichts schien eine dunkle Form zu schweben, die als Zigarre, Ei oder als Faß beschrieben wurde. Am Ende des Jahres wurden aus ganz Amerika Sichtungen gemeldet. Gleichzeitig tauchten die ersten extremen UFO-Verrückten auf, die bis auf den heutigen Tag nicht ausgestorben sind. Drei methodistische Geistliche sahen bei ihrer Ankunft ein »fliegendes Objekt« vom Boden abheben. Zwei Männer, die auf einer einsamen Landstraße gingen, wurden von drei fremdartigen, großen und glatzköpfigen Wesen angegriffen, die dann in einem zigarrenförmigen Flugobjekt flohen. In Michigan behauptete ein Mann, gehört zu haben, wie eine körperlose Stimme irgendwo aus den Wolken eine Kanne Kaffee und vier Dutzend Eiersandwiches bestellte. Nicht nur, daß er die Bestellung sofort erledigte, wurde sie auch noch von einer unsichtbaren Schaufel aufgenommen und rasch in das natürlich ebenfalls unsichtbare Flugobjekt hinaufgeschafft!
Was diese Sichtungen in einem anderen Licht erscheinen ließ,

war die Tatsache, daß sie von verschiedenen Journalisten in den neunziger Jahren des vergangenen Jahrhunderts – wahrscheinlich zu Recht – den Jungfernflügen von Luftschiffen zugeschrieben wurden. Der erste war der des dampfgetriebenen, lenkbaren Luftschiffs des Franzosen Henri Giffard im Jahr 1852. Insbesondere die Franzosen und die Deutschen experimentierten in dieser Zeit mit Luftfahrzeugen, die leichter waren als Luft, und obwohl der Name Graf Ferdinand von Zeppelin für alle Zeit untrennbar mit dieser Technologie verbunden bleibt, war der Rückstand der Amerikaner äußerst gering. Das Massachusetts Institute of Technology hatte einen Windkanal gebaut und veranstaltete Kurse über Antriebe und das Verhalten von Flüssigkeiten.

Die Berichte jener, die die eigenartigen Flugobjekte am Boden gesehen hatten, legen nahe, daß wir über fliegende Objekte sprechen, die ihren Ursprung eindeutig hier auf der Erde hatten. Am 19. April 1897 in Beaumont, Texas, und am darauffolgenden Tag in Uvalde im selben Staat sprachen die Farmer mit der Crew des Luftschiffs. Sie berichtete, daß das Luftschiff gelandet war, um Wasser zu tanken, daß es mit elektrischem Strom betrieben wurde, in Iowa gebaut worden war und daß es vier weitere, vollkommen identische Exemplare gab. Der Kapitän war ein gewisser Mr. Wilson aus Goshen, New York, und er kannte sogar einen lokalen Sheriff in Texas! Es deutet verschiedenes darauf hin, daß Wilson diese Luftschiffe selbst konstruiert hatte und alle Leute, die er traf, um Geheimhaltung bat, weil die Konstruktion noch nicht patentiert war. Die Beschreibungen verschiedener Augenzeugen, die von Propellern und Kabinen sprechen, entsprechen genau dem Starrluftschiff, das im Jahr 1904 von Thomas Baldwin in Oakland, Kalifornien, und einige Jahre später von Santos-Dumont und Zeppelin entwickelt wurde.

Es gibt noch eine andere Geschichte über die Sichtung eines

Flugkörpers, der als ein über dem irischen Himmel schwebendes »Schiff« beschrieben wurde. Wie in einigen amerikanischen Fällen wurde auch hier von einem Anker gesprochen, der sich in einem Hausdach verfing und der von einem Angehörigen der Crew, der an einem Seil hinunterkletterte, freigeschnitten wurde. Was ist das Besondere an dieser speziellen Sichtung? Sie trug sich im Jahr 1211 zu, fast achthundert Jahre vor der Erfindung des Luftschiffs.

Heutzutage ist es aus Kostengründen und wegen der militärischen Bedeutung mehr als unwahrscheinlich, daß eine einzelne Person ein Flugzeug konstruiert, baut und fliegt, doch im 19. Jahrhundert machten privater Erfindergeist und Eigeninitiative alles möglich. Dies war auch die Zeit, in der die Science-fiction ihre erste Blüte erlebte. Jules Vernes Buch *Von der Erde zum Mond* war im Jahr 1875 erschienen, und die frühen Bücher von H.G. Wells, besonders *Der Krieg der Welten* (1898) stellte nicht nur die Idee außerirdischen Lebens in den Raum, sondern warnte auch davor, daß diese Wesen feindselig sein könnten.

In den dreißiger Jahren wurden erstmals »Geisterflugzeuge« gesichtet, vor allem über Norwegen und Schweden. Der traditionelle Flugzeugbau war seit der Jahrhundertwende schnell fortgeschritten, vor allem durch die rasche technische Entwicklung während des Ersten Weltkriegs. Orville und Wilbur Wrights »Flyer«, der am 17. Dezember 1903 über Kitty Hawk Beach in Nordkalifornien nur ein paar Sekunden lang in der Luft gehalten wurde, war nun von einer ganzen Reihe militärischer und ziviler Flugzeuge, Bomber und Kampfflugzeuge übertrumpft worden. Die Entwicklung führte in Richtung Eindecker mit einer einheitlichen Spannweite, anstelle der Doppel- und Dreidecker, die über die Schützengräben der Westfront geflogen waren. Die skandinavischen Sichtungen bezogen sich auf Ein- und Doppeldecker, die normalerweise grau waren und manchmal vom Boden aus von Schweinwerfern bestrahlt wurden. Aber die Suchaktionen, die die schwedische Luftwaffe in dem Gebiet durchführte, brachten keine Ergebnisse. Vierundzwanzig Flugzeuge überflogen die Fjorde, und zwei davon stürzten dabei ab. Es konnte keine Spur einer geheimen Basis gefunden werden, von der aus die Geisterflugzeuge hätten gestartet sein können.

»Es ist unmöglich«, erzählte ein führender schwedischer Luftwaffenmann Journalisten, »das Ganze als Einbildung zu erklären. Die Frage ist: Wer sind sie? Und warum sind sie in unser Territorium eingedrungen?«

Die plausibelste, wenn auch nicht ganz unproblematische Erklärung lautet, daß es sich bei den Geisterflugzeugen, deren Motoren während des Flugs auszusetzen schienen, um experimentelle Prototyp-Raketen handelte, die in den Jahren 1944 und 1945 als Nachfolgemodelle der V1- und V2-Raketen entwickelt wurden. Adolf Hitler, der bestrebt war, die Verluste des Ersten Weltkriegs zu rächen, und der versprochen hatte, den demütigenden Vertrag von Versailles in tausend Stücke zu zerreißen, war im vorhergehenden Jahr (1933) an die Macht gekommen. Im Jahr der meisten Sichtungen (1934) verließ Hitler den zaudernden Völkerbund und führte in seinem Versuch, Europa zu erobern, wieder die allgemeine Wehrpflicht ein. Ließ er insgeheim auch Flugzeuge entwickeln? Nur drei Jahre später, als die deutsche »Legion Condor« im spanischen Bürgerkrieg auf seiten des spanischen Diktators Franco zum ersten Mal ihre neuen Kräfte spielen ließ, tauchte am Himmel über Guernica erstmals der schreckenerregende Sturzkampfbomber Stuka auf. Die Entwicklung solcher Flugzeuge vom Zeichenbrett bis zur Serienreife dauert im allgemeinen zwischen zehn und fünfzehn Jahre.

Der Zweite Weltkrieg war der erste echte Luftkrieg. Im Ersten Weltkrieg waren Flugzeuge ursprünglich nur für Aufklärungszwecke verwendet worden, und die Offiziere, die sie fliegen sollten, mußten von den bestehenden Truppen, nämlich der Infanterie und der Kavallerie, eingezogen werden. Die ersten Luftkämpfe, die stattfanden, wenn Aufklärungsflugzeuge in umstrittenem Luftraum aufeinandertrafen, wurden noch mit Pistolen oder sogar Steinen ausgetragen. Im Jahr 1939 hatte jedoch der sogenannte Blitzkrieg seine Premiere, ein Ausdruck, der von Napoleon geprägt worden war. Der phänomenale Erfolg der deutschen Streitkräfte war weitgehend auf ihre Schnelligkeit und Manövrierfähigkeit in der Luft und am Boden zurückzuführen, und auf die Tatsache, daß die Alliierten, die übereifrig damit beschäftigt waren, zu appellieren und zu beten, nicht so kriegslüstern waren wie Hitler.

Die zunehmenden Aktivitäten in der Luft – Bombenteppiche, Luftfotografie, Abfangen von Feindflugzeugen, nächtliche Missionen – führten zu der Entstehung einer eigenen Mythologie. Flieger auf beiden Seiten berichteten über etwas, das von den Amerikanern »foo fighters« genannt wurde. Sie bezogen sich damit auf eine Phrase aus dem Comic Smokey Stover, der in den vierziger Jahren populär war – »Where there's foo, there's fire« (Wo Rauch ist, ist auch Feuer). Beide Seiten gingen davon aus, daß es sich um eine von der anderen Seite entwickelte Waffe handeln müsse. Es gab eine Unzahl von Berichten. Lieutenant Schlater von der amerikanischen Luftwaffe flog in einer klaren Nacht im November 1934 über den Rhein, als er »zehn kleine, rötliche Feuerbälle« bemerkte, die neben dem Rumpf seines Flugzeugs auf und ab hüpften. Zwei Monate zuvor waren zwei amerikanische Piloten über Speyer geflogen, als sie bemerkten, daß ein »riesiges brennendes Licht« über ihnen schwebte, das sich mit einer Geschwindigkeit von etwa 400 Kilometer pro Stunde zu bewegen schien. Die meisten Flieger, die »Foo-Fighter« zu Gesicht bekamen, klagten darüber, daß diese die Zündung ihrer Flugzeugmotoren beeinträchtigt hätten. Man sprach darüber, daß dies zu Flugzeugabstürzen geführt habe, doch es gab keine offiziellen Erkenntnisse. In der Technologie der Deutschen, der Japaner oder der Alliierten existierte nichts, was die Lichter der Foo-Fighter hätte erklären können. Man versuchte es mit natürlichen Erklärungen wie Kugelblitzen, die selbst ein umstrittenes Phänomen sind. Sowohl die Royal Air Force als auch die British Eighth Army vertraten wenig glaubwürdig die Theorie, daß es sich um die Folge einer Massenhalluzination handeln müsse, eine Zweite-Weltkrieg-Version des Engels von Mons. Nach 1945 wurden keine Foo-Fighter mehr gesichtet.

Am 24. Juni 1947 wurde die Ufologie offiziell geboren. Kenneth Arnold, ein erfahrener Pilot, überflog an diesem Tag die Cascade Mountains im Bundesstaat Washington in Richtung der kanadischen Grenze. Er hielt Ausschau nach dem Wrack eines militärischen Transportflugzeugs, das in diesem Gebiet abgestürzt war, als er eine Formation von neun einzelnen Flugobjekten entdeckte. Nach seiner Schätzung bewegten sie sich mit einer Geschwindigkeit von mehr als 1600 Kilometer pro Stunde, weit schneller als alle zur damaligen Zeit bekannten Flugzeuge. Als er später von Reportern gebeten wurde, die Flugzeuge zu beschreiben, sagte er: »Sie flogen, wie eine Untertasse fliegen würde, wenn man sie über das Wasser schleudert.« Dieser Satz verlieh der Vorstellungskraft der Öffentlichkeit Flügel und bedeutete das Ende für die wissenschaftlich begründeten UFO-Theorien. Was Arnold tatsächlich berichtet hatte, war, daß die Flugobjekte die Form eines Halbmondes gehabt hatten. Doch was blieb, war das Bild der Untertasse. Selbst auf dem Umschlag des Buches, das Arnold 1952 gemeinsam mit Ray Palmer schrieb, war das inzwischen wohlbekannte, scheibenförmige Raumschiff zu sehen. Das Buch hieß sogar *The Coming of the Saucers* (Die Ankunft der

Untertassen). In den darauffolgenden Jahren wurden Hunderte von Sichtungen untertassenförmiger Flugobjekte gemeldet. Wie viele von ihnen waren das direkte Ergebnis der Fehlinterpretation dessen, was Kenneth Arnold gesehen hatte, durch die Medien?

Arnolds Erlebnis konnte nicht bestätigt werden. Im Jahr 1947 war die Radartechnologie bereits so weit entwickelt, daß sie neun Objekte, die über den Himmel von Washington rasten, hätte aufspüren können – ganz gleich, wie schnell sie flogen. Es wurden aber keine Radarspuren festgestellt, und auch sonst waren die Flugobjekte von niemandem gesehen worden.

Was hatte Arnold gesehen? Eines von einem Dutzend möglicher Naturphänomene? Oder war er einer weiteren Technologie aus Menschenhand begegnet, die vorzeitig und geheim getestet worden war? Am 5. März des vorangegangenen Jahres hatte Winston Churchill zu den Bewohnern der Stadt Fulton, Missouri, gesagt: »Von Stettin an der Ostsee bis Triest an der Adria hat sich ein eiserner Vorhang über den Kontinent gesenkt …«

Hinter dem Vorhang lauerte die gierige Macht des »Reichs des Bösen« – der UdSSR. Die ehemaligen Alliierten hatten einander über der Asche des in Trümmern liegenden Berlin, der Hauptstadt Hitlers, die Hände geschüttelt. Nun drifteten sie auseinander und verfielen in Haß und Mißtrauen. Insbesondere Amerika entwickelte eine besessene Abneigung gegen den Kommunismus. Senator Joe McCarthy warnte vor »Roten unter den Betten«, und in diesem sogenannten Kalten Krieg, der fast fünfzig Jahre lang dauern sollte, türmten beide Seiten konventionelle Waffen auf und experimentierten mit immer neuen Systemen. Ist es also in diesem Zusammenhang möglich, daß das, was Kenneth Arnold sah, Prototypen des »Flying-Wing«-Flugzeugs von Jack Northrop waren, dessen Konstruktion später in den B-2 Stealth Bomber mündete?

Roswell ist eine typische Kleinstadt im heißen und trockenen Staat New Mexico. Das Flugfeld von Roswell – ein ehemaliger Militärflugplatz – liegt etwa 160 Kilometer östlich der Raketenbasis von White Sands. Am Abend des 2. Juli 1947, nur acht Tage nach Kenneth Arnolds Erlebnis, erblickte ein Ehepaar aus Roswell, Mr. und Mrs. Wilmot, am nächtlichen Himmel über ihrer Veranda ein »großes, glühendes Objekt«. Es war fast zehn Uhr, und die Sicht war gut. Was immer dieses Objekt auch war – es hatte die Form von »zwei Untertassen, die einander mit der Innenwölbung zugewandt waren«, und es bewegte sich sehr schnell nach Nordwesten in Richtung Corona.

Am nächsten Tag machte der Rancher »Mac« Brazel, der etwa 120 Kilometer von Roswell entfernt in der Nähe von Corona lebte, eine erstaunliche Entdeckung. In der Nacht davor hatte es einen Gewittersturm gegeben, was für die Wüstenregionen des amerikanischen Südwestens nichts Ungewöhnliches ist. Brazel hatte währenddessen jedoch einen lauten Knall gehört, der eindeutig von etwas anderem als von Donner herrührte. Am Morgen fand er auf einem Gebiet innerhalb eines engen Gürtels in Richtung Socorro im Westen verstreute Wrackteile, die er nicht zuordnen konnte. Die Fragmente, die er fand, waren dünn und aus folienartigem Metall, aber er konnte sie mit bloßen Händen in keiner Weise biegen oder zerknüllen. Die Oberfläche des Metalls schien mit Hieroglyphen oder mit etwas bedeckt zu sein, das einer Handschrift glich, und daran war ein bandartiges Material befestigt, das mit einem Blumenmuster bedeckt war.

Am nächsten Tag besuchte Brazel in Roswell George Wilcox, den Sheriff der Stadt, der den Luftwaffenstützpunkt der Armee kontaktierte. Von da an nahmen die Ereignisse eine düstere Wendung. Brazel sprach mit einem lokalen Radioreporter namens Johnny McBoyle, dessen Sendung von den Behörden

gestoppt wurde, die drohten, ihm im Fall einer Fortsetzung die Lizenz zu entziehen. Sein Versuch, die Informationen an den übergeordneten Sender KOAT in Albuquerque weiterzuleiten, wurde ebenfalls unterbunden. In der Zwischenzeit wurde Brazel selbst in dem Luftstützpunkt einem regelrechten Verhör unterzogen, und die Armee suchte ihn nicht nur auf seiner Ranch auf, um die mysteriösen Wrackteile zu beschlagnahmen, sondern schirmte auch das Gebiet ab, um neugierige Schaulustige fernzuhalten.
Die Ausstrahlung im Radio war gründlich unterbunden worden, doch es gab noch die Zeitungen, die weit schwerer zu kontrollieren waren. Der *Roswell Daily Record* vom 8. Juli erschien mit der sensationellen Schlagzeile: »RAAF (Roswell Army Air Field, d. Red.) erwischt fliegende Untertasse auf Ranch in der Region von Roswell.« Angesichts der Aufregung, die rasch in eine hysterische Publicity ausartete, gab Leutnant Walter Haut, PR-Beauftragter der Air Base, eine in ihrer Offenheit und Ehrlichkeit wohl einzigartige Pressemitteilung heraus:

> Die vielen Gerüchte, die über die fliegende Untertasse kursieren, wurden gestern bestätigt, als das Intelligence Office des 509. Bomb Camp der Eighth Air Force, Roswell Army Air Field, das Glück hatte, durch die Hilfe eines lokalen Ranchers und des Sheriff-Büros von Chaves County in den Besitz einer solchen Scheibe zu gelangen.
> Das fliegende Objekt landete vergangene Woche auf einer Ranch in der Nähe von Roswell. Da der Rancher keinen Telefonanschluß hat, bewahrte er die Scheibe so lange auf, bis er sich mit dem Büro des Sheriffs in Verbindung setzen konnte, der seinerseits Major Jesse A. Marcel vom 509. Bomb Group Intelligence Office verständigte.
> Es wurden unverzüglich Schritte eingeleitet, und die Scheibe

wurde von der Ranch abgeholt. Sie wurde auf dem Army Air Field von Roswell inspiziert und von Major Marcel dem übergeordneten Hauptquartier übergeben.

Haut behauptete danach, daß er diese Pressemitteilung (über ein Objekt, das er nicht persönlich zu Gesicht bekommen hatte) mit seinem Kommandeur, Oberst William Blanchard, abgesprochen habe. Wie dem auch gewesen sei – Blanchard stieg zum General auf, und Haut legte sein Offiziersamt im darauffolgenden Jahr nieder.

Der Großteil der Wrackteile, die von Major Marcel eingesammelt worden waren, wurden nun nach Fort Worth in Texas geflogen, wo eine Pressekonferenz einberufen wurde und die Journalisten die Trümmer aus der Entfernung fotografieren durften. Bei einem zweiten Fototermin durften sie noch näher heran, doch die Wrackteile waren inzwischen ausgetauscht worden. Die echten Trümmer hatte man bereits nach Wright Field (der heutige Luftwaffenstützpunkt Wright-Patterson) gebracht. Die Behörden verkündeten nun, daß es sich bei den Trümmern um Teile eines Wetterballons handele. Das entsprach mit Sicherheit nicht dem, was Major Marcel oder Bill Brazel, Macs Sohn, der Teile des Wracks vor der neugierigen Öffentlichkeit verbarg, in Erinnerung hatten. Als der junge Brazel in einer Bar zufällig erwähnte, daß er noch drei Stücke besitze, wurde er von Militärs aufgesucht, die seine Sammlung prompt beschlagnahmten. Das war zwei Jahre nach dem Absturz. Warum sollte das Militär sich so sehr für etwas interessieren, das es bereits als Wetterballon klassifiziert hatte?

Die Aussage von Major Marcel ist insofern besonders wichtig, als er ein geschulter Beobachter war, von dem man erwarten konnte, daß er einen Wetterballon erkannte, wenn er einen sah. Genaugenommen wurden in der Basis jeden Tag zwei Wetterballons gestartet. Er konnte die Hieroglyphen auf der

Metalloberfläche nicht entziffern und stellte fest, daß sich das Metall, obwohl praktisch gewichtslos, weder einkerben noch verbrennen ließ.

Seltsamer noch als die zwingenden Beweise eines zerschmetterten UFOs und die darauffolgende offizielle Vertuschung ist die angebliche Entdeckung einer toten Besatzung.

Barney Barnett war ein Bauingenieur, der in einem Wüstengebiet namens Plains of San Augustin westlich der Route 25 arbeitete, die sich am Rio Grande entlangschlängelt. Am Morgen des 3. Juli fand er »ein metallenes, scheibenförmiges Objekt«, das im Sand lag. Es hatte einen Durchmesser von etwa neun Metern und schien als Folge seines Aufpralls auf dem Boden zerbrochen zu sein. Innerhalb des Flugkörpers und außen herum lagen tote Wesen, menschenähnlich, aber in der Größe von Kindern. Die Augen in ihren übergroßen Köpfen waren klein, und sie hatten keine Haare. Sie trugen graue, einteilige Anzüge ohne Gürtel, Reißverschlüsse oder Knöpfe. Hätte nur Barnett allein dieses Bild gesehen, wären die üblichen Zweifel angemeldet worden, aber angeblich stieß eine Gruppe von Archäologiestudenten der University of Pennsylvania zu ihm, die eine Grabung in dem Gebiet durchführten, um die Siedlungen der amerikanischen Ureinwohner zu erforschen.

Der lokale Leichenbestatter von Roswell, Glenn Dennis, erhielt eine Reihe von Anrufen von dem Luftstützpunkt, in denen er detailliert befragt wurde, wie man Leichen in Eis konserviert. Dann erhielt er eine Bestellung für vier Särge in Kindergröße. Eine Militärkrankenschwester in der Basis behauptete, Autopsieberichte über die Leichen von vier Außerirdischen gesehen zu haben.

Die Geschichte von Roswell mit all ihren Gerüchten, Widersprüchen, Dementis und verschiedenen Formen von Einzel- und Gruppenparanoia blieb mehrere Jahre lang liegen, wie sie war. Aber die Ermordung von John F. Kennedy, der Watergate-Skandal und die Ereignisse in Kambodscha führten dazu, daß immer mehr Amerikanern bewußt wurde, wie verschlagen und geheimniskrämerisch ihre Regierung sein konnte. Das Gesetz zur Informationsfreiheit, das 1976 in Kraft trat, erzwang die Freigabe vieler (wenn auch nicht aller) Regierungsdokumente über UFOs. Im Jahr 1984 tauchten Papiere auf, die unter dem Namen Majestic-12-Dokumente bekannt wurden. Sie beweisen eindeutig, daß die Regierung eine Gruppe eingesetzt hatte, die sowohl die fliegende Untertasse von Roswell als auch deren außerirdische Besatzung studieren sollte. Die Regierung tat diese Dokumente augenblicklich als Fälschungen ab.

War die »Untertasse« von Roswell ein experimenteller Flugkörper in der Art der Luftschiffe und der V1/V2-Raketen, wie sie zu Beginn dieses Jahrhunderts gebaut wurden? Fest steht jedenfalls, daß von der Raketenbasis White Sands in der Nähe von Roswell seit dem Jahr 1945 geschätzte 30000 militärische Flugkörper gestartet wurden. Bis 1964 wurden die meisten dieser Flugkörper in der Nacht gestartet (was zu der Aussage von Wilmot und Brazel passen würde), und White Sands gibt zu, daß sieben Prozent der dort durchgeführten Tests abgebrochen werden, was zu einem relativ hohen Prozentsatz von Abstürzen führt. Das außergewöhnliche Metall (das heute, fünfzig Jahre später, immer noch nicht allgemein verwendet wird) und die unerklärlichen Hieroglyphen scheinen diese Theorie aber ebenso auszuschließen wie natürlich auch die außerirdischen Leichen.

Roswell, so scheint es, gerät nicht in Vergessenheit. Vor kurzem versuchte der Kongreßabgeordnete Steven Schiff aus New Mexico auf Druck der Öffentlichkeit erneut, den Dingen auf den Grund zu gehen. Als man auf seine Fragen hin nur wie üblich mauerte und ihm keine zufriedenstellenden Ant-

worten gab, trug er die Sache an den U.S.-Rechnungshof heran, der über eine weitgehende Untersuchungsvollmacht verfügt. Von dieser Körperschaft unter Druck gesetzt, setzte die Air Force auf die bewährte Beschwichtigungstaktik. Die Wrackteile von Roswell seien wahrscheinlich Teil eines in großer Höhe fliegenden Ballons gewesen, wie sie im Rahmen von Project Mogul zur Aufspürung sowjetischer Atomtests verwendet wurden. Interessanterweise arbeitete auch Major Marcel an diesem Projekt mit, aber erst in seiner nächsten turnusmäßigen Dienstzeit nach Roswell.
Was immer im Sommer 1947 in der sonnenverbrannten Wüste von New Mexico passiert sein mag – es bewirkte jedenfalls, daß die Ufologie in zweifacher Hinsicht erwachsen wurde: Erstens waren nun die greifbaren Beweise eines Flugkörpers und einer Besatzung vorhanden, von denen jedenfalls anzunehmen war, daß sie nicht von der Erde kamen. Und zweitens bewirkte der Vorfall, daß die Behörden eine Mauer des Schweigens errichteten, die ernsthafte Untersuchungen durch Zivilisten jahrelang verhinderte.

Im Jahr 1952 schrieb George Adamski Geschichte, als er behauptete, einen Außerirdischen vom Planeten Venus getroffen und mit ihm kommuniziert zu haben. Adamski, der heute meist als Schwindler abgetan wird, berichtete über eine ganze Reihe von Vorfällen, bei denen angeblich solche Kontakte stattgefunden hatten, die meisten davon in den USA. Der von ihm beschriebene Flugkörper wird in den meisten UFO-Magazinen als »Adamski-Typ« bezeichnet. Das Übereinstimmende bei diesen Vorfällen war meist dies, daß die Außerirdischen, die viel weiter fortgeschritten waren als wir, der Menschheit eine Botschaft zu überbringen hatten. Sie warnten vor einem bevorstehenden nuklearen Weltuntergang oder vor der drohenden Zerstörung unseres Ökosystems. Sie wurden oft als

groß und blond beschrieben. Diese wohlwollenden Außerirdischen werden allgemein als »Nordics« bezeichnet. Die Beschreibung klingt ein wenig an den Haaren herbeigezogen, und Zyniker lehnen sie mit der Begründung ab, daß es sich dabei möglicherweise um eine Antwort auf die Paranoia des Kalten Krieges oder um einen Vorläufer der »Hippie-Philosophie« handle. Natürlich stimmt es, daß es Ende der sechziger Jahre eine konzertierte Jugendbewegung auf der ganzen Welt gab, die ihr Zentrum an der amerikanischen Westküste hatte. Ihr Anliegen war es, mit den Vorurteilen und der Ignoranz ihrer Eltern aufzuräumen und in einer einzigen riesigen Hippie-Kommune zusammenzuleben, in der Blumen, Holzperlen, Liebe und Drogen die Antwort auf jedes Problem boten. Die Vorstellung von väterlichen, wohlwollenden Außerirdischen, die uns besuchen und um unser Wohlergehen besorgt sind, schien gut in dieses Bild zu passen.
Anhänger von Adamski und anderen, die behaupteten, »nahe Begegnungen« gehabt zu haben, begegnen diesem Vorwurf mit großem Einfallsreichtum. Die Weltraumforschung seit 1952 hat ergeben, daß die Planeten, die laut Adamski bewohnt waren, in Wirklichkeit öde und leer sind und kaum seinen Beschreibungen entsprechen. Seine Anhänger behaupten, der Grund hierfür liege darin, daß die Außerirdischen, die er traf, gelogen hätten. Diese seltsamen Argumente und Gegenargumente sind typisch für die gegnerischen Fraktionen, die sich innerhalb der modernen Ufologie gebildet haben.

Seit den »vier Gestalten«, die dem Priester Ezechiel erschienen, bis zu den vier Kindersärgen, die beim Leichenbestatter von Roswell bestellt wurden, sind fünfundzwanzig Jahrhunderte voller Entwicklung und Fortschritt vergangen. Aber immer noch spüren wir eine Faszination für das Unbekannte und haben Angst davor.

Vor Ghulen und Geistern und
langbeinigen Kreaturen und
Dingen, die in der Nacht
poltern und dröhnen, bewahre
uns der Herr!

So lautet das traditionelle Gebet der Menschen von Cornwall. Und trotzdem poltern und dröhnen auch in unserer Zeit der Wissenschaft, des Empirismus und des Rationalismus am nächtlichen Himmel über Roswell immer noch unbekannte Dinge, und in der Wüste liegen unbekannte Kreaturen begraben.

»Wir sind nicht allein« – die Botschaft war klar. Die eigenartige geologische Formation, die Anziehungskraft der Wüste auf den Menschen, das helle weiße Licht und der »Faktor Wohlbefinden« verleihen dem Steven Spielberg-Film *»Unheimliche Begegnung der dritten Art«*, der 1977 in die Kinos kam und der die Stimmung einer ganzen Generation einfing, einen magischen Glanz. Interessanterweise befand sich das größte Set der Filmgeschichte in Wirklichkeit im Inneren eines alten Luftschiffhangars. *Time Out* schrieb: »Irgendwie wurde durch diese Kombination von Disney, Science-fiction der Fünfziger und Junk Food der amerikanische Traum auf die bisher progressivste (wenn auch starrste) Weise dargestellt.«
Und der *New Yorker*: »Der Film besitzt neben einer Liebe für Überraschungen und der skeptischen ›Versuchen-wir's‹-Haltung visionäre Magie und eine kindliche Komik.«
Der Film kostete 20 Millionen Dollar, und ein Großteil der Dialoge waren unhörbar. Außerdem machte er eine vielfach zugängliche Öffentlichkeit mit einem Ausdruck bekannt, der bis dahin nur von Ufologen für die Klassifizierung von UFO-Sichtungen verwendet worden war. Eine nahe Begegnung der

ersten Art (Close encounter of the first kind, CE1) bedeutet die Sichtung von etwas Unbekanntem aus naher Entfernung. Eine nahe Begegnung der zweiten Art (CE2) ist eine Sichtung, bei der ein UFO in irgendeiner Weise mit der Umgebung interagiert und dabei greifbare Spuren wie beispielsweise einen Abdruck im Boden hinterläßt. Eine nahe Begegnung der dritten Art (CE3) bedeutet das Erscheinen von Außerirdischen (wie jene fragilen Wesen, deren Hände sich in dem Film Richard Dreyfuss und anderen entgegenstrecken). Von einer nahen Begegnung der vierten Art (CE4) spricht man, wenn Menschen von Außerirdischen entführt werden. Auf dieses letztgenannte Erlebnis beziehen sich Tausende von Berichten. Der erste, der einen hohen Bekanntheitsgrad erlangte, datiert aus dem Jahr 1961:

> Es war am 20. September, etwa um Mitternacht. Wir fuhren im Auto durch ein Nationalparkgebiet in den White Mountains in New Hampshire – eine verlassene, unbewohnte Gegend. Zuerst bemerkten wir ein helles Objekt am Himmel, das sich schnell fortzubewegen schien. Wir hielten unseren Wagen an und stiegen aus, um es mit unserem Fernglas genauer beobachten zu können. Plötzlich begann es seine Flugrichtung von Norden nach Südwesten zu ändern, und es folgte einer völlig unregelmäßigen Flugbahn. Als wir weiterfuhren und dann wieder anhielten, um es zu beobachten, erkannten wir das Flugmuster: Das Objekt drehte sich um die eigene Achse und schien nur auf einer Seite beleuchtet zu sein. So erweckte es den Eindruck des Blinkens.
>
> Als es sich unserem Auto näherte, hielten wir nochmals an. Das Objekt schwebte vor uns in der Luft. Es schien die Form eines Pfannkuchens zu haben, auf der Vorderseite mit einer Reihe von Fenstern versehen, durch die wir blau-weiße Lichter erkennen konnten. Plötzlich erschienen auf beiden Seiten zwei rote Lich-

ter. Zu diesem Zeitpunkt stand mein Mann auf der Straße und beobachtete das Objekt aus nächster Nähe. Er sah, daß auf beiden Seiten Flügel ausgefahren waren und daß sich die roten Lichter vorn an den Flügelspitzen befanden. Als das Objekt noch näher heranschwebte, konnte er in das Innere sehen, aber nicht allzu genau. Er sah verschiedene Gestalten hin und her huschen, die den Eindruck erweckten, als träfen sie irgendwelche hastigen Vorbereitungen. Eine der Gestalten beobachtete uns von den Fenstern aus. Aus der Entfernung betrachtet schienen sie etwa bleistiftgroß zu sein und eine Art glänzende schwarze Uniform zu tragen …

Das schrieb Betty Hill im September 1961 an Major Donald Keyhoe vom National Investigations Committee on Aerial Phenomena (NICAP). Es war der Beginn eines Erlebnisses, das sie und ihren Mann dermaßen traumatisierte, daß sie jahrelang von Alpträumen geplagt wurden.
Betty war damals 41 Jahre alt, und sie arbeitete als Sozialarbeiterin in der Kinderfürsorge. Ihr Mann Barney, 39, war Postsortierer in Boston. Beide waren aktiv in der Bürgerrechtsbewegung, die sich damals in den gesamten Vereinigten Staaten um Unterstützung bemühte. Das Paar hatte einen spontanen Kurzurlaub in Niagara und Montreal geplant und fuhr auf der Route 3 von Bolebrook in Richtung Süden. Die beiden hatten gerade eine Abendbrotpause eingelegt und befanden sich in der Nähe der Stadt Lancaster, als das Flugobjekt erschien.
Erst gegen Ende November, zwei Monate nach ihrer »nahen Begegnung«, wurde sich Barney in einem Gespräch mit UFO-Forschern bewußt, daß seine Fahrt über 300 Kilometer Wüstenstraßen mit einer Durchschnittsgeschwindigkeit von 110 Kilometer pro Stunde sieben Stunden gedauert hatte. Dieses Phänomen ist seit diesem Zeitpunkt als »verlorene Zeit« be-

kannt. Weder Betty noch Barney Hill konnten darüber Rechenschaft ablegen.
Bettys Träume schienen dort anzuknüpfen, wo ihre bewußte Erinnerung an die Nacht in den White Mountains ausgesetzt hatte. Barney und sie wurden auf der Straße von elf Männern angehalten, der Besatzung des Raumschiffs, dessen Lichter sie gesehen hatten. Sie wurden an Bord des Raumschiffs geführt und in verschiedene Räume gebracht. Es wurden Proben von Bettys Haar, ihrem Ohrenschmalz und Kratzproben ihrer Haut genommen. Als eine Art Schwangerschaftstest wurde eine lange Nadel durch ihren Bauchnabel eingeführt, und sie erinnerte sich, daß sie sich mit dem Mannschaftschef über das Universum (über das sie sehr wenig wußte) und über den Zeitbegriff der Menschen unterhielt. Zeichnungen, die Künstler nach den Angaben von Barney und Betty anfertigten, zeigen glatzköpfige Wesen, deren Ohren nur als Einkerbungen sichtbar waren, mit großen, lidlosen Augen und rudimentären Nasen. Das Ehepaar stimmte zu, sich einer Hypnose zu unterziehen.
Von der Regressionshypnose ist bekannt, daß sie ihre Schwächen hat. Sie wurde ab Dezember 1963 sieben Monate lang von Dr. Benjamin Simon durchgeführt. Simon äußerte sich in der Öffentlichkeit nie zu dem Fall, aber es gilt zumindest als wahrscheinlich, daß die Angst, die die beiden zu dieser Zeit hatten, ihr Erleben beeinflußte. Niemand versuchte ernsthaft zu behaupten, daß die Hills den Besuch der Außerirdischen absichtlich erfunden hätten, aber immerhin arbeitete Barney nachts, legte pro Nacht rund 200 Kilometer im Auto zurück und litt an einem schlechter werdenden Geschwür. Betty ihrerseits war von ihren Kindern aus erster Ehe getrennt und stammte aus einer Familie, in der Aktivitäten von Poltergeistern an der Tagesordnung waren. Betty war weiß, Barney war schwarz – eine Situation, die im Jahr

1963 ihre eigenen Schwierigkeiten mit sich gebracht haben muß.
Hypnose kann die Erinnerung tatsächlich unterstützen. Die Polizei verwendet Hypnotherapie, um Zeugen dabei zu helfen, sich an Dinge zu erinnern, die sich ihrer bewußten Erinnerung entziehen. Aber wir wissen heute, daß ein unter Hypnose stehender Mensch lügen und Fehler machen kann. Da der Wille unterdrückt, ja sogar manipuliert wird, kann Suggestion eine starke Wirkung ausüben. Manche Menschen werden geschwätzig und erzählen jede Menge Details, die ausschließlich ihrer Phantasie entspringen.
Das plötzliche Auftauchen Außerirdischer und mächtiger Kräfte kann manche Menschen verstören und andere in Angst und Schrecken versetzen. Aber ist es nicht so, daß die meisten von uns tief in ihrem Inneren an solche Dinge glauben *möchten?* So, wie wir uns alle wünschen, eines Tages einen Schlangensaurier oder etwas Ähnliches in Loch Ness zu erspähen?
Wie immer es im Fall Hill um die Realität bestellt sein mag – Betty, die heute Witwe ist, sieht immer noch Lichter am Himmel über New Hampshire –, in den letzten dreißig Jahren wurden viele ähnliche Vorkommnisse gemeldet, und zwar von Menschen, die nichts von der Existenz der anderen wissen.
All diese Fälle weisen bestimmte Gemeinsamkeiten auf, und selbst wenn nicht alle so dramatisch sind wie sie der Schriftsteller Whitley Strieber in *Communion* beschreibt, gibt es eindeutig ein erkennbares Muster. Die typischen Außerirdischen – bekannt als »die Grauen« – sind etwa einen Meter groß, haben einen riesigen Kopf und ausgezehrte Arme und Beine. Nase und Mund sind nur angedeutet, aber die Augen graben sich unauslöschlich in das Gedächtnis der Entführten ein. Sie sind groß und schwarz und haben keine erkennbaren Pupillen – am ehesten sehen sie aus wie Insektenaugen. Viele

beschreiben die hypnotischen Eigenschaften oder die beruhigende Wirkung dieser Augen. Die Menschen fühlen sich von einem blendend weißen oder blau-weißen Licht gelähmt und haben das Gefühl, von einem irdischen Bett oder einem Auto in einen runden, weißen Raum zu schweben, der irgendwie einem Operationssaal ähnelt. Die körperliche Untersuchung kann schmerzhaft sein und umfaßt oft die Entnahme von Eizellen oder Spermien. Dann wird ein kleines Metallobjekt in ein Nasenloch implantiert und mit Hilfe dünner, fragiler Sonden eine Operation durchgeführt, die wir inzwischen als Schlüsselloch-Chirurgie bezeichnen. Kommunikation findet kaum statt. Tatsächlich wirft Bettys lockere Plauderei mit ihren Entführern, die offensichtlich in fließendem Englisch geführt wurde, alle möglichen Fragen über den Realitätsgehalt ihres Berichts auf. Allgemeinen Erinnerungen zufolge haben die Außerirdischen absolut keine Gefühle für ihre menschlichen Gefangenen und haben ihnen gegenüber etwa eine solche Einstellung wie wir sie gegenüber Laborratten haben.

Viele Ufologen sind davon überzeugt, daß die meisten dieser Entführungen in Zusammenhang mit irgendeiner Art von Zuchtprogramm stehen. Zwei von drei Entführten sind weiblich, und manche behaupten, mit außerirdischen Föten schwanger gewesen zu sein, die bei einer zweiten Entführung vor der Geburt entfernt wurden. Andere sagen, daß sie ein zweites Mal entführt und teilnahmslosen Hybridkindern, wahrscheinlich ihren eigenen, gegenübergestellt und daß sie ermutigt wurden, eine Beziehung zu ihnen herzustellen. Eine der anschaulichsten Beschreibungen dieser außerirdischen Zuchtmethoden stammt jedoch von einem Mann. Sie datiert vier Jahre vor dem Hill-Fall. In der englischsprachigen Welt wurde sie erst 1965 bekannt.

Antônio Villas-Boas war ein dreiundzwanzigjähriger Landarbeiter, der in der Nähe der brasilianischen Stadt São Francisco de Sales lebte. Sein Bruder und er hatten schon zweimal helle Lichter am Himmel gesehen, aber dieses Mal pflügte er allein das Feld, als er von Außerirdischen gepackt und in ihr birnenförmiges Raumschiff geschleppt wurde, obwohl er sich heftig wehrte. Laut Villas-Boas bestanden die einzigen Laute, die die Außerirdischen von sich gaben, in »tiefem Bellen und Jaulen, weder besonders klar noch besonders mißtönend, manchmal länger, manchmal kürzer, manchmal mit mehreren Tönen gleichzeitig und manchmal in einem Triller endend ... ich kann diese Töne nicht reproduzieren ... meine Stimme ist nicht dafür gemacht«.

Er wurde mit einer zähen Flüssigkeit beschmiert, eine Blutprobe wurde entnommen, und dann zwang man ihn zu Sex mit einer etwa 1,35 Meter großen weiblichen Humanoiden. Ihre Augen waren blau und länglich, ihr Haar fast weiß, zum Gesicht hin nach innen gedreht. Ihr Mund war schlitzartig und ihre Augen sehr klein. Sie hatte einen sehr schlanken Körper mit breiten Hüften und leuchtend rotes Achsel- und Schamhaar. Sie grunzte und biß ihn ein- oder zweimal sanft ins Kinn. Als die anderen sie riefen, deutete sie auf ihren Bauch und dann auf den Himmel.

Als Villas-Boas im Februar 1958 von Dr. Fontes aus Rio de Janeiro untersucht wurde, fanden sich immer noch Narben an seinem Kinn und an anderen Teilen seines Körpers. Die Symptome schienen denen einer Strahlungsvergiftung zu ähneln. Im Gegensatz zu den Hills wurde Villas-Boas von den brasilianischen Militärbehörden ziemlich rauh befragt, aber er wich keinen Millimeter von den Details seiner Geschichte ab.

Welche Wahrheit verbirgt sich nun hinter all den Geschichten über Entführungen durch Außerirdische? Es ist unvorstellbar, daß alle lügen. Sicher würden die meisten, die sich in eine Phantasiewelt hineinträumen, lieber wohlwollende Kontakte heraufbeschwören als Erlebnisse, die fast immer als unerfreulich und beängstigend empfunden werden. Es mag sein, daß manche Leute durch die offensichtlichen Verlockungen von Ruhm und Reichtum zu ihrer Aussage bewegt werden, aber die meisten Entführten versuchen nicht, ihre Geschichten zu verkaufen, und sie streben auch nicht nach Publicity. Tatsächlich besteht ein hoher Prozentsatz von ihnen darauf, daß ihr Fall nicht in die Öffentlichkeit getragen wird.

Sicher sind auch einige Leute, die behaupten, eine »nahe Begegnung« gehabt zu haben, geistig krank. Temporallappenstörungen im Gehirn können zum Beispiel zu Täuschungen führen, die manche Entführungsgeschichten erklären könnten. Ein Erklärungsversuch, der heute im Fall weiblicher Entführter häufig herangezogen wird, sind frühkindliche Erfahrungen sexuellen Mißbrauchs, den die Opfer in einer Entführung angeblich nochmals durchleben. Da zu diesem Thema keine Statistiken veröffentlicht wurden, können keine Vergleiche zwischen dieser Gruppe und der Bevölkerung in ihrer Gesamtheit angestellt werden. Da bei vielen Entführungen unangenehme gynäkologische Untersuchungen im Spiel sind, erscheint es eher unwahrscheinlich, daß ein Opfer diese Phantasie an die Stelle einer realen Situation setzt, die so ähnlich ist. Wenn der Mißbrauch durch einen erwachsenen Verwandten oder Freund so traumatisch ist, daß er nicht ins Bewußtsein vordringen kann, warum sollte dieses Bewußtsein dann etwas noch Schlimmeres ersinnen?

Man kann dieses Argument natürlich auch umdrehen. John Mack, Professor für Psychiatrie an der Harvard Medical School, hat mit seinen Thesen sowohl unter Ufologen als auch unter Therapeuten einen Sturm entfacht. Mack, der dem Phänomen der Entführung und seinen Proponenten zunächst höchst skeptisch gegenüberstand, war eine Ausnahmeerscheinung im wissenschaftlichen Establishment, denn er gab den

Entführten die Chance, ihre Behauptungen zu beweisen. Er ist inzwischen nicht nur davon überzeugt, daß einige Fälle tatsächlich authentisch sind, sondern er entwickelte auch die Theorie, daß es sich bei manchen scheinbaren sexuellen Mißbrauchsfällen in Wirklichkeit um Beispiele von Entführungen durch Außerirdische handelt! Seine Vorgesetzten in Harvard, die von seinen kontroversen Ansichten schockiert waren, hängten ihm ein Disziplinarverfahren an. Im August 1995 wurde er öffentlich gerügt, aber seinen Job, der angeblich wackelte, behielt er.

Whitley Strieber ist das berühmteste Beispiel eines Entführten, der sich einem Polygraph- oder Lügendetektortest unterzog, um einer ungläubigen Öffentlichkeit die Authentizität seiner Erlebnisse zu beweisen. Solche Geräte werden in den USA weithin verwendet, vor britischen Gerichten sind sie aber immer noch nicht zugelassen. Ebenso wie genetische Fingerabdrücke sind die Ergebnisse von Lügendetektoruntersuchungen nicht hundertprozentig zuverlässig. Theoretisch erkennt das Gerät durch Lügen hervorgerufene körperliche Veränderungen, wie zum Beispiel eine Beschleunigung des Pulses. Während des Tests werden eine Reihe von Kontrollfragen gestellt, bei denen die Information nicht strittig ist, wie beispielsweise nach dem Namen des Untersuchten, der sich dem Experiment unterzieht. Diese Ergebnisse werden dann als Norm, als Grundlinie herangezogen, und jegliche Abweichung davon wird als Hinweis auf eine Lüge ausgelegt. Je sensibler der untersuchte Bereich, desto stärker die Abweichungen. Dieses System hat zwei Schwächen. Erstens weisen pathologische Lügner wegen ihrer Lügen keinerlei körperliche Veränderungen auf. Zweitens kann bei den anfänglichen Kontrollfragen eine falsche Grundlinie eingestellt werden. So kann man beispielsweise künstlich körperlichen oder seelischen Streß erzeugen, indem man sich auf die Lippe beißt oder an

ein traumatisches Ereignis denkt. Vor diesem Hintergrund würde eine Lüge kaum zu Abweichungen führen.
Forscher wie Budd Hopkins haben in den vergangenen Jahren viel getan, um das umstrittene Thema der Extraterrestrischen Hypothese (ETH) in die öffentliche Diskussion zu bringen. Budd Hopkins ist ein erfolgreicher New Yorker Künstler, der sich seit 1976 mit Entführungen durch Außerirdische beschäftigt. Er hat etwa 1500 Fälle untersucht und gilt weltweit als führende Autorität auf diesem umstrittenen Gebiet. Sein wichtigstes Anliegen besteht jedoch darin, den Menschen, die solche Erlebnisse hatten, bei der Aufarbeitung ihrer Erfahrungen zu helfen.
Ob die Entführungsgeschichten nun wahr sind oder nicht – fest steht, daß die Amerikaner von ihnen fasziniert sind. Von Christopher Walkens exzentrischem, verwirrtem Whitley Strieber in dem Film *Communion* bis zu einer Skriptzeile in der »folgenreichen« TV-Seifenoper *The Colbys* sind die kleinen grauen Männchen mit den enormen Köpfen und den riesigen schwarzen Augen der gesamten Nation vertraut geworden. Und so merkwürdig es auch erscheinen mag – heute kann man sich gegen eine Entführung durch Außerirdische versichern lassen! Bei einer Auszahlungssumme von sechs Millionen Pfund beträgt die Versicherungsprämie etwa 45 Pfund. Falls der Versicherte infolge einer »Begegnung der vierten Art« zu Tode kommt, verdoppelt sich die Auszahlungssumme. Weit über 35000 Menschen haben bisher eine solche Versicherung abgeschlossen. Selbstverständlich verlangen die Versicherungsgesellschaften stichhaltige Beweise für eine Entführung, wie zum Beispiel Fotos und medizinisch eindeutige Befunde. Das Risiko, das die Versicherungsgesellschaften dabei eingehen, wird immer höher. Inzwischen gibt es viele überzeugende Fotos von UFOs, und die Verletzungen von Entführten wie Antônio Villas-Boas lassen sich kaum auf natürliche Weise

erklären – wie hätte ein braslianischer Landarbeiter in den fünfziger Jahren auf herkömmliche Weise mit radioaktivem Material in Kontakt kommen können? Fotolabors, die über ein hohes Maß an Fachwissen auf dem Gebiet der Fotografie verfügen, haben erklärt, daß sie einige der Bilder nicht für Fälschungen halten. Berücksichtigt man noch dazu die bestätigende Erklärung von Professor John Mack, der für seine untadelige Glaubwürdigkeit bekannt ist, könnte ein Gericht schon in naher Zukunft entscheiden, daß die Bedingungen der Versicherungsgesellschaft erfüllt sind. Außerdem zeigt allein schon die Existenz solcher Versicherungspolicen, daß die Vorstellung einer Entführung durch Außerirdische in den Vereinigten Staaten etwas ebenso Natürliches ist wie eine Überschwemmung oder eine akute Blinddarmentzündung.

So wie das Auftauchen unerklärlicher Lichter am Himmel bereits in der antiken Welt bekannt war, könnte es auch bei der Entführung durch Außerirdische historische Parallelen geben. In John Napiers Werk *The Goblin Universe* finden sich Dutzende volkstümliche Geschichten über Menschen, die von Zwergen, Elfen, Feen und Trollen entführt werden. Gemeinsam ist all diesen Kreaturen ihre geringe Körpergröße. Meist werden sie als »die kleinen Leute« bezeichnet. Ist die Fee des einen der Außerirdische des anderen? Sind wir dem wirklichen Ursprung dieser Kreaturen einfach ein Stück nähergekommen als etwa unsere mittelalterlichen Vorfahren? Ein Beispiel möge genügen. In der walisischen Mythologie erzählt man die Geschichte von Shon ap Shenkin, der eines Morgens auf einer Wiese eine Feenmelodie erklingen hörte. Er lehnte sich gegen einen Baumstamm, um ihr zu lauschen und den Feen beim Tanzen zuzusehen. Als die Musik aufhörte, erhob sich Shenkin und stellte fest, daß der Baum, gegen den er sich gelehnt hatte, abgestorben war. Als er in sein Haus zurückkehrte, war es mit Efeu überwachsen und sah irgendwie anders aus. Die Tür wurde von einem alten Mann geöffnet, der den Besucher nach seinem Namen fragte. »Ich bin Shon ap Shenkin«, erwiderte dieser. Daraufhin wurde der alte Mann in der Tür totenbleich und sagte: »Ich habe meinen Großvater, deinen Vater, oft von deinem Verschwinden reden hören.« Und Shon ap Shenkin zerfiel zu Staub. Diese Geschichte wurde von Washington Irving in seinem Buch *Rip van Winkle* verarbeitet, aber sie ist typisch für Menschen, die sich in der Nebenwelt der Feen verfangen, in der die Zeit vollkommen anders läuft als in der unseren. Das Konzept von der verlorenen Zeit zieht sich durch die Welt der Kobolde wie eine schwer faßbare Melodie, die nur zum Teil hörbar und verständlich ist.

Und wenn es irgendeine Art von Verbindung zwischen der Ufologie und dem Reich der Kobolde gibt, könnte es dann nicht auch eine Verbindung zwischen der Ufologie und Geistern geben? Die Welt der Geister ist hochkompliziert, es gibt zahllose Formen von Geistersichtungen (in Großbritannien wurden mehr davon gemeldet als irgendwo sonst auf der Welt). In diesem Bereich sind die Berichte nicht so einheitlich wie bei den UFO-Sichtungen, aber fest steht, daß viele Geister grau zu sein scheinen (es gibt Dutzende von Grauen Damen, die immer noch die Treppen der Ahnenhäuser auf und ab wandeln). Sie werden oft in der Nacht gesehen, und manche haben mit den Außerirdischen die Fähigkeit gemeinsam, »Unmögliches« zu tun, wie zum Beispiel, durch Wände zu gehen. Wieder waren es die Vereinigten Staaten, in denen erstmals ein Phänomen auftauchte, das die beiden Welten – die der Geister und die des Weltraums – miteinander verbinden könnte: die Spuklichter. Im Gebiet von Brown Mountain in North Carolina beschrieben 1913 einige Augenzeugen, daß solche Lichter am nächtlichen Himmel schwebten und »wie eine zerberstende Rakete« verschwanden. In Silver Cliff, Colorado, beobachtete der stellvertretende Herausgeber des Magazins *National Geographic*

»matte runde Flecken blau-weißen Lichts«. Es stimmt natürlich, daß diese Lichter schaurigerweise über einem Friedhof schwebten, aber es ist die den Ufologen so vertraute Farbe, die interessant ist.

In letzter Zeit gab es in den Vereinigten Staaten eine Welle von ungeklärten Tiertötungen. Meist waren Rinder betroffen. Die toten Tiere wurden oft schwer verstümmelt und mit herausgeschnittenen Genitalien aufgefunden. Natürlich ist es möglich, daß dies die Werke von gestörten Sadisten oder auch den Anhängern irgendeines Satanskults waren, aber viele der toten Tiere wurden in der Nähe offensichtlicher UFO-Aktivitäten aufgefunden. Die Fernsehproduzentin Linda Moulton Howe, eine Hämatologin und Pathologin, behauptet ebenso wie Dr. John Alshuer, die an manchen dieser Tiere durchgeführten Autopsien hätten ergeben, daß die Bauchschnitte möglicherweise mit moderner Lasertechnologie gemacht wurden. Was diese Verstümmelungen gemeinsam haben, ist die Tatsache, daß es kein Blut gab und daß keine Täterspuren gefunden werden konnten.

Entführungen durch Außerirdische und Tierverstümmelungen führen uns weg von der freundlichen kosmonautischen Stimmung, die in den fünfziger und sechziger Jahren vorherrschend war. Das kalte, grell beleuchtete Innere der Raumschiffe, die gefühllosen Kidnappings und Entnahmen von Proben entführen uns in eine alptraumhafte Welt, in der wir die hilflosen Zielscheiben einer abgehobenen extraterrestrischen Präsenz sind, die darauf besteht, genetische Programme durchzuführen, ohne auf irgend etwas Rücksicht zu nehmen außer auf ihre eigenen, unbekannten Motive.

Bob Lazar geht noch weiter. Lazar, ein umstrittener Mann und Zielscheibe heftiger – oft unfairer – Attacken, behauptet, für die amerikanische Regierung an einem Projekt mitgearbeitet zu haben, bei dem es um einen Flugkörper außerirdischen

Ursprungs ging. Er wurde in ein kleines Team entsandt, das in der Nähe der mysteriösen Area 51 am Groom Lake, Nevada, stationiert war. Das Team beschäftigte sich mit dem Zerlegen und Wiederzusammenbauen von außerirdischer Technologie, die auf der Erde gefunden worden war. Anders ausgedrückt hatte die Regierung außerirdische Fahrzeuge – genaugenommen neun davon – in ihrem Besitz, und es war die Aufgabe des Teams, sie auseinanderzunehmen und herauszufinden, wie sie funktionierten. Die Fahrzeuge waren untertassenförmig, und eines davon schwebte laut Lazar einige Fuß hoch über dem Boden. Die Sitze eines der Flugkörper waren nur für Personen von Kindergröße geeignet – oder für Außerirdische. In den meisten Fällen wiesen diese Untertassen keine Anzeichen von Beschädigung auf. Sie waren weder abgestürzt, noch waren sie abgeschossen worden. Einer Theorie zufolge existiert ein Bündnis zwischen den Vereinigten Staaten und den Außerirdischen, das den Außerirdischen *grünes Licht* für Entführungen gibt, wobei sie im Gegenzug Teile ihres technischen Know-hows an die Amerikaner weitergeben müssen. Manche behaupten sogar, daß der gesamte Technologiebereich, der hinter Flugzeugen wie dem Stealth-Bomber steht, von diesem Bündnis herrührt.

Lazar ist keineswegs der einzige Rufer in der Wüste. Der Roboterspezialist und ehemalige Missionsexperte der NASA, Bob Oechsler, legte außergewöhnliche Informationen vor, die die Thesen Lazars in gewisser Weise zu unterstützen scheinen. Während seiner Forschungen rief Oechsler Admiral Bobby Ray Inman an, einen ehemaligen Direktor der US National Security Agency und ehemaligen stellvertretenden Direktor der CIA (einer Organisation, die offiziell immer versuchte, den UFOs ihren geheimnisvollen Nimbus zu nehmen). Oechsler nahm ihr Gespräch auf Band auf:

Oechsler: Erwarten Sie, daß irgendwelche der sichergestellten Fahrzeuge einmal für technologische Forschungszwecke zur Verfügung stehen werden? Außerhalb der Militärkreise, meine ich?

Inman: Noch einmal, ich weiß es nicht, ehrlich gesagt. Vor zehn Jahren wäre die Antwort »nein« gewesen. Wenn Sie diesen Dingen heutzutage ein bißchen offener gegenüberstehen, besteht eine gewisse Möglichkeit.

Die offensichtliche Aussage dieses Gesprächs lautet, daß wir tatsächlich über außerirdische Technologie verfügen, die auf der Erde gefunden und unter Verschluß genommen wurde. Das amerikanische Gesetz zur Informationsfreiheit sorgte dafür, daß bestimmte Papiere veröffentlicht wurden (wenn auch eigenartigerweise viele Akten – so wie bestimmte Zeitspannen der Entführten – fehlen).

Ein Dokument vom August 1952 , das an die Öffentlichkeit gelangte, trägt die Unterschrift von Edward Tauss, Chef der Weapons and Equipment Division des Office of Scientific Intelligence: »Es ist jedoch streng darauf zu achten, daß Presse oder die Öffentlichkeit keine Hinweise auf ein Interesse oder eine Besorgnis seitens der CIA erhalten, in Anbetracht ihrer Tendenz, ein solches Interesse als ›Bestätigung‹ zu werten.« Offensichtlich wurde da eine Zeitlang einiges vertuscht.

Vor zwei Jahren wurde Bobby Rae Inman als möglicher U.S.-Verteidigungsminister gehandelt. Er war ein ungewöhnlicher Kandidat für den Job, und einige Angehörige der UFO-Lobby fragten sich, ob sein Name auf der eingeschränkten Kandidatenliste möglicherweise eine offzielle Änderung der Regierungspolitik in bezug auf die Existenz von UFOs signalisierte. Zu dieser Zeit tauchte in den Medien der obige Text des Gesprächs mit Bob Oechsler auf, und im letzten Augenblick lehnte Inman den Job unter sehr mysteriösen Umständen ab.

Lancierte Korruptionsgerüchte erwiesen sich als falsch. Geschah das vielleicht deshalb, weil Bobby Inman gegenüber dem Establishment ein entwaffnendes Maß an Ehrlichkeit an den Tag legte, mit dem dieses nicht bequem zu leben vermochte? Das ist es, was viele in der UFO-Lobby glauben. Für sie ist es nur ein weiterer Hinweis darauf, daß höchste amerikanische Regierungskreise die UFO-Frage als sehr wichtig einstufen und daß Uneinigkeit über die offizielle Politik einige sehr prominente Opfer fordern könnte.

Es ist fünfzig Jahre her, daß Kenneth Arnold halbmondförmige Objekte mit atemberaubender Geschwindigkeit über die Cascade Mountains fliegen sah. Seither hat sich ein neues Bewußtsein entwickelt, und die bisherige Science-fiction könnte durchaus zu einem wissenschaftlichen Faktum werden - auch wenn einzelne Regierungen mit vehementer Paranoia versuchen mögen, Informationen unter Verschluß zu halten.
Ich kannte die Mythen. Ich hatte mich in die berühmten Fallbeispiele eingelesen und die Unwägbarkeiten überdacht. Ich war bereit, mich in meinen neuen Job zu stürzen.

Aber nichts hätte mich auf die drei folgenden Jahre vorbereiten können.

Nichts.

2
Der interessanteste Job des Landes

Das Verteidigungsministerium wurde im Dezember 1946 durch einen Parlamentsbeschluß gegründet - sechs Monate bevor Kenneth Arnold fliegende Untertassen am Himmel über den Cascade Mountains beobachten sollte. Das Ministerium entstand aus der Notwendigkeit der Kriegszeit heraus, die drei Teile des Militärs - Armee, Marine und Luftwaffe - in einer noch nie dagewesenen Weise zu koordinieren. Berater waren die Generalstabschefs dieser drei Bereiche. Die Hauptfunktion eines Verteidigungsministeriums liegt logischerweise in der Verteidigung. In der Erklärung über das voraussichtliche Verteidigungsbudget 1995 wird die wichtigste Aufgabe der Verteidigung so beschrieben: »Schutz und Sicherheit des Vereinigten Königreichs und der abhängigen Gebiete auch dann sicherzustellen, wenn keine signifikante Bedrohung von außen besteht.«

Das Ministerium ist sehr umfangreich und äußerst komplex strukturiert. Als ich im Jahr 1985 begann, arbeiteten dort etwa 170000 Zivilisten. Der Kalte Krieg war noch nicht vorüber - das zarte Frühlingslüftchen, das Gorbatschow entfacht hatte, war noch nicht zu einem Orkan angeschwollen. Der Mähdrescherfahrer aus dem Nordkaukasus, der an der Universität von Moskau Jura studiert hatte, wurde am 11. März Generalsekretär der Kommunistischen Partei und der wahre Führer der Sowjetunion. *Glasnost* und *Perestroika* lagen noch in weiter Ferne, und auch wenn Gorbatschows Eintreten für die Entspannung und sein Ruf nach einer Verringerung der Waffenlager vielversprechend klangen, so war er immer noch ein

Kommunist. Neben ihm blickten immer noch finstere, graue Gesichter vom Kreml-Balkon in die Menge hinab. Und da war immer noch eine Mauer, die Berlin teilte. Niemand ging ein Risiko ein.
In den ersten Wochen lernte ich als Neuling die Routineabläufe kennen, eignete mir die Grundlagen an und machte mich mit der Struktur des Ministeriums vertraut. Es galt Systeme zu erlernen, Akten zu bewältigen und »altgediente« Kräfte um Rat zu fragen. Das beste war, das Telefonverzeichnis des Ministeriums durchzugehen. Dieses enorme Werk, wohl selbst eine Verschlußsache, stellt Kommandoketten in Diagrammform dar und enthält die Namen und Beschreibungen der Aufgabenbereiche vom Executive Officer aufwärts. Der Executive Officer ist auf der unteren Managementebene tätig, und sein Rang entspricht etwa dem eines Hauptmanns. Neben einem dieser Namen stand das Wort »UFOs«. Ich glaube mich zu erinnern, daß ich lachen mußte, als ich das las. Ich hatte noch keine Ahnung, daß sich das Ministerium überhaupt mit unbekannten Flugobjekten beschäftigte, und ich begann mich zu fragen, was mein Job wohl so alles mit sich bringen würde.
Im Verteidigungsministerium dauern die turnusmäßigen Dienstzeiten zwei bis drei Jahre. Danach wird man versetzt, damit man sein Wissen und seine Erfahrung vertiefen kann. Im Laufe meiner zehnjährigen Karriere war ich an der Diskussion darüber beteiligt, ob Frauen Kampfflugzeuge fliegen sollen (wir haben diese Diskussion gewonnen, und jetzt tun sie es), war im Golfkrieg eingesetzt und half die Feiern zum fünfzigsten Jahrestag des Endes des Zweiten Weltkriegs zu organisieren.
Am 17. September 1990 trat ich in das Secretariat (Air Staff) ein, das im düsteren Hauptquartier des Verteidigungsministeriums neben Whitehall und gegenüber der Downing Street liegt. Die Hauptfunktion dieser Abteilung besteht darin, die

Verteidigungsminister und die leitenden Offiziere der Luftwaffe über die politischen und parlamentarischen Aspekte einer ganzen Reihe von Fragen in bezug auf die Aktivitäten der Royal Air Force zu beraten. Dabei geht es auch um Aktivitäten außerhalb des NATO-Bereichs, die die Zusammenarbeit mit ausländischen Botschaften erfordern, um Übungen und Einsätze, aber auch um Flugzeugunfälle. Diese Abteilung, deren Arbeit in erster Linie auf Parlament und Öffentlichkeit ausgerichtet ist, war für UFOs zuständig, was immer dieser Ausdruck in der Sprache der Beamten auch bedeutete. Eine interne Umschichtung im Juni 1991 katapultierte mich geradewegs in dieses Büro und damit in den interessantesten Job des Landes.

Meine Tagebucheintragung für Mittwoch, den 17. Juli, lautet: »Interessanter Tag heute – wurde indirekt gefragt, ob ich Owen Hartops Job übernehmen möchte.« Owen Hartop arbeitete für die Abteilung, die unter dem Namen Sec(AS)2a bekannt war, von der UFO-Lobby manchmal fälschlicherweise als AS2 bezeichnet. In einem Werk, das möglicherweise den umfassendsten Katalog der UFO-Phänomene darstellt, *The UFO Encyclopedia*, beschreibt John Spencer von der British UFO Research Association (BUFORA) diese Abteilung wie folgt:

> Eine Abteilung des Verteidigungsministeriums, deren voller Titel Air Staff 2 lautet, Nachfolgeabteilung des Defence Secretariat 8 (DS8). Diese Abteilungen befassen sich angeblich mit UFO-Berichten, die an die Regierung herangetragen werden; ein Sprecher der Abteilung bezeichnete AS2 als »Brennpunkt für UFO-Berichte innerhalb Großbritanniens«.

Ich nahm den Job an. Wenn ich zurückdenke, so fällt auf, daß ich in den sechs Jahren, seit ich ihn in dem Verzeichnis aufgelistet gesehen, nichts darüber gehört hatte. Es war ein

eigenartiger Posten, denn die Vorgesetzten hatten abgesehen von einer reinen Aufsichtsfunktion eigentlich nichts damit zu tun. Anders ausgedrückt wurde der zuständige Beamte damit allein gelassen. Während meiner turnusmäßigen Dienstzeit wurde das Büro, in dem ich arbeitete, von drei verschiedenen Leuten geleitet. Ihre Meinungen über UFOs reichten von uneingeschränkter Skepsis bis zu einer etwas offeneren Einstellung. Vielleicht weil er so viele andere Verpflichtungen hatte, interessierte sich mein Abteilungsleiter kaum für das Thema. In der Praxis handelte es sich um eine Ein-Mann-Abteilung.
In den ersten Tagen saß ich mit Owen Hartop zusammen, der mir einen Überblick über meine wichtigsten Aufgaben vermittelte. In bezug auf UFOs waren es vor allem zwei: Ich sollte als Anlaufstelle für alle fungieren, die im Vereinigten Königreich UFOs gesichtet hatten, und mich mit den allgemeinen politischen Fragen befassen, die sich ergaben.
Nach einer langatmigen und traditionellen Feier im Clarence Pub wechselte Owen am Freitag auf seinen neuen Posten. In den Jahren des Kalten Krieges und der allgemein angespannten Situation war man sich darüber einig, daß mit einem Schlag das halbe Verteidigungsministerium ausgelöscht würde, sollte eines Freitags mittags im Clarence eine Bombe hochgehen.
Am Montag, den 29. Juli, war ich dann auf mich allein gestellt.

Der Begriff UFO ist irreführend. Die Abkürzung ist zu einem festen Bestandteil der Sprache geworden, und das allein führt bereits zu Verwirrung. Dr. J. Allen Hynek, einer der bekanntesten Wissenschaftler auf diesem Gebiet, wies darauf hin, daß wir, da uns keine echten UFOs zur Verfügung stehen, nur das studieren können, was wir haben – und woran ich drei Jahre lang arbeitete –, nämlich *Berichte* über UFOs. Im Jahr 1966 definierte die U.S. Air Force ein UFO als »Flugobjekt, das vom Beobachter nicht identifiziert werden kann«. Drei Jahre später veröffentlichte die University of Colorado eine neue Spezifikation. Darin werden UFOs anfangs beschrieben als »Anlaß zu einem Bericht einer oder mehrerer Personen über etwas, was sie am Himmel gesehen haben«. Die umständliche Beschreibung ist weitere sieben Zeilen lang. 1972 nannte der amerikanische Astrophysiker und TV-Star Carl Sagan das UFO »ein sich bewegendes Luft- oder Himmelsphänomen, das vom Auge oder mittels Radar entdeckt wird und über dessen Natur keine unmittelbare Klarheit besteht«. Im selben Jahr versuchte es Dr. J. Allen Hynek mit der folgenden Definition: »Die angebliche Wahrnehmung eines Objekts oder Lichts, das am Himmel oder über dem Boden beobachtet wird ... das nicht auf logische, konventionelle Weise erklärt werden kann ...« Das *Oxford Dictionary of Current English* spricht einfach von einem »nicht identifizierten Flugobjekt«. Interessanterweise gibt es im *Dictionary of Science for Everyone* überhaupt keinen Eintrag »UFO«!

»Glauben Sie an UFOs?« Diese Frage wird oft gestellt – und natürlich wurde ich in Kursen, auf Parties und in der Kantine andauernd damit konfrontiert. Es kann auf sie nur eine Antwort geben: ja. Wenn ich hundert Meter von einem Freund entfernt stehe und ein kleines Objekt in die Luft werfe, wird mein Freund kaum sagen können, worum es sich handelt. Während es sich in der Luft befindet, ist das Objekt buchstäblich ein UFO. Die Verwilderung der Sprache hat innerhalb weniger Jahre bewirkt, daß der Begriff UFO zu einem Synonym für außerirdische Luftfahrzeuge geworden ist. Die meisten unbekannten Flugobjekte können tatsächlich sofort als ganz gewöhnliche, alltägliche Dinge identifiziert werden. Vielleicht müssen zu den komplizierteren Fällen Experten hinzugezogen werden. Es ist nur ein kleiner Prozentsatz, der sich allen rationalen Erklärungsversuchen entzieht, der die Phantasie anregt und die Gedanken nicht mehr losläßt.

Was hatte also das Verteidigungsministerium mit etwas zu schaffen, bei dem schon eine grundlegende Definition so schwerfällt? Nun, das ist eine Frage der nationalen Sicherheit. Die Militäraufgabe 1.10 schreibt vor, daß »die Integrität des britischen Luftraums in Friedenszeiten durch ein kontinuierliches Luftbild und eine ständige Überwachung des britischen Luftverteidigungsraums zu sichern ist«. Während des Kalten Kriegs versuchten sowjetische Flugzeuge routinemäßig, in unseren Luftverteidigungsraum einzudringen. Das hatte im Grunde nichts offen Aggressives an sich. Es war eher wie in dem Harper Lee-Buch *Wer die Nachtigall stört*, in dem die Kinder sich selbst Angst einjagten, indem sie um das Haus rannten und den Namen des verrückten und schreckenerregenden Boo Radley riefen. Sie wären meilenweit gelaufen, wenn er tatsächlich herausgekommen wäre, um mit ihnen zu spielen. In ähnlicher Weise stellten die sowjetischen Kampfflieger und Bomber unsere Verteidigungskräfte auf die Probe und versuchten, die Effektivität unserer Radarsysteme und unserer Kampfflugzeuge zu testen, aber auch die Fähigkeiten der Mannschaften, von denen sie betrieben wurden. Wurde ein sowjetisches Flugzeug durch den berühmten Leuchtfleck auf dem Radarschirm entdeckt, dann wurden unsere Kampfflieger zusammengezogen, der sowjetische Jet abgefangen und höflich aus unserem Hoheitsgebiet hinauseskortiert. Es war ein freundliches und dennoch todernstes Katz-und-Maus-Spiel, das den Crews unserer Militärflugzeuge und unseren Radarteams unbezahlbare Trainingsmöglichkeiten bot.

Wenn über ein UFO an unserem Himmel berichtet wird, kann sich jederzeit herausstellen, daß es sich in Wirklichkeit um ein ausländisches Kampfflugzeug, eine Rakete, ein Aufklärungssystem oder um ein ferngesteuertes Fahrzeug handelt. Wenn ein solches »UFO« nicht auf dem Radarschirm erfaßt wird, haben unsere Verteidigungsmechanismen versagt, und diese Tatsache kann tatsächlich schwerwiegende Folgen haben. Unser Luftverteidigungssystem mit seinem hochkomplizierten Netzwerk von bodengestützten Radarstationen und Frühwarnflugzeugen macht nur wenige Fehler. Aber was, wenn sich ein solches Objekt der Erkennung entziehen würde? Ein Objekt, das von einem erntenden Farmer in Sussex, einem Fleischer in Yorkshire, einem Polizisten im Schottischen Tiefland beobachtet würde? Was, wenn dieses »Etwas« das Produkt einer Technologie wäre, die wir nicht verstehen und noch viel weniger nachvollziehen können?

Zu Beginn der Operation Wüstensturm drangen amerikanische F-117-Stealth-Kampfflugzeuge ungestraft in das Gebiet um Bagdad ein und konnten die Schlüsseleinrichtungen im Herzen der Hauptstadt fotografieren. Alle waren sich darüber einig, daß die Bomben der Alliierten so zielsicher waren, daß man sie auf Saddam Hussein selbst hätte richten können, falls das der Wunsch der Vereinten Nationen gewesen wäre und falls wir gewußt hätten, wo er sich aufhielt. Das Gebiet um Bagdad war zu dieser Zeit wahrscheinlich eines der am stärksten verteidigten Gebiete der Welt, bestückt mit allen möglichen aktiven Radarsystemen, die aber von dem radarabsorbierenden Anstrich des Stealth-Flugzeugs allesamt überlistet werden konnten.

Hier handelt es sich nicht um die Science-fiction von H.G. Wells, wo rotes Unkraut vom Mars unseren Planeten im Würgegriff hält und erstickt, sondern um Fakten. Und das Verteidigungsministerium kann es sich nicht leisten, diese Fakten einfach abzutun. Falls außerirdische Flugobjekte in Großbritannien landeten, so wäre es unbedingt erforderlich, ihre Technologie im Detail zu studieren, um sie – wenn möglich – nachzubauen und eine Verteidigungsmöglichkeit gegen sie zu finden. Stellen die UFOs eine Bedrohung dar? Wenn ja, dann ist es keine Frage, daß das Verteidigungsministerium interessiert sein muß.

Anfangs war ich von meinem neuen Job eher enttäuscht, das muß ich zugeben. Es existierten keine fliegenden Untertassen, keine Außerirdischen, keine dunklen Machenschaften und mysteriösen Verwicklungen der Regierung. Sosehr ich mich auch bemühte, ich konnte nirgendwo einen Mann in Schwarz ausmachen - eine jener finsteren, dunkel gekleideten, halb außerirdischen, halb menschlichen Gestalten, von denen man weiß, daß sie Augenzeugen von UFO-Sichtungen ihre Besuche abstatten und ihnen nahelegen, über ihre Beobachtungen Stillschweigen zu bewahren, und diese Ratschläge mit Drohungen untermauern. Eine erste, oberflächliche Durchsicht der Akten, die mir nun zur Verfügung standen, enthüllte nichts weiter als eine Handvoll von Berichten über undeutliche Lichter oder Formen am Himmel, bei denen es sich wahrscheinlich um ganz normale irdische Flugobjekte handelte. Aber ich war entschlossen, mir meine offene Einstellung zu bewahren. Es war leicht, die Dinge ins Lächerliche zu ziehen, leicht, sie als Hirngespinste abzutun. Ich denke, daß mich die Sache gefangennahm, als ich mich so intensiv in die Hintergründe vertiefte. Schließlich befand ich mich in einer einzigartigen und auf seltsame Weise einsamen Position: Ich war der einzige Beamte des Landes, der speziell mit der Erforschung des UFO-Phänomens betraut war. Das war eine ziemlich große Verantwortung.
Ich suchte Bibliotheken und Buchläden auf; ich las wie ein Verrückter und machte mich sowohl mit berühmten als auch mit unbekannten Fällen vertraut. Irgendwo in meinem Hinterkopf hatte ich ein Gefühl der beruflichen Integrität, ein Ehrgefühl - nennen Sie es, wie Sie wollen. Es war mir bewußt, daß es kein Ruhmesblatt für mich und meine Abteilung

gewesen wäre, wenn mir ein UFO-Forscher, ein Journalist oder ein Bürger eine Frage gestellt hätte, die ich nicht beantworten hätte können. In diesem Geist intensiver Forschung ging ich die Akten noch ein zweites Mal durch, und nun nahm ich sie mir genauer vor.

Jetzt revidierte ich meine ursprüngliche Meinung, daß sie nichts anderes enthielten als Sichtungen von Wetterballons, linsenförmigen Wolken, Vogelformationen und Flugzeugen aus ungewöhnlichen Blickwinkeln. Es gab eine Reihe von Sichtungen, die sich jeder vernünftigen Erklärung entzogen. Etwas sehr Eigenartiges ging da vor sich. Und offensichtlich war ich nicht der einzige im Verteidigungsministerium, der dieser Meinung war.

Lord Hill-Norton, in den Jahren 1971 bis 1973 Großadmiral und Generalstabschef, ist unerschütterlich von der potentiellen Bedrohung durch UFOs überzeugt. Als Mitglied der 1979 gegründeten UFO-Studiengruppe des Oberhauses, der Abgeordnete aller Parteien angehören, versucht Hill-Norton ständig, der Öffentlichkeit die Notwendigkeit nahezubringen, wachsam zu sein. Ein weiterer Unentwegter war Ralph Noyes, ehemaliger Privatsekretär von Sir Ralph Cochrane, in den Jahren 1950 bis 1952 Vizechef des Generalstabs der Luftwaffe und Leiter der alten DS8. Er trat 1977 als stellvertretender Außenminister zurück und ist derzeit eine führende Autorität auf den Gebieten der UFOs – er ist auch Berater der BUFORA –, in der Sache der Kreise in Getreidefeldern und bei psychischen Phänomenen. Eine so distinguierte Gesellschaft war Lichtjahre entfernt von den Vorstellungen, die ich mir über die UFO-Lobby gemacht hatte. Ich hatte mir diese Leute als Egozentriker in Anoraks vorgestellt, als Verrückte, die die ganze Nacht auf niedergetretenem Gras stehen und mit gezücktem Fernglas erwartungsvoll in den Himmel starren. Aber hier hatte ich es mit leitenden Beamten und Militärs zu tun, die davon überzeugt waren, daß UFOs etwas ganz Reales waren. Meine Sicht der Dinge begann sich zu ändern.

In Anhang 1 dieses Buches ist die Zahl der UFO-Sichtungen aufgelistet, die in den Jahren 1959 bis 1995 offiziell gemeldet wuden. Ob es vor dem Jahr 1959 irgendwelche Berichte gab, ist nicht klar: Falls ja, wurden sie wahrscheinlich von der Royal Air Force untersucht. Es ist wahrscheinlich, daß das weltweite Medieninteresse an den »fliegenden Untertassen« von Kenneth Arnold im Jahr 1947 zu einigen Sichtungen führte, die vermutlich nicht echt waren. Leider wurden vor 1967 die meisten ministeriellen UFO-Akten nach fünf Jahren automatisch vernichtet, und deshalb ist alles, was sie enthielten, für die Nachwelt verloren.

Was können wir aus diesen Zahlen ableiten? Nun, nicht viel. Es gab Jahre mit starken UFO-Aktivitäten, vor allem 1966/67, 1977/78 und 1980/81 - aber noch einmal, dafür gibt es rationale Erklärungen. Die Zunahme der Sichtungen im Jahr 1978 - 550 mehr gegenüber dem Vorjahr - kann man wahrscheinlich der Faszination zuschreiben, die von Steven Spielbergs erfolgreichem Film *Unheimliche Begegnung der dritten Art* ausging. Es war der erste von »Sympathie« geprägte Film über Außerirdische, und die Menschen wollten an dieser Erfahrung teilhaben. Die vielen Sichtungen des Jahres 1967 lassen sich hingegen schwerer erklären. Die einzige signifikante Weltraumnachricht des Jahres war betrüblich - im Januar kamen »Gus« Grissom, Ed White und Roger Chaffee in ihrer Apollo-Kapsel zu Tode, als in der reinen Sauerstoffatmosphäre der Abschußrampe ein Feuersturm ausbrach, und im April wurde der sowjetische Kosmonaut Vladimir Komarow getötet, als sein Sojus-Raumschiff aus der Umlaufbahn geriet und es ihm nicht gelang, seinen Fallschirm zu öffnen. Vielleicht hatten die Sichtungen mehr mit der Tatsache zu tun, daß die

Welt vor einem möglichen Armageddon zitterte, als Israel die Araber im Sechs-Tage-Krieg besiegte und China seine erste Wasserstoffbombe zur Explosion brachte. Dasselbe galt für das Jahr 1981: an der Raumfahrtfront tat sich wenig Neues, außer daß das Raumschiff Columbia nach einem dreitägigen Jungfernflug im April ohne Zwischenfälle landete und daß die Israelis im Juni behaupteten, sie verfügten über die Technologie zum Bau der Atombombe.

Diese Zahlen sind nicht unproblematisch. Sie geben keinen Hinweis auf die Qualität der individuellen Berichte oder darüber, wie diesen Berichten nachgegangen wurde. Manche meiner Vorgänger versuchten, die Berichte unter so unauffälligen Überschriften wie »Satelliten«, »Flugzeuglichter« oder sogar dem peinlichen »Unbekannt« zu subsumieren. Zumindest einige dieser Kategorisierungen schienen eher nach dem Zufallsprinzip vorgenommen worden zu sein und nicht auf einer objektiven Untersuchung der gemeldeten Sichtungen zu beruhen. Schlimmer noch – es schien keinen einheitlichen Ansatz für die Definition eines UFO-Berichts zu geben. Wenn eine vierköpfige Familie ein und dasselbe Objekt am Himmel sieht, handelt es sich dann um *eine* Sichtung oder um *vier*? Es ist gut möglich, daß ein Statistiker die Zahlen zur Gänze zurückweisen würde, da eine Sechsunddreißig-Jahres-Spanne nicht die chronologische Lückenlosigkeit bietet, die zur Feststellung von Trends und Mustern notwendig ist. Vielleicht wird sich in hundert Jahren aus den Statistiken eine Geschichte herauskristallisiert haben. Aber dann – vielleicht werden wir das Mysterium der UFOs in hundert Jahren ohnehin zur Gänze erforscht haben.

Das größte Problem liegt daher in dem, was die Zahlen nicht sagen. Sind die 8890 Sichtungen, die seit 1959 gemeldet wurden, lediglich die Spitze eines Eisbergs? Hier befinde ich mich schon auf sichererem Boden. Die UFO-Lobby, die sich mit diesem Thema in den letzten Jahren intensiver auseinandergesetzt hat als irgendeine andere Organisation, ist davon überzeugt, daß 95 Prozent aller UFO-Sichtungen überhaupt nie gemeldet werden. Schätzungen zufolge haben 13 Millionen Menschen auf der ganzen Welt UFOs gesehen. Warum sagen sie das nicht öffentlich?

Ein Grund liegt darin, daß sie nicht wissen, wem sie ihre Sichtungen melden sollen. Diese Zeilen sind vielleicht für viele Menschen, die sie lesen, der erste Hinweis darauf, daß es im Verteidigungsministerium jemanden gibt, der sich mit UFO-Berichten befaßt. Es wäre unangebracht, wenn nicht sogar schädlich, wenn das Verteidigungsministerium in dieser Hinsicht Werbung betreiben würde. In ähnlicher Weise sind die verschiedenen privaten Gruppen wie die BUFORA nicht so bekannt, wie man meinen sollte. Ihr Journal, die *Ufo Times*, ist im Zeitschriftenhandel nur vereinzelt erhältlich. Die andere große britische UFO-Vereinigung, Quest International, hat hingegen mit der Vermarktung ihres *UFO Magazine* im Zeitschriftenhandel eben erst begonnen, und so könnte es sein, daß sich diese Situation nun langsam ändert.

Selbst wenn die Leute tatsächlich den Mut aufbringen, ihre Erlebnisse zu melden, tritt das Gesamtbild kaum zutage, denn es gibt für solche Berichte keine zentrale Aufbewahrungsstätte: Großbritannien besitzt keine Datenbank für UFO-Informationen. Manche Leute riefen mich an oder schrieben mir, um mir zu berichten, was sie gesehen hatten; andere setzten sich mit einer lokalen UFO-Forschungsgruppe in Verbindung. Wieder andere mögen sich an die Polizei oder an zivile Flughäfen gewendet haben. Und viele, vielleicht die Mehrzahl, werden ihre Erlebnisse naiverweise im Lokal nach ein paar Glas Bier zum besten gegeben haben. Diese Berichte sind über das ganze Land verstreut, werden in keinem Zusammenhang gebracht und geraten irgendwann einmal in Vergessenheit.

Ein weiterer wesentlicher Faktor ist die Angst, sich lächerlich zu machen. UFOs im allgemeinen und insbesondere Leute, die behaupten, welche gesehen zu haben, werden mit Skepsis betrachtet. Die Artikel, die über dieses Thema in der Presse erscheinen, sind allesamt ironisch, und man braucht keine berühmten Schlagzeilen wie die des *Sunday Sport* – »WIE SIE FESTSTELLEN, OB IHRE SCHWIEGERMUTTER EINE AUSSERIRDISCHE IST«, »UFO – PENNER STAHL MEINE HOSE«, »TIERLIEBENDER AUSSERIRDISCHER BEAMT 26 ELEFANTEN INS ALL«, um einen Eindruck zu bekommen. Selbst eine angeblich sachliche landesweite Tageszeitung, der *Daily Mail*, stellte über einen durchaus nüchternen Bericht folgende Überschrift: »KLEINE GRÜNE MÄNNER ODER GROSSE GRÜNE DOLLARS?« (28. März 1995). Und das Fernsehen ist kaum besser. Selbst seriöse und bewußtseinsbildende Programme wie *Network First*, an dem ich 1994 mitarbeitete, kann dramatischen Himmelsaufnahmen, unheilschwangerer Musik und ausgefallenen Kamerawinkeln nicht widerstehen. Michael Aspens *Strange But True?* ist dem abgedroschenen Spezialeffektsyndrom noch stärker verfallen, obwohl seine Berichte im allgemeinen genau sind. Auf diese Weise werden viele Zeugen abgeschreckt, insbesondere solche in verantwortungsvollen Positionen, für die es das Ende ihrer Karriere bedeuten würde, sich der öffentlichen Lächerlichkeit preiszugeben. Und genau solche Leute – Piloten, Polizeibeamte, Militärpersonal aller Ebenen – sind es, die ausgezeichnete Zeugen abgeben würden, weil sie auch in Situationen ruhig bleiben, die Ihnen und mir großen Schrecken einjagen würden. »Hohen Tieren«, die zugegeben haben, UFOs gesehen zu haben, ist dies nicht gut bekommen – denken Sie nur an die beiden berühmtesten Beispiele aus den Vereinigten Staaten, Jimmy Carter und Ronald Reagan.

Welche Leute sind es also, die UFO-Sichtungen melden? Wer

ist diese Minderheit, die den Mund aufmacht und bereit ist, die Hand hochzuhalten und sich zählen zu lassen? Diese Leute kommen aus allen Schichten und Altersgruppen, und es handelt sich um Männer wie um Frauen. Die meisten von ihnen – und das ist es, was ihre Geschichten für mich so überzeugend macht – zögern, die Sache ist ihnen peinlich, und sie bedauern, meine Zeit in Anspruch nehmen zu müssen. Die überwältigende Mehrheit glaubte ursprünglich nicht an außerirdische Zivilisationen. Sie wollte öffentliches Aufsehen um jeden Preis vermeiden und nichts mit zivilen UFO-Gruppen zu tun haben. Wenn man also die Verlockung des Geldes und die des Rampenlichts ausschließen kann, hätten sie wohl keinen Grund, über ihre Erlebnisse zu berichten, es sei denn, diese wären wirklich authentisch.
Gemeinsam mit Millionen anderer war ich seit jeher davon überzeugt, daß UFOs untertassenförmig sind (die Entstellung des Berichts von Kenneth Arnold durch die Medien im Jahr 1947 ist der Hauptgrund dafür). Tatsächlich gibt es UFOs in allen Formen und Größen. In den Akten des Verteidigungsministeriums taucht in unabhängigen Quellen immer wieder die folgende Beschreibung auf: ein riesiges Dreieck, das wie ein riesenhafter Raubvogel ruhig in der Luft schwebte und dann innerhalb von Sekunden mit einer ungeheuren Geschwindigkeit verschwand. Das waren keine Flugzeuglichter oder Wetterballons, und ein Schwindel in diesem Ausmaß kam wohl nicht in Frage. Meiner Meinung nach bestand kein Zweifel, daß ich von einem realen Phänomen las.
Ich gelangte zu der Ansicht, daß UFOs möglicherweise das größte Problem sind, mit dem die Menschheit konfrontiert ist, und daß das Militär einsatzbereit stehen müßte, wenn ich recht hätte. Wie nicht anders zu erwarten, teilten meine Vorgesetzten diese Meinung nicht. Aus irgendeinem Grund schien ein Konsens darüber zu herrschen, daß wir uns nicht allzu sehr in

dieses Thema vertiefen sollten. Das erstaunte mich. Ich dachte, ich hätte klare Beweise dafür, daß Luftfahrzeuge unbekannten Ursprungs eine Technologie verkörperten, die der unseren weit überlegen war, und daß sie mit dieser Technologie in unseren Luftraum eindrangen. Unsere Radarschirme entdeckten diese Luftfahrzeuge nur selten, und selbst wenn sie es taten, schien es überaus unwahrscheinlich, daß unsere Flugzeuge und Raketen in der Lage sein würden, sie aufzuhalten. Trotzdem schienen einige meiner Vorgesetzten die Sache ins Lächerliche ziehen zu wollen. Und als sie erkannten, daß es mir ernst war, und sie zu lachen aufhörten, verlangten sie, daß ich Nachforschungen in bestimmte Richtungen einstellte.

Aber ich war nicht allein mit meiner Überzeugung, daß seltsame Aktivitäten vor sich gehen, Dinge, die über die menschliche Vorstellungskraft hinausgehen und die uns möglicherweise bedrohen.

3
Ansichten

Es gibt nur wenige Bereiche außer der Ufologie, in denen die Haltung der Regierung so sehr von persönlichen Ansichten und in so geringem Maß von Fakten oder stichhaltigen Beweisen geprägt ist. Und viele dieser Ansichten werden von den Medien beeinflußt.

Seit Kenneth Arnold das UFO erblickte, haben sich die Medien wie wild auf UFOs gestürzt. Das könnte und sollte etwas Gutes bedeuten: Ein ständiger Strom von UFO-Geschichten, seriös recherchiert und mit ernstzunehmenden redaktionellen Kommentaren versehen, würde mit fast absoluter Sicherheit dazu führen, daß das Thema von den Politikern mit jener Ernsthaftigkeit behandelt würde, die sie der Politik widmen, oder mit der die Wissenschaftler an ihre Forschungen herangehen. In der Vergangenheit war die Presse wahrhaft mächtig. Zu ihren besten Zeiten hatte die *Times* die Macht, eine Regierung zu stürzen. Vor einiger Zeit ärgerte sich der damalige britische Premierminister John Major über die angebliche Voreingenommenheit der BBC zugunsten seines Widersachers – die Blair Broadcasting Corporation nannte er sie. Die Medienrevolution hat begonnen. Wir werden halbstündlich mit Nachrichten versorgt, und zwar zu *jeder* halben Stunde. Über den Golfkrieg wurde rund um die Uhr berichtet. Es kursierte der Witz, daß sich in der Wüste mehr Journalisten als Soldaten aufhielten. Und in den Pausen zwischen den Einschlägen der Scud-Raketen wurden hochbetagte Generäle in ihren Rollstühlen vor die Kameras gesetzt, um uns ihre Spekulationen darüber mitzuteilen, was wohl als nächstes passieren würde.

Aber die Medien, mit ihrer ungeheuren Macht zu helfen und

zu unterstützen, entschieden sich bei den UFOs für die leichtere Variante. Wodurch verkaufen sich Zeitungen? Durch Sensationsmeldungen. Und was könnte sensationeller sein als die Meldung von kleinen grünen Männchen, die vom Mars kommen? Ständig werden die absurdesten Behauptungen veröffentlicht, während andere Meldungen, die näher am Boden der Tatsachen bleiben, ignoriert werden. Was gibt es Aufregendes zu melden über ein kleines weißes Licht über einem schottischen See, das noch dazu nur eine Reflexion in einer Linse sein könnte, im Vergleich zu der Story von Dolly Newland, die dem *Daily Sport* berichtete, daß sie von einem Stamm Außerirdischer abstamme, die der Erde vor Jahrtausenden einen Besuch abgestattet hätten? Sie waren, so sagte sie, schüchtern und unsichtbar, und einige davon lebten auf ihrem Dachboden. Das Problem liegt darin, daß das Thema, das ja an sich schon eigenartig genug ist, leicht ins Lächerliche gezogen werden kann. Deshalb können die Journalisten der Versuchung, mit einem leichtfertigen Text über Außerirdische ein paar Spalten zu füllen, oft nicht widerstehen.

Seit kurzem gibt es jedoch ermutigende Zeichen dafür, daß sich diese joviale Überheblichkeit langsam zu ändern beginnt. In Großbritannien brachte der Satelliten-Fernsehkanal Sky TV viele Sendungen und Nachrichten über UFOs, was hauptsächlich der Begeisterung des Produzenten Geoff Baron zu verdanken ist. Die Serie *UFOs – No Defence Significance?* (UFOs – Verteidigung nicht notwendig?), die Baron gestaltete, brachte eine Reihe von Fallbeispielen und stellte die sture Behauptung des Verteidigungsministeriums in Frage, daß bisher keine Sichtungen gemeldet worden seien, die irgendeine Bedeutung für das Verteidigungswesen hätten. Sky 1 hat ebenfalls UFO-Serien wie *Sightings* (Sichtungen) und *Unsolved Mysteries* (Ungelöste Rätsel) ausgestrahlt.

Im Jahr 1994 stellte ein anderer britischer Fernsehproduzent,

Lawrence Moore, eine bahnbrechende Dokumentation für Central Television zusammen, die im Januar 1995 in allen ITV-Regionen gezeigt wurde. Das Programm, Teil der prestigeträchtigen *Network First*-Serie, war eines der wenigen, die sich des UFO-Phänomens mit Offenheit und Seriosität annahmen. Diese Dokumentation konzentrierte sich auf direkte Augenzeugenberichte und zeigte etliches bemerkenswertes UFO-Filmmaterial. Moore und seine Mitarbeiterin Livia Russell führten Interviews mit dem Kongreßabgeordneten Steven Schiff aus New Mexico, der entschlossen ist, dem Vorfall von Roswell, der sich in seinem Staat abspielte, auf den Grund zu gehen, und mit leitenden Beamten der ehemaligen Sowjetunion, die selbst einige sehr »nahe Begegnungen« hatten, sowie mit dem ehemaligen Generalstabschef Lord Hill-Norton.
Das Verteidigungsministerium wurde gebeten, sich an der Gestaltung dieses Programms zu beteiligen. Solche Anfragen waren an sich nichts Außergewöhnliches, aber bis dahin waren sie jedesmal reflexartig abgelehnt worden. Dieser Abwehrreflex stammte aus dem Kalten Krieg und aus dem Gefühl, es sei notwendig, sich vor Sensationsschlagzeilen und Skandalberichterstattung zu schützen. Da es sich hier aber offensichtlich um ein vernünftiges Programm handelte, sprach ich mit meinen Chefs im Ministerium, und es gelang mir, sie davon zu überzeugen, daß es für uns vorteilhaft wäre, wenn wir unsere Rolle vor der Kamera erläuterten und mit einigen falschen Vorstellungen aufräumten. Nichts konnte die »Verschwörungs«-Lobby stärker davon überzeugen, daß wir etwas zu verbergen hatten, als das ständige »Kein Kommentar«. Hier hatten wir die Chance, ausführlich zu unserer Politik Stellung zu nehmen und zu sagen, was wir dachten. Es war an der Zeit, die Dinge ins rechte Licht zu rücken.
Die Chance ergab sich am 25. April 1994. Mein Interviewer, der mich – vielleicht leicht ironisch – als »Mann vom Ministe-

rium« apostrophierte, war Lawrence Moore selbst. Ich gab freimütig zu, daß sich viele der heute aktenkundigen Fälle nicht auf herkömmliche wissenschaftliche Weise erklären lassen.

Ich nehme an – und hoffe –, daß *Network First* eine ernsthaftere Diskussion über das UFO-Phänomen ausgelöst hat als irgendein Fernsehprogramm davor. Das Interesse der Regierung verleiht einem Thema einen gewissen offiziellen Anstrich und eine Ernsthaftigkeit, die Ehrlichkeit und Offenheit fördern. So fühlten sich Menschen, die UFOs gesichtet hatten und darüber berichten konnten, aber davor zurückscheuten, sich an zivile UFO-Gruppen zu wenden, ermutigt, ihre Erfahrungen weiterzugeben.

Erst vor kurzem wurden zwei TV-Serien über paranormale Phänomene ausgestrahlt. *Schofiled's Quest* war eine interaktive Programmserie über eine ganze Fülle von Themen, unter anderem auch UFO-Sichtungen, und die Zuseher wurden aufgefordert, im Studio anzurufen und über eigene Erfahrungen zu berichten. Michael Aspens *Strange But True?* (Merkwürdig, aber wahr?) konzentrierte sich auf alle Themen im Spektrum zwischen Reinkarnation und spontaner Menschenverbrennung. In zwei Sendungen der Serie ging es um die Sichtung in Bonnybridge, Schottland (mit der ich mich im 4. Kapitel befasse), und um den berüchtigten Vorfall in Rendlesham Forest, den wir im 8. Kapitel genau untersuchen werden. Obwohl die Serie ein bißchen zu kitschig ist, Aspen seine Kommentare in einer dunklen, unheimlichen Bibliothek abgibt und die Zeugen vor einem dramatisch und bedrohlich beleuchteten Hintergrund interviewt werden, sind die Berichte selbst originalgetreu, und die Rekonstruktionen dienen nur dazu, bestimmte Vorfälle zu veranschaulichen.

Im November 1994 widmete die Reihe *Horizon* in BBC 2 dem Phänomen der Entführung durch Außerirdische eine ganze

Folge. Die Präsentatorin, Dr. Susan Blackmore, eine angenehm skeptische Psychologin von der University of the West of England, interviewte Budd Hopkins, der im Laufe mehrerer Jahre 1500 solcher Entführungsfälle studiert hat, John Mack, Professor für Psychiatrie an der Harvard Medical School, und Dr. Michael Persinger, der die Temporallappen des Gehirns bewußt so stimuliert, daß ähnliche Effekte wie jene entstehen, über die Entführte berichten. Im Laufe der Sendung unterzog sich Dr. Blackmore dem Experiment von Dr. Persinger. Die Elektroden riefen in ihrem Gehirn das unangenehme und beängstigende Gefühl hervor, körperlich manipuliert zu werden von etwas, das sie nicht genau beschreiben konnte. Sie fürchtete sich und hatte das Gefühl zu schweben - eine klassische Kombination, über die Menschen berichten, die behaupten, entführt worden zu sein. Aber trotzdem waren die Ergebnisse weniger aufschlußreich als erhofft. Mir blieb vor allem die hilflose und verstörte Äußerung im Gedächtnis, die eine Frau über die »Grauen« machte, von denen sie ihrer Überzeugung nach mehrmals aus ihrem Schlafzimmer entführt worden war: »Ich mag sie nicht. Ich mag sie überhaupt nicht.«

Und hier ist die Liste derjenigen Fernsehsendungen, die sich ernsthaft mit dem UFO-Phänomen auseinandersetzen, auch schon zu Ende. Es steht zu hoffen, daß angesehene Medienleute wie Geoff Baron und Lawrence Moore ihre Forscherarbeit fortsetzen und daß sich ihr Einfluß in den Mainstream-Medien stärker niederschlagen wird. Derzeit sind sie jedoch Ausnahmen von der Regel, einsame Rufer in der Wüste.

Eigenartigerweise schneiden die Medien auf lokaler Ebene besser ab, vielleicht weil lokale Vorfälle, die sowohl für die Journalisten als auch für ihre Leser und Zuhörer im wahrsten Sinn des Wortes »naheliegender« sind, mehr Interesse entfachen und eine ernsthaftere Auseinandersetzung verlangen. Zeitungsartikel über UFO-Sichtungen sind immer detaillierter als Fernsehsendungen, und oft folgen ihnen in der nächsten Ausgabe Leserbriefe, die einen Vorfall bestätigen oder ihn noch genauer erzählen. Alles in allem können die Beweise überwältigend sein. Auf nationaler Ebene werden Berichte allzu oft isoliert betrachtet. Die einzigen, die sich hier einen Überblick verschaffen können, sind Ufologen, die sich von spezialisierten Firmen die einschlägigen Zeitungsausschnitte sammeln lassen, um das große Ganze zu sehen.

Ich hatte mir fest vorgenommen, die Medien zu nutzen, wo immer es möglich war. Ich sprach bei jeder Gelegenheit mit Journalisten, indem ich die Rolle des Ministeriums und seine Ansichten geduldig erklärte und mit ihnen über bestimmte Sichtungen diskutierte. Offiziell ist es das Pressebüro des Ministeriums, das für die Medienkontakte zuständig ist, aber das Problem an diesem Arrangement war, daß es so viele Hintergrundinformationen gab, die das Pressebüro nicht zu wissen brauchte. Das galt insbesondere für Einzelfälle, bei denen davon auszugehen war, daß nur zwei von uns die Fakten kannten: der Zeuge, der öffentliches Aufsehen aller Wahrscheinlichkeit nach meiden wollte wie die Pest, und ich. Also bekam ich grünes Licht, die Kontakte zu den Medien selbst zu übernehmen. Ich versuchte zu beweisen, daß wir eine offene Einstellung hatten und bereit waren, die Beweise zu untersuchen. Auf diese Weise baute ich eine gute Beziehung zur Presse auf, zu zivilen UFO-Gruppen und zur allgemeinen Öffentlichkeit, und es gelang mir, die negative Presse, die das Ministerium über Jahre hinweg bekommen hatte, ein wenig zu mildern. Wenn die Wahrheit dort draußen war, wollte ich an ihr teilhaben. Als die Mundpropaganda zu wirken begann, kontaktierten mich immer mehr Menschen, die Artikel zu diesem Thema gelesen hatten. Die Zahl der Zeitungsausschnitte begann in die Höhe zu schnellen.

In diesem Stadium autorisierte mein Abteilungsleiter 1992 ein

Interview für die Dezember-Ausgabe von *Focus*, dem Hausmagazin des Verteidigungsministeriums, das von der neuen Verwaltungsassistentin über die höheren Beamten bis hin zu den Verteidigungsministern von allen aufmerksam gelesen wurde. Dabei zeigte sich, daß nicht nur der Großteil der Öffentlichkeit keine Ahnung davon hatte, daß mein Job überhaupt existierte, sondern daß dies auch für eine große Zahl meiner eigenen Kollegen galt. Offensichtlich hatten nicht alle das Mitarbeiterverzeichnis des Verteidigungsministeriums so genau studiert, wie ich es getan hatte. *Focus* plante eine regelmäßige Serie über außergewöhnliche Jobs innerhalb des Ministeriums, und dem meinen wurde die erste Folge gewidmet. »Nick lädt alle«, schrieb die Autorin Doreen Porter, »die irgendwelche Beweise für UFO-Sichtungen haben, ein, sie an ihn weiterzuleiten.« Der Artikel entfachte beträchtliches Interesse und brachte mir Anrufe von Leuten ein, die mehr über die Sache wissen wollten. Der einzige Nachteil bestand darin, daß ich mich von da an, wenn ich durch die Korridore der Macht schritt, eigenartigen und verstohlenen Blicken ausgesetzt sah, da ja mein Bild veröffentlicht worden war.

Einer der wichtigsten Einflußfaktoren auf die Einstellung der Öffentlichkeit zu UFOs ist die Science-fiction. Es ist faszinierend, wie dieses Genre über seine Bücher, Filme und über das Fernsehen die Einstellung der Menschen zu diesem Thema im Laufe des letzten Jahrhunderts widergespiegelt oder sogar geformt hat. Wahrscheinlich waren es Jules Verne in Frankreich und H.G. Wells in England, die erstmals die Vorstellung von über die Erdatmosphäre hinausgehenden Reisen heraufbeschworen, obwohl der im siebzehnten Jahrhundert gebürtige Kämpfer, Dichter und Wissenschaftler Cyrano de Bergerac aufgrund seiner Arbeit über menschliche Besuche auf dem Mond ebenfalls Anspruch darauf erheben könnte. Jules Vernes

Bücher *Reise nach dem Mittelpunkt der Erde* (1864), *Von der Erde zum Mond* (1865) und *20000 Meilen unter dem Meer* (1870) fingen die Stimmung seiner Generation ein, und es ist interessant, daß sich die Filmversionen dieser Geschichten in den fünfziger Jahren – dem ersten Jahrzehnt, in dem laufend über UFO-Sichtungen berichtet wurde – einer ebenso großen Beliebtheit erfreuten. Während Vernes Schaffen in die Blütezeit viktorianischer Blasiertheit und Selbstzufriedenheit fiel, ist sein Schüler Wells dem von Unsicherheit und dunklen Wolken überschatteten Zeitalter Edwards zuzurechnen. Mit einem unglaublichen Vorausblick sah Wells Dinge wie chemische Kriegsführung, Luftschlachten, Gentechnik und die Erschöpfung der Ressourcen der Welt kommen. Vernes Außerirdische haben meist menschliche Gestalt oder sind unheimlich zurückgeblieben, so daß sie von Menschen kontrolliert und manipuliert werden können. Wells' Gestalten hingegen sind technologisch fortgeschritten, und sie hegen, wie in *Krieg der Welten* (1898), feindliche Absichten.

In Großbritannien führte die erschreckende Realität des Ersten Weltkriegs mit seinen »wissenschaftlichen« Terrorwaffen – Flugzeug, Panzer, U-Boot und Gas – zu einem Abflauen des Interesses für Science-fiction, aber in den Vereinigten Staaten, wo die direkten Kriegserfahrungen minimal waren, florierte das Genre weiter. *The Thrill Book* aus dem Jahr 1919 und *Amazing Stories* aus dem Jahr 1926 waren populäre Werke, die bald eine eifrige Leserschaft fanden. *Science Wonder Stories, Air Wonder Stories* und *Astounding Stories* sind für unsere heutigen Begriffe zwar hoffnungslos naiv, erfreuten sich aber einer enormen Beliebtheit und schufen das Bild eines von einem fernen Planeten stammenden »Insektenaugenmonsters«. Als die Wissenschaft zu der Erkenntnis kam, daß es offensichtlich auf keinem Planeten unseres Sonnensystems Leben geben konnte, schrieb man den extraterrestrischen

Raketen einfach eine größere Reichweite zu oder den Außerirdischen größere Fähigkeiten, so daß sie uns trotzdem besuchen konnten. Möglicherweise als Gegenmittel zu der Krise und zum Pessimismus der dreißiger Jahre produzierte Amerika Superhelden, die gleichermaßen im Weltraum wie auf der Erde zu Hause waren: Buck Rogers, Flash Gordon und Superman.

Die fünfziger Jahre brachten vor allem aus den Vereinigten Staaten eine Flut von Filmen über Invasionen durch Außerirdische. *Invasion of the Body Snatchers* (1956) war sicher der beste aus einer ganzen Serie ähnlicher Schwarzweißfilme, deren Titel fast ebenso unheimlich waren wie die Plakate, die sie bewarben: »Sie kamen aus dem Weltall – Horden grüner Monster!«, »Die Zeit für die Menschheit lief ab«, »Es! Aus dem Weltraum«.

In den sechziger Jahren wuchs auf dieser Seite des Atlantiks eine ganze Generation mit dem Fernsehen heran. *Dr. Who*, dessen Protagonist durch Raum und Zeit reisen und sein Aussehen so verändern konnte, daß dazu sieben verschiedene Schauspieler gebraucht wurden, wurde zu einer Kultserie jenseits der Grenzen der Studios. Aus den Vereinigten Staaten kam die weit düsterere ABC/Quinn-Martin-Produktion *The Invaders* mit Roy Thinnes, die sich an das Konzept der grausamen, heimtückischen Außerirdischen hält. Mit Grabesstimme las William Conrad den Einführungstext: »Es begann in einem verlassenen Speisesaal und mit einem Mann, der zu lang ohne Schlaf gewesen war …« Architekt David Vincent sollte dreiundvierzig Folgen lang durchhalten, ohne daß irgend jemand außer ihm ernsthaft glaubte, daß die amerikanische Zivilisation von Außerirdischen unterminiert wurde. Die Handschrift McCarthys und seiner antikommunistischen Hexenjagd wird in dieser Serie und auch in zahlreichen anderen Filmen der fünfziger Jahre sichtbar, darunter auch *Invasion of the Body Snatchers*.

In den siebziger und achtziger Jahren wurde die Botschaft viel wohlwollender. In *Unheimliche Begegnung der dritten Art* und *E.T.* ist zwar die Technik beängstigend, aber die Absicht ist freundlich. Und in den letzten drei Jahrzehnten haben sich die Insassen des *Raumschiff Enterprise* in unseren Köpfen und Herzen verankert.
Manche argumentieren, die Faszination der Science-fiction, die den Wunsch der Menschen erfüllt, aus dem Alltag auszubrechen und ihrer Phantasie freien Lauf zu lassen, müsse eigentlich eine Gemeinde von Gläubigen hervorgebracht haben, die nicht nur daran glaubt, daß ein Leben jenseits unseres Sonnensystems möglich ist, sondern die unerschütterlich davon überzeugt ist. Aber die Menschen sind weit kritischer, als die Filmemacher uns glauben machen möchten. Sie kennen den Unterschied zwischen Fakten und Fiktion. Die Verfilmung von Whitley Striebers Buch *Communion* (1990) mit Christopher Walken, die stellenweise wirklich angsterregend ist, wurde nicht gerade ein Kassenschlager. »Am 25. Dezember 1985«, so stand auf den Plakaten, »hatte Whitley Strieber einen Traum ... Monate später machte er die schockierendste Entdeckung seines Lebens. Nun werden Sie diese Entdeckung machen.« Das taten die Leute nicht – sie blieben zu Hause. Und wenn *Alien* (1979) einschlug, dann nicht deshalb, weil es einer ganzen Generation ob der Unendlichkeit des Alls den Atem verschlug, sondern weil die Leute das Ding sehen wollten, das aus John Hurts Brust herausbrach. Wie es Les Keyser in *Hollywood in the Seventies* ausdrückt: »Machen Sie Ihre Augen nicht zu, sonst erwischt es Sie.«

So weit die Science-fiction, aber was denken die Menschen, wenn es um UFOs geht? Wie wir gesehen haben, neigen die Medien im allgemeinen dazu, diese Dinge entweder zu banalisieren oder sie auszuschlachten. Die meisten Politiker würden das Thema nicht mit der Zange anfassen. Sie können es sich jederzeit leisten, von ihren Gegnern und von der Presse verprügelt zu werden – das schadet ihnen nicht nur nicht, im Gegenteil, manche leben buchstäblich davon – aber es gibt eine Art von Publicity, vor der sie zurückscheuen: jene, die sie der Lächerlichkeit preisgibt. Sie können es sich nicht leisten, zu Witzfiguren zu werden. Die Natur der UFO-Debatten ist so beschaffen, daß sich nur sehr wenige Abgeordnete in irgendeiner Weise an ihnen beteiligen.

Ein Dilemma entsteht allerdings dann, wenn Abgeordnete von ihren Wählern gebeten werden, Anfragen an das zuständige Ministerium zu richten. Ich wurde oft angerufen und gebeten, Antworten für Verteidigungsminister zu schreiben, die solche Anfragen erhalten hatten. Es war bemerkenswert, daß die Abgeordneten oft die wildesten Verrenkungen vollführten, um sich von der UFO-Diskussion zu distanzieren, indem sie sie als lächerlich und als Zeitverschwendung abtaten.

Es gibt jedoch drei Prominente, die sich dem Tuscheln und Kichern ausgesetzt haben, und dafür gebührt ihnen Applaus. Der erste ist Major Sir Patrick Wall, der sich sehr für den Vorfall von Rendlesham Forest im Jahr 1980 interessierte. Sir Patrick, konservativer Abgeordneter für Humberside, war mehr als dreißig Jahre als Abgeordneter im Unterhaus tätig, wo er sich bei jeder denkbaren Gelegenheit für eine seriöse UFO-Forschung einsetzte. Er setzte das Verteidigungsministerium unter Druck und arbeitete am Höhepunkt des Kalten Kriegs als NATO-Berater in Fragen der nationalen Sicherheit mit. Sir Patricks Interesse an dem Thema hat nicht nachgelassen. 1989 wurde er Präsident von BUFORA und ist ein international anerkannter Experte des UFO-Phänomens.

Ein weiterer Politiker, der sich an der Diskussion beteiligte, war der verstorbene Brinsley Le Poer Trench, Earl of Clancarty. Lord Clancarty, ein UFO-Forscher und Autor, arbeitete zu verschiedenen Zeiten in zwei führenden UFO-Organisationen mit, Contact International und BUFORA. Er war die treibende Kraft hinter der Diskussion des Oberhauses über dieses Thema, die im Januar 1979 stattfand. Es gab enormes Interesse, und obwohl der allgemeine Tonfall der Reden eher oberflächlich war, wurden einige ernsthafte Argumente vorgebracht. Die Tatsache, daß der *Hansard*, das offizielle Protokoll der parlamentarischen Vorgänge, bereits kurz danach vergriffen war, spricht Bände, was das Interesse für dieses Thema anbelangt. Ein direktes Ergebnis der Diskussion bestand darin, daß Lord Clancarty eine UFO-Studiengruppe im Oberhaus einrichtete. Bedauerlicherweise ist sie nicht länger aktiv.

Lord Hill-Norton, ehemaliger Generalstabschef, wurde bereits erwähnt. Seinen stimmgewaltigen Kommentaren wird viel Gewicht beigemessen.

Ich hatte nur einmal Gelegenheit, mich mit einem Politiker direkt über das Thema UFOs zu unterhalten, und zwar am 3. August 1992, als der Unterstaatssekretär für Verteidigung, Lord Cranborne, zu uns ins Büro kam. Im wesentlichen hatten wir seinen Besuch nur der Tatsache zu verdanken, daß er gerade durch das Haus spazierte, um seine Mitarbeiter kennenzulernen. Die Informationen, die ich ihm gab, faszinierten ihn aber offensichtlich, und er war erstaunt darüber, wie viele Berichte wir erhielten. Das war wahrscheinlich eine der seltenen Gelegenheiten, bei denen ein britischer Verteidigungsminister einen Überblick über das UFO-Phänomen erhielt.

Die Einstellungen der Beamtenschaft zum Thema UFOs sind unterschiedlich. Die meisten meiner Vorgänger hatten als Reaktion auf UFO-Anfragen nüchterne Standardschreiben verschickt. Da der UFO-Beauftragte in jeder Hinsicht ein »Einmannbetrieb« ist, gelten seine Ansichten unweigerlich als die offizielle Sichtweise. In der Tatsache, daß diese Ansichten

variieren, glauben manche einen Beweis für die Unbeständigkeit des Ministeriums und für den Versuch der Verschleierung zu erkennen. Daraus wird dann möglicherweise abgeleitet, daß der UFO-Beauftragte ein einsamer Agent ist, ein Einzelgänger, der tut, was er will. Das ist natürlich nicht der Fall. Die Überwachung ist zwar minimal, aber mir war immer bewußt, daß meine Vorgesetzten ein wachsames Auge auf das hatten, was ich tat, und sie machten auch kein Geheimnis daraus, daß sie manche meiner Initiativen ablehnten. Ein einziges Mal kam mein Abteilungsleiter in mein Büro gestürzt, einen Packen Blätter schwingend, auf denen er Orte, Zeiten und Schätzungen einer erstaunlichen Ballung von UFO-Sichtungen verzeichnet hatte, die in der Nacht vom 30. auf den 31. März 1993 gemeldet worden waren. Aber so viel Interesse war ein Einzelfall. Die Begeisterung von Ralph Noyes für das Thema, der sich damals in den Tagen des Defence Secretariat 8 förmlich überschlagen hatte, blieb ein einmaliges Ereignis.
Die Einstellung des Militärs war vielleicht am erstaunlichsten. Traditionellerweise gelten die Streitkräfte als geheimniskrämerisch, ultrakonservativ und träge, wenn es um Veränderungen geht. In zivilen Kreisen kursiert noch immer der Mythos des steifnackigen Automaten, der darauf trainiert ist, ohne Nachdenken Befehle entgegenzunehmen und ohne Gewissensregung zu töten. Deshalb erwartete ich ganz natürlich, daß das Personal der Royal Air Force dem UFO-Phänomen ablehnend gegenüberstehen würde. Damit lag ich falsch. Ganz im Gegenteil – die meisten Militärs, mit denen ich zu tun hatte, waren erstaunlich offen. Ein Grund dafür könnte durchaus sein, daß die Royal Air Force sensibler für die potentielle Bedrohung durch überlegene Technologie ist als andere Bereiche. Schließlich wären es die Abfangjäger der Air Force, die zum Einsatz kämen, wenn jemals feindliche Aktivitäten von einem UFO ausgingen. Wenn es in der Welt des Militärs eine Sünde

ist, seinen Feind zu unterschätzen, dann muß es eine Todsünde sein, seine Existenz zu ignorieren.
Ein weiterer praktischer Grund für die Einstellung der Air Force ist einfach, daß viele ihrer Piloten selbst UFOs gesehen haben. Heutige und ehemalige Piloten haben mir gegenüber in zahlreichen inoffiziellen Gesprächen zugegeben, unter allen Licht- und Wetterverhältnissen und zu jeder Tages- und Nachtzeit Dinge am Himmel gesehen zu haben, die sie sich nicht erklären konnten. Zwei von ihnen waren Kommandanten in Air Force-Basen. Solche Zeugen sind Experten. Sie erkennen einen Wetterballon, wenn sie einen sehen, sie sind geschult in Erkennungstechniken. Berichte aus solchen Quellen sollten also auf jeden Fall ernst genommen werden. Deshalb ist es bedauerlich, daß solche Berichte auf offizieller Ebene größtenteils ignoriert werden. Die Angst, sich lächerlich zu machen, ist groß, und wenn man an die Kulturgeschichte des letzten halben Jahrhunderts denkt, mutet es eigenartig an, daß heute mehr Berichte von der Luftwaffe der ehemaligen Sowjetunion kommen als aus dem »erleuchteten« Westen.
Was sagen die Wissenschaftler? Wenn irgend jemand eine seriöse, tiefgehende Studie des UFO-Phänomens durchsetzen könnte, so wäre es zweifellos diese Gruppe. Leider tun sie das nicht, denn in der Wissenschaft hat sich eine eigene Art von Orthodoxie und Establishment breitgemacht. Es ist eine Schande, daß Patrick Moore, einer der beliebtesten Astronomen unserer Zeit, der regelmäßig via Fernsehen vor die Öffentlichkeit tritt, davon überzeugt ist, daß es dort draußen nichts gibt. Es ist eine ungeheure Ironie, daß engstirnige Wissenschaftler, die schon Rutherford und Einstein verhöhnten, heute Leute wie Vallée belächeln. Diese Kapazitäten verkörperten in der Vergangenheit jenen Forschergeist, der die Grenzen der Wissenschaft sprengte. Doch die Wissenschaft ist eine launische Geliebte, die den Zeitgeist widerspiegelt. War es erst 1969, als

Neil Armstrong mit den Worten »Dies ist ein kleiner Schritt für einen Menschen, aber ein riesiger Sprung für die Menschheit« dem Eagle, der Landekapsel der Apollo 11, entstieg? Das scheint eine Ewigkeit zurückzuliegen. Und die Offenheit, die Visionen und Hoffnungen der sechziger Jahre haben der düsteren Untergangsstimmung der neunziger Platz gemacht. In gewisser Hinsicht spiegeln sie die Generationenkluft zwischen Jules Verne und H.G. Wells wider. Heute sind wir paralysiert von Gefahren wie Umweltverschmutzung, globaler Erwärmung und saurem Regen. Wir sind viel zu sehr in das verstrickt, was zu unseren Füßen geschieht, um unseren Blick zu den Sternen emporzurichten. Und es ist eine nüchterne Tatsache, daß auch die Wissenschaftler Geld verdienen müssen, um zu leben. Verrückte bekommen keine Stipendien; Chemieriesen beschäftigen keine Leute, die sie als Grenzchaoten betrachten. Die Wissenschaftler wenden sich wie die meisten von uns dorthin, wo das Geld ist – zu Waffenforschung, Chemie und Medizin, zu Computern und Gentechnik. Raum- und Luftfahrtprojekte, die heute nicht mehr so sensationell sind wie vor dreißig Jahren, beschränken sich heute auf die nüchterne Kunst des Möglichen, auf das trockene Hier und Jetzt.

In all dem hat die UFO-Forschung keinen Platz. Mit Ausnahme einiger niedrig dotierter Subventionen von UFO-Gruppen oder Zuwendungen interessierter Wohltäter gibt es kein Geld. Daß das schade ist, ist eine klare Sache. Auch wenn wir das Phänomen nicht um seiner selbst willen erforschen wollen, könnte es uns immense Vorteile bringen, »zu neuen Welten aufzubrechen« – denn selbst wenn nur wenige der behaupteten UFO-Sichtungen wahr sind, können die finanziellen Vorteile aus der Entwicklung unserer eigenen modernen Technologie auf der Grundlage der »ihren« enorm sein.

Von der Schar der konventionellen Wissenschaftler heben sich drei Männer ab: Jacques Vallée, der verstorbene J. Allen Hynek

und John Mack. Dem Franzosen Dr. Vallée ist eigenartigerweise in der ansonsten umfassenden *UFO Encyclopedia* kein eigener Eintrag gewidmet. Er ist Parapsychologe und Astrophysiker, der sich der Erforschung der Verbindung zwischen physischen und psychischen Phänomenen widmet. Sind die Außerirdischen von heute die Feen und Trolle von gestern? Dieser Gedanke wird von den orthodoxen Wissenschaftlern, die keine der Theorien in Vallées Buch *Dimensions* (deutscher Titel: Dinensionen. Begegnungen mit Außerirdischen von unserem eigenen Planeten) akzeptieren, als zu verrückt empfunden. Dr. Hynek genießt selbst Jahre nach seinem Tod einen exzellenten Ruf. John Spencer lobt ihn als »einen der wichtigsten UFO-Forscher der letzten vierzig Jahre«. Hynek, der Professor für Astronomie an der Northwestern University in Evanston, Illinois, war, wurde 1948 von der Air Force der Vereinigten Staaten damit beauftragt, die sich immer schneller häufenden UFO-Sichtungen zu erforschen. Zwanzig Jahre lang war er wissenschaftlicher Berater der amerikanischen Regierung bei zwei der drei großen UFO-Projekte – Sign und Blue Book. Als Blue Book 1969 eingestellt wurde, gründete Hynek, der von der Realität des Phänomens überzeugt war, das Center for UFO Studies (CUFOS), eines der ersten derartigen Zentren weltweit. Als er 1986 starb, erhielt die Institution seinen Namen. Die Forscherin Hilary Evans wies auf eine unschätzbare Fähigkeit Hyneks hin: »Praktisch als einziger demonstrierte er, daß die UFO-Forschung, auch wenn sie vielleicht keine eigenständige Wissenschaft war, nach wissenschaftlichen Prinzipien durchgeführt werden sollte und konnte.« Niemand hat seinen Platz eingenommen, und in Amerika – und auch auf der übrigen Welt – wird dieses Gebiet heute von persönlichen Animositäten und Rivalitäten beherrscht.
Und was ist mit den UFO-Forschern selbst? Die besten, Leute wie Timothy Good und John Spencer, sind heute Schlüssel-

figuren der Forschung. Die meisten von denen, die ich kennengelernt habe, sind ehrliche, offene Menschen, die bereit sind, ihre eigene Zeit und ihr eigenes Geld in die Suche nach der Wahrheit zu investieren – eine Wahrheit, die uns alle betrifft. Ihre geduldigen und ruhigen Forschungsmethoden sind mehr als lobenswert. Das Erfrischende an diesen Leuten ist, daß sie die Rolläden der Bigotterie und des Unverstandes nicht heruntergelassen haben. Sie sind die ersten, die zugeben, nicht alle Antworten zu haben.

Bedauerlicherweise ist es durch die hochemotionale und kontroverse Natur dieses Themas unvermeidlich, daß sich bestimmte Irre davon angezogen fühlen. Wie so oft schreien auch hier diese Gruppen am lautesten und ziehen mehr Aufmerksamkeit auf sich, als ihnen zusteht. Nur wegen einiger Exzentriker ist die Ufologie zu einem hochpolitischen Thema geworden. Die Gruppen finden starken Zulauf und verstricken sich in kleinlichen Querelen und endlosen Kontroversen über die Echtheit von Dokumenten, oder sie entwickeln eine Paranoia wegen der angeblichen Anwesenheit von »Agents provocateurs«, die, wie sie behaupten, von irgendeiner nebulösen Agentur in ihre Mitte eingeschleust wurden. Die Angehörige einer solchen Gruppe war davon überzeugt, daß die Außerirdischen ihre Gedanken lesen konnten und dies auch regelmäßig taten. Nur wenn sie eine bestimmte Kopfbedeckung trug, die oben mit Metall verstärkt war, konnte sie die telepathischen Kräfte der Außerirdischen abwehren. Jemand anderer bestand darauf, daß alle Lichter konventioneller Flugzeuge, die er am nächtlichen Himmel erblickte, UFO-Lichter seien, und seine Forscherkollegen konnten ihn nicht vom Gegenteil überzeugen. Wenn die Ufologen ihre Differenzen beilegen und der Öffentlichkeit ein geschlosseneres Bild vermitteln könnten, würde man ihnen vielleicht jenen Respekt zollen und Einfluß zubilligen, die den meisten von ihnen gebühren.

Es gibt heute eindeutige Zeichen dafür, daß bestimmte Ufologengruppen immer militanter werden, was ihre Einstellung zu den offiziellen Reaktionen auf UFOs und damit auch zu den offiziellen Stellen selbst anbelangt. Der Grund dafür ist die wachsende Überzeugung, daß die britische Regierung wie viele andere Regierungen eine Verschwörung des Schweigens über das UFO-Phänomen angezettelt habe. Schon 1958 initiierte die Aetherius Society des Londoner Taxifahrers George King eine Kampagne mit Plakaten, auf denen verlangt wurde, daß die Regierung von Harold Macmillan »das Schweigen über die Untertassen brechen« solle. »Warum schweigt die Air Force?« wurde auf den Plakaten gefragt. »Sie haben jetzt die Chance, die Wahrheit zu erfahren.« In letzter Zeit schlossen sich angesehene UFO-Autoren wie Jenny Randles und Prominente wie Lord Hill-Norton dieser Forderung an. Ein weiterer Grund dafür, daß verschiedene zivile UFO-Gruppen ihre Stimmen immer lauter erheben, liegt vielleicht auch in der wachsenden Frustration darüber, daß die Wahrheit, nach der sie fast fünfzig Jahre lang gesucht haben, »zum Greifen nah« ist, aber bisher noch nicht dingfest gemacht werden konnte.
In Amerika hat eine Gruppe namens »Operation Right to Know« (Operation Recht auf Wissen) eine Reihe von Demonstrationen vor dem Weißen Haus und dem Pentagon organisiert. Die Gruppe hat auch eine britische Zweigorganisation, und die Gruppen beider Länder veranstalteten am 23. Mai 1994 einen gemeinsamen Aktionstag. Verwirrte Passanten, die in Whitehall ihren täglichen Geschäften nachgingen, wurden mit Flugblättern über UFOs bombardiert, und eine kleine Delegation unter der Führung des Kampagnenchefs, John Holman, traf im Hauptgebäude mit mir zusammen und übergab mir ein Dokument, in dem die Position der Gruppe dargelegt wurde. In den Flugblättern, die sie an ihrem zweiten Aktionstag, dem 20. März 1995, verteilten, zitierten sie die Fernsehreihe *Network*

First. Insbesondere verlangten sie eine Erforschung des Vorfalls von Rendlesham Forest. Sie schrieben:

> Immer mehr Menschen auf der ganzen Welt suchen nach der Wahrheit über das, was das Militär tatsächlich über das UFO-Phänomen weiß, und wir laden Sie ein, sich uns anzuschließen. Hier geht es nicht um eine nationale Verteidigungsfrage Großbritanniens. Der gesunde Menschenverstand legt nahe, daß das Verteidigungsministerium mit diesem Phänomen seit mindestens fünfzig Jahren vertraut ist, denn schon damals, während des Zweiten Weltkriegs, berichteten Kampfpiloten über UFO-Sichtungen. Diese Suche ist unabhängig davon, ob man an außerirdische Intelligenzen glaubt oder nicht – es geht einzig und allein um die Wahrheit. Wir fordern die militärischen Einrichtungen der ganzen Welt auf, der Allgemeinheit alles mitzuteilen, was sie über UFOs wissen.
> Sie können uns helfen, indem Sie sich zunächst über das Thema informieren. Fangen Sie an, die Bücher zu lesen, nehmen Sie an den Kongressen teil, sehen Sie sich einschlägige Videos an, und klinken Sie sich allgemein in das Informationsnetzwerk ein! Machen Sie sich kundig!

Diese Episode war typisch für meinen Sisyphuskampf im Ministerium. John Holman organisierte seine Demonstration auf professionelle Weise und streng nach den Spielregeln. Das ganze Gebiet um Whitehall wurde von Sicherheitsbeamten abgeriegelt, ungeachtet möglicher Raketen der IRA, und Holman hatte sich auf den Buchstaben genau an die Vorschriften gehalten. Er hatte die Polizei lange vorher informiert, genau angegeben, was er zu tun beabsichtigte, und gemeldet, wie viele Leute voraussichtlich zu der Demonstration kommen würden. Mich rief er ebenfalls an und informierte mich eingehend, um sicherzustellen, daß ich ihn empfangen und seine

Petition entgegennehmen könnte. Nur aus Gründen der Höflichkeit erzählte ich meinem Abteilungsleiter davon, und seine Reaktion überraschte mich. Es sei nicht angebracht, so sagte er mir, überhaupt Demonstranten zu empfangen. Wenn wirklich eine Petition im Namen des Ministeriums entgegengenommen werden müsse, dann solle das ein Portier tun. Mein vielleicht etwas naiver Hinweis, daß die Menschen ein Recht zu protestieren und Regierungen eine Pflicht zuzuhören hätten, ließ ihn kalt. Erst als ich erklärte, wie verdächtig es aussehen würde, wenn ich, obwohl ich versprochen hatte, die Demonstranten zu empfangen, doch nicht käme, gab er nach. Das Bild von rückgratlosen Beamten, die sich feige hinter heruntergelassenen Rolläden verstecken, war genau jenes negative Image, das der Abteilung so lange angehaftet hatte. Eine Fotogelegenheit wie diese war in meinen Augen nicht nur eine gute Werbung für *Operation Right to Know*, sondern sie würde auch uns nicht schaden.

Ich seufzte vor Erleichterung auf, als ich mich mit meinen Argumenten durchsetzte, aber Holmans Petition war nur ein Meilenstein auf dem langen Weg zu UFO-*Glasnost*, den ich drei Jahre lang in das Dickicht des Schweigens zu schlagen versuchte. Meine Vorgesetzten blockierten mich nie offen, aber oft wurde mir meine Arbeit schwergemacht, und oft übertrug man mir Sonderaufgaben, um mich von der Bearbeitung eines UFO-Falls abzuhalten. Am Ende meiner turnusmäßigen Dienstzeit gab es sicher einige, die froh waren, daß nun jemand anderer am UFO-Schreibtisch saß. Meine Abschiedsbotschaft an die Sensationsjournalisten und Skeptiker der Welt, wer immer sie sein mochten, lautete: »Das Gehirn ist wie ein Fallschirm: Es funktioniert nur in offenem Zustand.«

Es ist schwer einzuschätzen, ob Gruppen wie *Operation Right to Know* irgendwelche Bewußtseinsänderungen bewirken werden. Ihre Demonstrationen erregten zwar mediales Interesse, aber die allgemeine UFO-Lobby, die einige Ziele der Kampagne unterstützte, distanzierte sich noch am selben Tag von den Aktionen dieser Splittergruppe. Es mag sein, daß langfristig nur die Überzeugung übrigbleibt, daß alle, die sich mit UFOs befassen, Verrückte sind.

Und was ist mit den Menschen? Die größte und letzten Endes wichtigste Gruppe, mit deren Einstellung wir uns befassen sollten, ist die allgemeine Öffentlichkeit. Ich würde es nicht überraschend finden, wenn sie dem Thema »UFO« abschätzig und bestenfalls gleichgültig gegenüberstünde, denn es wird von den Medien banalisiert, und so gut wie niemand von öffentlichem Ansehen verliert auch nur ein Wort darüber. Meiner Erfahrung nach entspricht das aber überhaupt nicht den Tatsachen. Die wenigen Meinungsumfragen zu diesem Thema, die bisher durchgeführt wurden, haben ergeben, daß mehr als die Hälfte der Bevölkerung an die extraterrestrische Natur von UFOs glaubt und daß sehr viele Menschen selbst Flugobjekte beobachteten, die sie sich nicht erklären konnten. Versuchen Sie es doch einmal selbst. Diskutieren Sie das Thema mit einer zufällig zusammengewürfelten Gruppe – Freunden, Kollegen, dem Busfahrer –, und Sie werden staunen, wie viele Leute die Existenz von UFOs akzeptieren und daran glauben. Vor kurzem machte ich selbst dieses Experiment mit drei Fremden. Alle glaubten an die Existenz extraterrestrischer Luftfahrzeuge, und zwei hatten selbst UFOs gesehen. Wie sehr die Medien auch spotten mögen, so ist es doch ihr Verdienst, daß die Leute heute besser informiert und klüger sind, als unsere Politiker glauben mochten. Whitley Striebers *Communion* und Budd Hopkins' *Intruders* (deutscher Titel: Eindringlinge. Die unheimliche Begegnung in den Copley Woods) standen an der Spitze der Bestsellerlisten in Amerika, und dasselbe galt für Timothy Goods *Above Top Secret* in Großbritannien. Das Wissen, das einst nur den besessenen UFO-Forschern vorbehalten war, hat heute bereits ein viel breiteres Publikum erreicht.

Etwas ist in den neunziger Jahren sicher: Es werden Fragen gestellt, und die Machthabenden werden gut daran tun, Antworten zu finden.

4
Untersuchungen

Das System ist vorhanden, aber es funktioniert nicht. Theoretisch kann jeder Bürger den Telefonhörer zur Hand nehmen und dem UFO-Beauftragten in Whitehall eine UFO-Sichtung melden. In der Praxis ist es aber so, daß sich die Leute unweigerlich an ihre lokale Polizeistation, den nächsten zivilen Flughafen oder die nächstgelegene Air-Force-Basis wenden. Jede dieser Institutionen verfügt über eine schriftlich festgelegte Vorgehensweise. Es gibt ein Formblatt, in das Datum und Zeitpunkt der jeweiligen Sichtung sowie eine Beschreibung des Beobachteten eingetragen werden. Dann werden die Papiere gesammelt und an das Secretariat (Air Staff) im Verteidigungsministerium weitergeleitet.
Als ich UFO-Beauftragter wurde, war dieses einfache Verfahren bedauerlicherweise zusammengebrochen. Die Leute, die die Formblätter hätten weiterleiten sollen, hatten dies versäumt. Das Ärgerlichste und Frustrierendste daran war, daß einige der Leute, die UFO-Berichte von der Öffentlichkeit erhalten hatten, keine blasse Ahnung hatten, daß es sich dabei um eine Angelegenheit von öffentlichem Interesse handelte und daß diese Leute alle UFO-Berichte automatisch der vagen und sinnlosen Kategorie »Schwindler« oder »Verrückte« zuordneten. Oft wurden die Berichte überhaupt nicht an das Ministerium weitergeleitet.
Eine meiner ersten Aktivitäten bestand darin, das ganze Meldesystem auf einen neuen Stand zu bringen. Das Verfahren ist immer noch umstritten, und viele Ufologen sind davon überzeugt, daß es zwei verschiedene Formblätter gibt, eines für normale Bürger und ein anderes für die Inhaber von sogenann-

ten Autoritätspositionen – Polizisten, Piloten, Militärs und ähnliches. Ein solcher »Wir-und-sie«-Ansatz würde bedeuten, die traditionelle Vertuschung seitens der Regierung bis in alle Ewigkeit fortzusetzen. Weiter würde es bedeuten, daß die Berichte aus der Bevölkerung aus dem Weg geräumt werden und in irgendwelchen Akten verstauben, während die Informationen von »Autoritätspersonen« irgendwie anders behandelt werden. Mir ist von einem solchen System nichts bekannt. Meiner Ansicht nach ist nur eines – das meine – in Verwendung. Eine Kopie davon finden Sie in Anhang 2.

In Wirklichkeit passiert etwa folgendes: Ein Bürger meldet, sagen wir in einer Londoner Polizeistation, eine UFO-Sichtung. Das entsprechende Formular wird ausgefüllt, normalerweise von einem Polizisten nach dem Diktat des Zeugen. Wie ernst dieser Polizist seine Aufgabe nimmt, hängt von seiner Persönlichkeit und seiner Ausbildung ab. Dann wird der Bericht an das Secretariat (Air Force) geschickt oder gefaxt (wenn er in einer Air Base zu Protokoll genommen wurde, wird er durch Fernmelder oder Telex übermittelt). Der Nachteil an diesem Verfahren besteht darin, daß der Schreibtisch nicht rund um die Uhr besetzt ist und daß daher Berichte, die außerhalb der normalen Bürozeiten verfaßt werden, normalerweise über das London Air Traffic Control Centre in RAF West Drayton in Middlesex geleitet werden. Die Sichtungen können von den dortigen Radareinrichtungen dann teilweise auf der Stelle verifiziert werden. Wenn ein Bürger außerhalb der Bürostunden in der Zentrale des Verteidigungsministeriums anruft, wird sein Anruf automatisch an den rund um die Uhr besetzten Air Force Operations Room weitergeleitet, wo die Einzelheiten der Sichtung zu Protokoll genommen und am nächsten Tag an das Secretariat (Air Staff) weitergeleitet werden. Was an diesem Verfahren problematisch ist, ist leicht ersichtlich: Da so viele verschiedene Menschen und Verfahren beteiligt sind, entsteht leicht Verwirrung, und es sind genau solche Situationen, aus denen heraus Geschichten über geheime Abteilungen entstehen.

Mir wurde bald klar, daß meine Vorgänger verschiedene Verfahren für den Umgang mit UFO-Berichten verwendet hatten. Nach den Vorschriften, die für alle Beamten gelten, müssen alle Schreiben aus der Bevölkerung umgehend beantwortet werden, außer es steht ausdrücklich darin, daß keine Antwort gewünscht wird. Ausgenommen von dieser Regel sind Leute, die auf einer sogenannten »Schwarzen Liste« stehen, Leute, die unablässig Briefe schreiben und deren Fragen bereits samt und sonders beantwortet wurden. Manche UFO-Berichte wurden jedoch offensichtlich einfach zu den Akten genommen und dann vergessen, und das gefiel mir überhaupt nicht. Die meisten davon waren an Dritte gerichtet gewesen wie beispielsweise an die Polizei, aber meiner Meinung nach verdiente jeder, der sich die Mühe machte, die zuständigen Stellen zu informieren, wenigstens einen freundlichen Brief, in dem die Politik der Regierung in dieser Sache erklärt wurde. In Anhang 3 finden Sie ein Beispiel für die Art von Antwortschreiben, die ich verschickte. Ich hatte das Gefühl, daß dieser Ansatz der Bürgercharta von John Major gerecht wurde.

Mit meinen Antwortschreiben erreichte ich zwei Dinge: Erstens erklärten sie die offizielle Politik des Ministeriums – daß wir uns nur insoweit für diese Phänomene interessierten, als sie in den Verteidigungsbereich fielen oder eine Bedrohung darstellten –, und zweitens informierten sie über Einzelheiten der nationalen UFO-Organisationen (siehe Anhang 4) und ermutigten die Zeugen, sich an diese zu wenden. Die Berichte einfach in den Akten abzulegen brachte gar nichts, und ich wußte, daß bestimmte UFO-Gruppen für die angebotenen Informationen über Leichen gehen würden. Mit dieser Methode schuf ich zumindest die Voraussetzungen dafür, daß Informa-

tionen, die ansonsten nur dem Ministerium vorbehalten wären, an die allgemeine Öffentlichkeit dringen konnten. Wenn sich ein Zeuge entschloß, sich nicht an eine der UFO-Gruppen zu wenden – und viele von ihnen wollten aus der falschen Vorstellung heraus, daß sie es dort nur mit Verrückten zu tun haben würden, nichts von diesen Gruppen wissen –, dann gab es offensichtlich nichts, was ich tun konnte, denn ich war ja verpflichtet, den Bericht des Zeugen vertraulich zu behandeln. Die meisten Leute, die mich kontaktierten, wollten kein öffentliches Aufsehen – sie wollten neben der morgendlichen Milch keine Paparazzi auf ihrer Türschwelle vorfinden –, und so konnte ich ihre Namen den UFO-Organisationen nicht bekanntgeben. Dieser Ehrenkodex wurde in wenigen Fällen gebrochen. Ein Mann hatte vor meiner Zeit an das Ministerium geschrieben, um über ein Licht am Himmel zu berichten, bei dem es sich seiner Meinung nach um ein in Not geratenes Flugzeug hätte handeln können. Einige Tage später tauchten zwei eindeutig irre Ufologen vor seiner Tür auf und schwafelten über fliegende Untertassen und Außerirdische. Der Zeuge war darüber alles andere als begeistert. Vertraulichkeit ist unabdingbar, wenn die Leute ermutigt werden sollen, über UFO-Sichtungen zu berichten.
Wie ich die Fälle, von denen ich erfuhr, bewertete, hing von dem jeweiligen Bericht ab. Manchmal waren die Informationen zu vage, als daß es mir möglich gewesen wäre, eindeutige Schlüsse daraus zu ziehen. Wenn klarere Details auf dem Tisch lagen, konnte ich oft eine logische Erklärung finden. Gab es in dem Gebiet militärische Aktivitäten, vielleicht niedrig fliegende Flugzeuge? Es gibt nur wenig Leute, die etwa mit dem Anblick eines Tornado GR1 aus nächster Nähe vertraut sind. Diese Flugzeuge fliegen sehr schnell, schießen ohne jede Warnung aus den Wolken und verschwinden genauso schnell, wie sie gekommen sind. Gab es eine astronomische Erklärung

für die Sichtung? Das ließ sich durch einen Anruf beim Royal Observatory in Greenwich feststellen. Und dann war da noch das Fylingdale-System der Royal Air Force. Dabei handelt es sich um ein Frühwarnsytem vor Raketenangriffen, das auch Satelliten und Weltraumschrott erfaßt, Tausende Tonnen von Metall, die als Abfall der Weltraumforschung der letzten vierzig Jahre in der Erdatmosphäre herumfliegen. Fylingdale konnte feststellen, ob es wahrscheinlich war, daß von der Erde aus irgendwelche Satellitenumlaufbahnen sichtbar waren oder daß durch einen Wiedereintritt in die Erdatmosphäre spektakuläre Lichterscheinungen entstanden waren. Radar-Reflexionen von einer der regulären Royal-Air-Force-Basen, die über das ganze Land verteilt sind, waren ebenfalls eine mögliche Erklärung für eine Sichtung.

Das grundlegende Radar-Prinzip besteht darin, daß die Funkwellen von einem Sender ausgestrahlt werden, an festen Objekten abprallen und von einem Empfänger aufgefangen werden, wodurch die kleinen grünen »Leuchtflecken«, die wir von den Radarschirmen kennen, entstehen. Unser Luftraum wird ständig mit Hilfe von bodengestützten und fliegenden Radarsystemen überwacht. In Amerika wurde vor kurzem versucht, die Verwendung des Begriffs UFO mit all seinen unseriösen Nebenerscheinungen zu unterbinden und statt dessen das Kürzel RDA (radar-detected anomaly – vom Radar festgestellte Abnormalität) und VOA (visually observed anomaly – visuell beobachtete Abormalität) einzuführen. Es überrascht kaum, daß sich diese Veränderung nicht durchgesetzt hat. In Großbritannien experimentiert das Verteidigungsministerium mit dem genauso trockenen »Unidentified Aerial Phenomenon« (unidentifizierte Erscheinung in der Luft).

Bis vor kurzem wurde jedes Objekt aufgespürt, das versuchte, in unseren Luftraum einzudringen. Aber die Stealth-Technologie verringerte die Wahrscheinlichkeit, daß das auch weiterhin gelingen wird. Wenn man davon ausgeht, daß Außerirdische, wenn sie existieren, uns erreichen können, dann ist es mehr als wahrscheinlich, daß ihre Technologie der unseren weit überlegen ist und daß es ihnen daher schon zu einem sehr frühen Zeitpunkt gelang, das relativ geringfügige Problem der Radarsysteme zu überlisten.

Um UFO-Sichtungen, die durch Radar unterlegt werden, wird großes Aufhebens gemacht, denn Radar ist eine jener sicheren, verständlichen Technologien, denen wir gelernt haben zu vertrauen. Ich saß einmal im Cockpit eines Hovercraft, das zwischen Portsmouth und Ryde auf der Isle of Wight verkehrt, und der Pilot zeigte mir einen winzigen Leuchtfleck auf seinem Bildschirm. »Da ist er«, sagte er, durch die Windschutzscheibe deutend. »Dieser Leuchtfleck da, das ist ein Typ, der am Strand nach Ködern gräbt.« Ein so sensibles System gibt uns ein Gefühl der Sicherheit. In Wirklichkeit ist Radar genausowenig unfehlbar wie jedes andere System, und es gibt Beispiele von Reflexionen, die keine Entsprechungen in der Realität hatten. Der Bildschirm zeigt einen soliden Körper an, wo keiner existiert. Diese »Engel« oder Geisterreflexionen können entstehen, wenn zwei Radarsysteme einander in die Quere kommen, oder auch unter außergewöhnlichen meteorologischen Bedingungen, die bewirken können, daß eine Funkwelle an dichter Luft abprallt oder daß ein geologisches Merkmal wie eine Küstenlinie erfaßt wird, deren Position dann so dargestellt wird, als befände sie sich mitten in der Luft. Dieser Effekt ist als abnormale Ausbreitung (anomalous propagation, kurz Anaprop) bekannt. Das berühmteste Beispiel stammt von einem Vorfall während des Kalten Krieges, als deutsche Radarleute etwas auffingen, das sie für ein Flugzeug hielten und das sich ihrem Luftraum vom Osten aus näherte. Sie zogen ihre eigenen Flieger zusammen, aber die Piloten konnten nichts entdecken, so lange, bis sie niedrig genug waren, um unter der

Wolke durchzufliegen, über der der Radarleuchtfleck blinkte. Der Leuchtfleck war nichts als ein harmloser Zug, der wie an jedem anderen Tag auch über die Schienen rollte. Das Radarsystem hatte das Bild sozusagen in den Himmel gehoben. Interessanterweise kann auch ein Vogelschwarm einen Leuchtfleck auf dem Radarschirm auslösen, der verschwindet, sobald sich der Schwarm auflöst.

Die Radarsysteme überall auf der Welt erfassen eine überraschend große Zahl solcher »Engel«. In Amerika nennt man sie »uncorrelated targets« – nicht zugeordnete Ziele. Wenn sie die Bedingungen für ein Flugzeug oder eine Raketenflugbahn nicht erfüllen, werden sie einfach als Fehlleistung des Systems abgehakt. Diese Praxis ist bestenfalls fragwürdig zu nennen, und schlimmstenfalls könnte sie fatal sein. Wir tun hier eigentlich nichts anderes, als sämtliche Daten zu ignorieren und beiseite zu schieben, die unseren vorgefaßten Meinungen nicht entsprechen, etwa so, wie die orthodoxe Wissenschaft die Außerirdischen negiert. Wenn die Menschheit nicht über die Technologie verfügt, um sich mit einer Geschwindigkeit von Tausenden Kilometern pro Stunde fortbewegen zu können, dann muß dies wohl überhaupt unmöglich sein. Das heißt aber nichts anderes, als daß wir verrückt sind und Scheuklappen tragen. In seinem Buch *The UFO Experience: A Scientific Inquiry*, listet J. Allen Hynek zehn Fälle von radarvisuellen Sichtungen im Zeitraum 6. Dezember 1952 bis 13. Januar 1967 in einem Gebiet von Lakenheath in Sussex bis Albuquerque, New Mexico, auf. Insgesamt 49 Personen sichteten die verschiedenen UFOs, und die einzelnen Sichtungen hatten eine Dauer von fünf Minuten bis zu anderthalb Stunden. Hynek zitiert aus dem Project Blue Book, der offiziellen Untersuchung des UFO-Phänomens in den Jahren 1952 bis 1969 durch die U.S. Air Force. Obwohl Hynek der wissenschaftliche Berater des Projekts war, geht aus seinen Schriften klar hervor, daß er mit seinen Erkenntnissen mehr als unzufrieden war. Am 13. Februar 1957 trug sich auf der Lincoln Air Force Base in Nebraska folgendes zu:

> Drei Leute der Radarüberwachung und der Leiter der Einrichtung beobachten Objekte ... Die Objekte wurden von den Technikern der NCOIC- und GCA-Systeme (zwei verschiedenen Radarinstallationen) auf den Radarschirmen beobachtet. Die Objekte waren für einen Zeitraum von drei bis fünf Minuten zu sehen ... Die einzelnen Objekte befanden sich etwa acht bis zehn Kilometer hinter einem Linienflugzeug und bewegten sich etwa mit der doppelten Geschwindigkeit ... Das eine der Objekte brach auseinander, und das andere vollzog eine 180°-Wendung ... Eine optische Einschätzung der Größe war nicht möglich, aber der Radartechniker gab an, daß der Leuchtfleck auf seinem Schirm etwa ebenso groß war wie der von einer B-47 empfangene. Die Objekte schienen zunächst stillzustehen. Danach beschleunigten sie und rasten davon.

Die Lösungen des Blue Book? »Wahrscheinlich Ballons« und »wahrscheinlich Flugzeuge«. Hynek kommentiert die Einfältigkeit dieser Theorien nicht – wahrscheinlich deswegen, weil er sprachlos war. Kein Ballon kann sich jemals schneller bewegen als ein Linienflugzeug, und kein bisher gebautes Flugzeug kann sich selbst in zwei Teile brechen. Interessanterweise wurde die Möglichkeit des Aufeinanderprallens der beiden Radarsysteme, das einen Anaprop hätte verursachen können, nicht einmal in Betracht gezogen.

Ich hatte ein persönliches Erlebnis, das zeigt, wie oft »Experten« nur im Rahmen der ihnen bekannten Parameter denken. Ich sprach mit einem Armeeoffizier über die Radarsichtungen von UFOs, und er sagte mir, daß Leute der Radarüberwachung oft Objekte auffingen, die sich in Geschwindigkeiten von mehreren tausend Kilometern pro Stunde in geraden Linien bewegten. Diese Objekte würden automatisch als Meteoriten klassifiziert. Der Offizier hatte nach dem Grund gefragt, und die offizielle Antwort hatte gelautet: »Weil sie sich so schnell bewegen.«

Das ist eine beunruhigende Situation. Wenn auf einem Radarschirm für kurze Zeit ein Leuchtfleck erscheint und dann wieder verschwindet, wird er als Geisterscheinung klassifiziert, als »Engel«. Wenn sich ein Objekt hoch am Himmel in einer geraden Linie und mit blitzartiger Geschwindigkeit bewegt, geht man automatisch davon aus, daß es sich um einen Meteoriten handeln müsse. Natürlich kann nicht jede einzelne Anomalie untersucht werden, können Abfangjäger nicht das ganze Jahr rund um die Uhr start- und einsatzbereit sein, um jeden einzelnen Wetterballon und jeden Gänseschwarm zu untersuchen. Die Gefahr ist jedoch eindeutig gegeben, und unsere Rüstung weist eine eindeutige Schwachstelle auf. Wenn es dort draußen jemanden gibt und wenn es sich um eine feindliche Macht handelt, kann man dann nicht davon ausgehen, daß diese Macht sehr wohl weiß, wie sie ihre Flugkörper handhaben muß, um unsere Radarsysteme zu überlisten? Um uns genau jene beruhigenden Botschaften zu vermitteln, die wir erwarten?

Bodenradarsysteme sind besonders anfällig für Störungen, die als »unerwünschte Bodenechos« bekannt sind: hohe Gebäude und Bäume können auf einem Radarschirm erfaßt werden. Aber geschulte, erfahrene Radarexperten erkennen diese Dinge – sie können eine falsche Reflexion von einer echten unterscheiden, oder meinen Sie nicht? Zwischen den Radarkontrollen der Luftfahrt und jenen der militärischen Luftverteidigung liegen tatsächlich Welten. Sie halten nach verschiedenen Dingen an verschiedenen Orten Ausschau und verfügen aus diesem Grund über unterschiedliche Kapazitäten. Die

Radargeräte können so programmiert werden, daß sie nach bestimmten Objekten Ausschau halten, während sie andere ignorieren. Wenn man ausschließlich nach schnellen Jets Ausschau hielte, würde man wahrscheinlich ein Radargerät verwenden, welches das Echo aller Objekte, die sich mit einer geringeren Geschwindigkeit als 160 Kilometer pro Stunde fortbewegen, ignoriert. Außerdem sind die Radargeräte auch nicht rund um die Uhr eingeschaltet, und während manche visuell überwacht werden, übertragen andere ihre Daten auf ein Videoband. Solche Bänder werden normalerweise nur wenige Tage lang aufbewahrt und dann zur Wiederverwendung gelöscht. Vielleicht gibt es Informationen über Außerirdische, die sich kurz im Besitz irgendeiner britischen Radarbasis befanden, bevor sie gelöscht wurden? Wer weiß?

Eine meiner ersten Aktivitäten nach dem Antritt meines UFO-Postens bestand darin zu überprüfen, ob die Sichtungen, die uns gemeldet wurden, ein bestimmtes geographisches Verteilungsmuster aufwiesen. Ich prüfte Fragen wie: »Wie viele Berichte trafen im letzten Jahr aus Schottland ein?« oder »Werden auf dem Land mehr UFOs gesichtet als in Städten?« Unverständlicherweise war es keinem meiner Vorgänger in den Sinn gekommen, diesen Fragen nachzugehen oder eine Karte zu erstellen. Hätte sich gezeigt, daß alle UFO-Sichtungen in einer pfeilgeraden Linie stattgefunden hatten, wären wir nicht klüger geworden. Ich ging bis zum Jahr 1990 zurück, kramte die Akten heraus und begann, meine Karten zu zeichnen. Es enttäuschte mich festzustellen, daß ich dabei auf keine sensationellen Informationen stieß. Wie vielleicht zu erwarten ist, werden geballte Sichtungen meist aus dicht besiedelten Gebieten gemeldet. Der Grund dafür liegt wohl darin, daß es dort mehr Menschen gibt, die allfällige Abnormalitäten beobachten. Ich leitete meine Karten an die nationalen UFO-Gruppen weiter, die zunächst eher argwöhnisch reagierten, weil sie nicht daran gewöhnt waren, Hilfe aus dem Ministerium zu bekommen. Auch im Secretariat (Air Staff) runzelte man bisweilen die Stirn.

Wie bereits gesagt, kann es schwierig sein, schriftliche Berichte über UFO-Sichtungen auszuwerten. Es ist unmöglich, vage Hinweise auf etwas, was jemand möglicherweise gesehen hat, als Arbeitsgrundlage zu verwenden. Fred Whiting vom UFO-Forschungsfonds faßte diese Problematik in der bereits erwähnten Sendung *Network First* brillant zusammen: »Geschichten über zusammengestoßene fliegende Untertassen (oder andere UFO-Phänomene) sind eine abgedroschene Sache. ›Ich habe einen Freund, der einen Cousin hat, dessen Onkel bei einem Frisör war, der folgende Geschichte gehört hatte ...‹«

Wichtig sind jene Sichtungen, die von Fotos oder, noch besser, von Videos untermauert werden. Die Popularität des Camcorders hat die Zahl der Amateurfilmer um ein vielfaches erweitert, und so kommt es, daß in letzter Zeit einige UFO-Videos von guter Qualität aufgetaucht sind. Solche Daten können dann vom Verteidigungsministerium systematisch analysiert werden.

Natürlich war und ist es jederzeit möglich, Aufnahmen zu fälschen. Die Behauptung, die Kamera könne nicht lügen, wurde schon mit ihrer Erfindung widerlegt. Mitte des neunzehnten Jahrhunderts, in einer Zeit, als Tischrücken und spiritistische Sitzungen großen Neuigkeitswert hatten und mit Begeisterung praktiziert wurden, war der Wunsch, einen Geist auf Film zu bannen, so übermächtig, daß einige skrupellose Fotografen und »Geisterjäger« gefälschte »Geisterbilder« produzierten. In den meisten Fällen handelte es sich um Studioaufnahmen, die ausgeschnitten und auf ein anderes Bild geklebt wurden, um vorzutäuschen, daß die körperlosen Geister der Toten im Äther umherschwebten. Um die Nahtstelle zu vertuschen, wurden kleine Wattewülste aufgeklebt, und dann wurde das zusammengekleisterte Bild nochmals fotografiert. Das Ironische daran war, daß die Belichtungszeiten, welche die Fotoplatten Mitte des neunzehnten Jahrhunderts erforderten, so groß waren, daß sich die Betrüger eigentlich gar nicht solche Mühe hätten geben müssen. Es war notwendig, daß die Modelle bis zu sieben Minuten lang absolut stillhielten. Offensichtlich hatte das dem kleinen Hund, der 1916 von Arthur Springer, einem Scotland Yard-Detektiv, abgelichtet worden war, niemand gesagt. Während zwei Damen und deren Zofe auf dem Rasen ihres Hauses in Tingewick, Buckinghamshire, den Tee nahmen, kam ein Hund ins Bild, der seinen Kopf bewegte und mit dem Schwanz wackelte. Das Ergebnis war ein »Geisterhund«, der sich vor der Kameralinse offenbar materialisierte und wieder dematerialisierte. Solche »Zufallsgeister« findet man auf den frühen Fotos in Hülle und Fülle.

Während die Fälschungen des neunzehnten Jahrhunderts für das Auge der heutigen Menschen auf lächerliche Weise erkennbar sind, verbesserte sich mit der zunehmenden Entwicklung der Fotografie auch die Qualität der gefälschten Bilder. UFO-Fotos sind unvermeidlich dem Vorwurf ausgesetzt, gefälscht zu sein oder »zufällige« Spezialeffekte zu verwenden, nicht unähnlich jenem des Hundes von Tingewick. Im März 1967 schoß Robert Rinker, ein Techniker auf einer Wetterstation hoch auf dem schneebedeckten Chalk Mountain in Colorado, eine Serie von Fotos. Als er den Film entwickeln ließ, war plötzlich das Bild einer unidentifizierbaren Scheibe mit klar erkenntlichem Rand, die sich schnell über den Himmel bewegte, darauf aufgetaucht. Rinker hatte beim Fotografieren nichts gesehen, und trotzdem hatte er jetzt die Beweise in der Hand. Die Abbilder erschienen im Gegensatz zu der statischen Umgebung jedoch durchsichtig und verschwommen, so daß es

sich mit an Sicherheit grenzender Wahrscheinlichkeit um einen Linseneffekt handelt, eine Lichtreflexion auf der Kameralinse.
John Spencer zitiert die früheste bekannte UFO-Aufnahme – das Bild, das am 12. August 1883 von dem Astronomen José Bonilla im Observatorium von Zacatecas, Mexiko, gemacht wurde. Eine Reihe von Zeugen berichtete von Scheiben, die an diesem und am nächsten Tag die Sonne kreuzten.
Die beiden Bilder, die 1950 über einer Farm in der Nähe von McMinville, Oregon, gemacht wurden, haben allen modernen analytischen Versuchen, sie als Fälschungen zu entlarven, standgehalten. Am 11. Mai dieses Jahres sah die Frau des Farmers, Mrs. Trent, wie eine riesige Scheibe auf sie zuflog. Ihrem Mann gelang es, zwei Fotos zu machen, bevor das Objekt verschwand. Das anderweitig skeptische Condon Committee, eine Forschungsgruppe, die von 1966 bis 1969 für die United States Air Force arbeitete, konnte sich auf diese Bilder keinen Reim machen:

> Das ist einer der wenigen UFO-Berichte, bei dem alle untersuchten geometrischen, psychologischen und physischen Faktoren mit der Behauptung übereinzustimmen scheinen, daß ein außergewöhnliches Flugobjekt von silberner, metallischer Farbe in Scheibenform mit einem Durchmesser von zig Metern und offensichtlich künstlicher Natur in Sichtweite der beiden Zeugen flog.

Es steht jedenfalls fest, daß moderne Computeranalysen an den Trent-Fotos keine Drähte oder anderweitige erkennbare Nachweise einer Fälschung feststellen konnten. Allerdings sollten wir uns vielleicht daran erinnern, daß auch die berühmten Feen von Cottingley – die Bilder zweier Mädchen aus dem Zeitalter Edwards, die am Zaun ihres Gartens mit Feen spielten – nie

als Fälschungen entlarvt werden konnten: Der Trick kam nur deswegen ans Tageslicht, weil eines der Mädchen Jahre später die Fälschung zugab.
Die spektakulärsten UFO-Bilder der jüngsten Zeit sind jene von Ed Walters, einem nüchternen, sachlichen Architekten aus Gulf Breeze, Pensacola, Florida, die er 1987 und 1988 schoß. Was seine Bilder so einzigartig macht, ist die Tatsache, daß sie den Bericht einer nahen Begegnung mit möglicher Entführung untermauern. Im November 1987 machte Walters fünf Aufnahmen eines UFOs, das von einem blauen Lichtschaft über dem Boden gehalten wurde. Über einen Zeitraum von sechs Monaten entstanden weitere Bilder. Walters verwendete eine aufwendige Fotoausstattung – zwei normale und eine vierlinsige 3D-Kamera –, um seine Sichtungen möglichst klar und detailliert aufs Bild zu bringen. Die Berichte erwiesen sich in den Vereinigten Staaten natürlich als Stich ins Wespennest, und die Reaktionen reichten von vollkommener Überzeugung bis hin zu höchster Skepsis.
Gulf Breeze ist entweder ein brillanter Betrug auf einem noch nie dagewesenen Niveau, oder Walters' außerirdische Flugkörper sind real.
Ärgerlicherweise gibt es für Foto- und Videomaterial über UFOs kein zentrales Sammellager. Ed Walters sandte seine Bilder an die lokale Zeitung, zum Teil deshalb, weil ein weiterer Augenzeuge des Vorfalls die Mutter eines Redakteurs war. Andere schicken ihre Bilder an die Polizei, an UFO-Gruppen und nur ganz vereinzelt an das Verteidigungsministerium. Aber das ist, wie ich vermute, ohnehin nur die Spitze des Eisbergs. Der Rest vermodert wahrscheinlich in Schubladen und Kästen in privaten Haushalten und wird nur dann und wann hervorgekramt, wenn die Leute ihren Freunden etwas Spannenderes zeigen wollen als die Schnappschüsse vom letzten Urlaub. Als ich begann, aktiv nach derartigem Material

Ausschau zu halten, wurde ich mit Fotos, Videos und sogar Bodenproben bombardiert – genau die Art von Beweisen, die ich brauchte. Es war nicht so wichtig, daß ich selbst technisch nicht in der Lage war, all diese Daten zu analysieren – das Ministerium ist voll von Experten, und ich kannte immer jemanden, der mir helfen konnte.

Die meisten Sichtungen erweisen sich nach mehrfacher Analyse als Phänomene, die sich auf natürliche, logische Weise uneingeschränkt erklären lassen. Auf einem Jumbojet, der in der Nacht zu einem Landeanflug ansetzt, leuchten normalerweise rote und grüne Standard-Navigationslichter, ein rotes, blinkendes Anti-Kollisionslicht und in manchen Fällen auch blinkende weiße Stroboskop-Leuchten sowie ein heller Landescheinwerfer auf. Menschen, die in der Nähe eines Flugplatzes leben, sehen diese Lichter die ganze Zeit, aber jemand, der sie nur dann und wann zu Gesicht bekommt, kann durchaus beunruhigt reagieren. Das ist mit noch größerer Wahrscheinlichkeit der Fall, wenn sich das Flugzeug auf den Zeugen zu bewegt. Schon der Lärm allein kann erschreckend sein, und wenn das Flugzeug nach links oder nach rechts schwenkt, entsteht der Eindruck einer unnatürlichen Kursveränderung, eine Illusion, daß das Flugzeug zuerst schwebt und sich dann mit größerer Geschwindigkeit entfernt. Aber trotzdem sind manche Menschen nicht bereit, eine beruhigende, rationale Erklärung für das zu akzeptieren, was sie gesehen haben. Ich kann mich an eine Frau erinnern, die mich anrief und mir erzählte, daß ihr Freund und sie am Himmel über ihrem Haus rote und grüne blinkende Lichter gesehen hätten. Ich fragte sie, wo sie lebte, und sie sagte: »In der Nähe von Heathrow!« Als ich höflich zu bedenken gab, daß es sich bei ihrer Begegnung vielleicht um Flugzeuglichter gehandelt haben könnte, sagte ihr Freund mit großer Resolutheit: »So sieht kein Flugzeug aus.«

Andere häufige visuelle Phänomene, die leicht mit UFOs assoziiert werden, sind Meteoriten und Feuerkugeln. Meteore sind Ansammlungen von Staub oder Stein, welche gelegentlich in die Erdatmosphäre eintreten und durch die Hitze verbrennen. Das Ergebnis ist normalerweise ein greller Lichtblitz, obwohl große Beispiele, die Meteoriten, so solide sind, daß sie den Boden erreichen und die größten von ihnen Krater bilden. Die meisten Meteore haben die Größe von Staubkörnchen und sind für alle Absichten und Zwecke unsichtbar. Die sichtbaren hingegen werden oft von vielen Menschen gesehen. Sie bewegen sich durch die Schwerkraft auf den Boden zu und strahlen meist ein weißes Licht aus, das nur einige Sekunden lang anhält. Wenn sich Ihr UFO nun als eines dieser Naturphänomene erweist, sollten Sie daran denken, daß Sammler viel Geld für Meteoriten zu zahlen bereit sind und daß die Astronomieinstitute der Universitäten es sicherlich zu schätzen wissen, wenn Sie ihnen über Sichtungen in Ihrem Gebiet berichten. Feuerkugeln, die größer und greller sind als Meteore, sind ein weit spektakuläreres Phänomen. Ihre Farben variieren. Manche sind so hell, daß sie bei Tageslicht erkennbar sind. Ich versuchte in vielen Telefonaten, den Leuten zu erklären, daß es sich bei dem, was sie gesehen hatten, vielleicht um eine Feuerkugel handelte, auch wenn es farbig war.

Satelliten oder Satellitentrümmer, die wieder in die Erdatmosphäre eintreten, geben ebenfalls Anlaß zu UFO-Berichten. Seit dem Zeitalter von Sputnik 1 im November 1957 feuern wir Raketen in das Weltall, von denen viele dort geblieben sind und langsam zerfallen und sich dabei der Erde immer mehr nähern. RAF Fylingdales zählt pro Tag etwa 7000 solcher Weltraumtrümmer. Davon treten alle vierundzwanzig Stunden sechs oder sieben erneut in die Erdatmosphäre ein. Einige von ihnen, die einen Lichtschweif hinter sich herziehen, werden

von adleräugigen, neugierigen oder verängstigten Beobachtern für UFOs gehalten.
Es gibt einen wohlbekannten Katalog anderer Naturphänomene, deren Auftreten – mitunter selbst von geschulten Beobachtern – regelmäßig als UFOs wahrgenommen wird. Der Planet Venus ist dafür bekannt. In der antiken Welt als Phosphorus oder Hesperus bekannt (Morgen- bzw. Abendstern), ist die Venus der hellste aller von der Erde aus sichtbaren Planeten. Von einem sich bewegenden Fahrzeug aus betrachtet, insbesondere durch die Maske von Baumgeäst, scheint die Venus zu schweben und jenes blau-weiße Licht auszustrahlen, das mit UFO-Sichtungen so oft assoziiert wird.
Flugzeuge, die bei Tag und insbesondere von ungewöhnlichen Winkeln aus gesehen werden, geben Anlaß zu allen möglichen Arten von Berichten. Das Dreieck des Stealth-Bombers ist ein neues und klassisches Beispiel, aber jedes unerwartete Objekt kann zu Meldungen über vermutete Sichtungen führen. Der Anblick eines Lancaster-Bombers über Warwickshire im Sommer 1991 war für mich durchaus bizarr, obwohl ich genau wußte, worum es sich handelte. Ich mußte mindestens zweimal hinsehen, um mir Klarheit zu verschaffen, und einen Augenblick lang dachte ich an einen Zeitsprung in die Vergangenheit. Reichweite und Farbe hochfliegender Drachen, Heißluftballons und irisierender, sonnenreflektierender Heliumballons können einen ebenfalls leicht verwirren. Natürlich war ein Wetterballon die »offizielle« Erklärung für die Trümmer, die man bei Roswell fand. Vogelschwärme, vor allem, wenn sie unter bestimmten Lichtbedingungen wie bei Sonnenuntergang gesehen werden, können Nichteingeweihten ein sehr eigenartiges Erscheinungsbild bieten. Doch die seltsamsten Illusionen stammen von linsenförmigen Wolken. Diese seltenen Formationen sind scheibenförmig und scheinen wegen des Musters ihres Dampfes von metallisch grauer Farbe zu sein.

In jüngster Zeit erklärte der immer häufigere Einsatz von Lasergeräten und Scheinwerfern einige der Berichte, die ich erhielt. Oft werden Laserstrahlen in den nächtlichen Himmel geschossen, die dann nach unten hin reflektiert werden und den Eindruck von hellen Scheiben erzeugen, die einander jagen. In Popkonzerten wird diese Technik ständig verwendet, und mir ist sogar ein neuer Nachtklub bekannt, der an seinem Eröffnungsabend in diese Art von *Son et lumière* investierte. Ich erinnere mich, einmal bei einem Freund in einem Studentenwohnheim in London übernachtet zu haben und um zwei Uhr morgens aufgeweckt worden zu sein, weil der ganze Raum in Licht getaucht war. Mir jagten Bilder von *Communion* und *Begegnung der dritten Art* durch den Kopf, und ich stolperte zum Fenster, nur um festzustellen, daß die British Telecom die Scheinwerfer testete, mit denen sie am folgenden Abend den BT-Tower erleuchten wollte, wo als Werbung für die neuen Londoner Telefonnummern eine Show stattfinden sollte.
Richard Bransons Virgin Lightship, das für Sightseeing-Fahrten und als Werbeplattform verwendet wird, ist eine weitere berüchtigte Ursache für Sichtungsberichte. Unternehmen kaufen Werbeflächen auf den Seiten des Luftschiffes und lassen es über Land fliegen. In der Nacht wird das Luftschiff neben den üblichen Leuchten, mit denen alle Luftfahrzeuge ausgerüstet sein müssen, von innen beleuchtet, was ihm das Erscheinungsbild des klassischen, zigarrenförmigen Untertassen-UFOs verleiht, je nach dem Winkel, aus dem es gesehen wird.
Das umstrittenste aller Naturphänomene, das manchmal als Erklärung von UFO-Sichtungen verwendet wird, ist der Kugelblitz, obwohl Kugelblitze für sich genommen kein nachgewiesenes Phänomen sind. Außerdem muß es wohl als eindeutig unwissenschaftlich gelten, ein unbekanntes Phänomen durch ein anderes erklären zu wollen. Die britische Forscherin Hilary

Evans ist davon überzeugt, daß die meisten Lichtkugeln, die am Himmel beobachtet werden, als Kugelblitze erklärt werden können – *falls* es dieses Phänomen tatsächlich gibt. »Kugelblitze«, erklärt sie in *Frontiers of Reality*, »werden meist in Form einer kurzlebigen … leuchtenden Masse beobachtet … sie treten häufig, aber nicht immer, gemeinsam mit elektrischen Entladungen bei Gewittern auf.« Sie zitiert eine Reihe von Fällen, in denen Kugelblitze in Häuser eindrangen, wo sie Menschen zu »jagen« schienen, wie im Fall von Mrs. Matthews aus Philadelphia, die 1960 einen »riesigen roten Feuerball« mit einem zischenden Geräusch in ihr Wohnzimmer eindringen sah. Er verbrannte ihr die Kopfhaut, und ihr Haar fiel aus. Viele Beispiele dieser Art von Energie sind über den norwegischen Fjorden beobachtet worden, aber der einzige Film, auf dem das Phänomen tatsächlich zu sehen sein könnte, wurde im Januar 1973 von Peter Day aufgenommen, der am Himmel zwischen Thame und Aylesbury an der Grenze zwischen Oxfordshire und Buckinghamshire einen orangefarbenen Lichtball beobachtete. Er war etwa einen Kilometer von ihm entfernt, in einer Höhe von etwa 600 Metern. Eine Bild-für-Bild-Analyse des Dayschen Materials zeigt, daß sich die Bäume beim Verschwinden des Phänomens stark zur Seite neigten, so, als würden sie von einer Explosion weggedrückt. Für dieses Phänomen wurden zwei überzeugende Erklärungen angeboten. Eine davon lautet, daß das eigenartige Erscheinungsbild der Bäume von einem Wackeln der Kamera verursacht wurde, und die andere, daß der Lichtschein einem Jet der Luftwaffe zuzuschreiben war, der Treibstoff abwarf. Tatsächlich gab es in diesem Gebiet an diesem Tag einen Flugzeugzusammenstoß, dessen Zeitpunkt aber penibel mit einer Viertelstunde nach der Dayschen Sichtung verzeichnet war. Irgendwie ist die Episode typisch für so viele UFO-Sichtungen. Die Erklärung könnte darin liegen, daß es sich um einen Kugelblitz oder um einen Feuer-

ball handelte. Andererseits könnte es aber auch ein Jet der Luftwaffe oder etwas anderes, noch Exotischeres, gewesen sein.
Inmitten all dieser Beispiele von Naturphänomenen, die fälschlicherweise für UFOs gehalten werden können, sollten wir nicht das ganz normale, niedrig fliegende, außergewöhnlich geformte Flugzeug vergessen. Lincolnshire ist eine Region in England, die vollgepfropft ist mit Luftstützpunkten, und zwar sowohl mit amerikanischen als auch mit britischen. RAF Waddington ist die Heimat des *Sentry*-Frühwarnflugzeugs, das über ein großes, untertassenförmiges Radom verfügt, das am hinteren Teil des Flugzeugrumpfs montiert ist. In der Nacht sehen diese Flugzeuge spektakulär aus, wie der weibliche PR-Offizier des Luftstützpunktes bestätigen kann. Eines Nachts, als sie im Auto außerhalb des Geländes unterwegs war, fuhr vor ihr ein roter Austin Metro. Sie blickte kurz auf und sah eine *Sentry*, die sich im Landeanflug befand. Als sie wieder auf die Straße blickte, mußte sie scharf bremsen. Der rote Metro lag in einem vollkommen verrückten Winkel vor ihr im Straßengraben. Als sie dem Fahrer aus seinem demolierten Vehikel half, stieß dieser nur ein unzusammenhängendes Gemurmel über fliegende Untertassen und Außerirdische aus, die ihm auf den Fersen seien.

Es gilt als allgemein anerkannt, daß etwa 90 bis 95 Prozent aller UFO-Sichtungen durch konventionelle Phänomene erklärt werden können, was auch meiner Erfahrung entspricht. Trotzdem bleiben unter Berücksichtigung der Tatsache, daß etwa 13 Millionen Menschen schon einmal »etwas« gesehen haben, weltweit mindestens 650000 Sichtungen unerklärt. Alles, was das Verteidigungsministerium über diese Sichtungen sagen kann, ist, daß es Augen und Ohren offenhält. Ich nehme an, dies ist eine verschleierte Art auszudrücken, daß

wir keine Ahnung haben, worum es sich bei den gemeldeten Objekten handeln könnte. Die Position des Ministeriums war seit jeher, daß bis jetzt keine Zeichen für irgendeine Bedrohung des Vereinigten Königreichs festgestellt werden konnten. Genauer ausgedrückt müßte es heißen, daß es keine Anzeichen dafür gibt, daß an unserem Himmel offen feindselige Aktionen durchgeführt werden – jedenfalls derzeit. Es gibt allerdings einige, die dies bestreiten: Vielleicht gibt es keinen Beweis für eine Bedrohung, aber es gibt auch keinen Beweis dafür, daß ein äußerst reales Phänomen wie UFOs harmlos ist.
Hunderte Fälle, Dutzende Akten, Tausende Worte. Ich kann nur an der Oberfläche kratzen. Aber um Ihnen einen Einblick in den aktuellen Wissensstand der Ufologie und in meine Insiderarbeit zu geben, möchte ich Ihnen einige der Fälle vorstellen, mit denen ich befaßt war. Aus Gründen der Vertraulichkeit gebe ich die Namen nur dann an, wenn sie schon an anderer Stelle veröffentlicht wurden. Die folgende Auswahl wurde getroffen, um die volle Bandbreite der von mir bearbeiteten Fälle zu zeigen: geklärt und ungeklärt, mysteriös, spannend und erschreckend.

Fall 1: Capital

Normalerweise verstreichen zwischen einer Sichtung und dem Zeitpunkt, an dem sich ein Zeuge entschließt, sich an eine »offizielle« Stelle zu wenden, einige Stunden, Tage, oft auch Wochen. Im Fall von Capital ging alles ein bißchen schneller. Der Anruf kam aus der Zentrale von Capital Radio in Euston, und die Stimme am anderen Ende der Leitung war sehr aufgeregt. Der Anrufer starrte gerade aus seinem Fenster und lieferte mir eine Live-Beschreibung eines UFOs, das sich soeben anschickte, im Regent's Park zu landen. Er schnappte

nach Luft, er begann zu stottern, seine Stimme klang hysterisch – ein Mann in einer Extremsituation. »Jetzt ist es fast unten … es sieht aus wie ein … ein bißchen wie ein großer Drachen, aber das kann es nicht sein. Jetzt ist es unten! Es ist unten! Mein Gott, die Leute scharen sich darum …« Dann gab es eine Pause. Die Stimme schien sich ein bißchen beruhigt, die Panik sich gelegt zu haben. »Es kann doch kein Drachen sein, oder? Oh. Die Leute tun es zurück in eine Schachtel. Es ist doch ein Drachen. Tut mir leid, Ihre Zeit verschwendet zu haben.«
Er hängte auf. Weiß Gott, was er in diesen paar schrecklichen Minuten durchgemacht hat. Und weiß Gott, welche kalten Schauer ihm die Erinnerung an all das bei späteren Gelegenheiten über den Rücken jagen wird.

Fall 2: Waterloo

An jedem Arbeitstag wird die Waterloo Bridge über der Themse von Tausenden Menschen überquert. Einer dieser Menschen rief mich 1992 an, um mir von einer Sichtung zu erzählen, die von Hunderten Leuten beobachtet worden war. Es war etwa fünf Uhr nachmittags, und der Mann überquerte gerade die Brücke, als er plötzlich wie angewurzelt auf dem Gehsteig stehenblieb. Ein grell gefärbtes Objekt schwebte über dem Braun des Flusses, nur einige Meter von ihm entfernt. Dann begann es sich schnell und ruckweise zu entfernen, in einer unregelmäßigen Flugbahn, die für ein Flugzeug undenkbar wäre.
Dieser Vorfall war wirklich bizarr, denn das Objekt muß von Hunderten Menschen gesehen worden sein, als es über der Brücke schwebte. London ist eines der dichtest bevölkerten Stadtgebiete der Welt, und trotzdem konnten keine stichhal-

tigen Beweise gesichert werden. War aus der Sichtung eine Bedrohung abzuleiten? Das Objekt war für alle sichtbar gewesen, mitten in der Hauptstadt, ein Szenario, wie es H.G. Wells ersonnen haben mochte. Das Ironische an der Sache war, daß sich der Vorfall nur wenige Meter vom Verteidigungsministerium entfernt abspielte. Aus einer Akte des Jahres 1990 geht hervor, daß einige Beamte aus dem Hauptgebäude in Whitehall, kurz bevor ich den UFO-Job übernahm, die Sichtung eines UFOs von ihren Bürofenstern in einem separaten Vorfall gemeldet hatten. Es war beobachtet worden, daß knapp über der Wolkendecke ein mysteriöses, helles Licht schwebte. Auch dafür wurde nie eine Erklärung gefunden.

Fall 3: Feuer am Himmel

Die englische Grafschaft Herefordshire grenzt an die Verteidigungslinie, die unter dem Namen Offa's Dyke bekannt ist. Diese Verteidigungslinie wurde im achten Jahrhundert errichtet, um die marodierenden Waliser von König Offas angelsächsischem Königreich Mercia fernzuhalten. In diesem idyllischen englischen Landschaftsgebiet beobachteten am 9. Dezember 1991 im Dämmerlicht, als die Temperaturen nach einem Tag winterlichen Sonnenscheins absanken, mehrere Dutzend Menschen einen Feuerschein am Himmel. Er war mehr als 1000 Meter hoch am Himmel, so hoch oben, daß er sogar in benachbarten Grafschaften zu sehen war. Mehrere Zeugen sagten, daß dem Schein ein gutturales Gebrüll voranging und daß es dieses Geräusch gewesen sei, das sie dazu veranlaßt hätte, überhaupt nach oben zu blicken. Der Schein war nur ein paar Sekunden lang zu sehen gewesen.
Den Großteil des 10. Dezember verbrachte ich damit, die verschiedenen Sichtungen in eine Landkarte einzutragen. Ich

konnte keine gerade Linie ziehen, aber aus den Berichten ging klar hervor, daß die verschiedenen Zeugen ein und dasselbe Phänomen beschrieben. Ich ergriff eine ungewöhnliche Maßnahme: Obwohl ich mit Behinderungen meiner Vorgesetzten rechnen mußte, rief ich zwei führende zivile UFO-Gruppen an, BUFORA und Quest International, und schlug vor, Daten auszutauschen und bei dieser Sichtung zusammenzuarbeiten. Beide Organisationen waren zuerst argwöhnisch, aber ich sagte ihnen, daß wir alle auf dasselbe Ziel hinarbeiteten – die Wahrheit über die UFOs herauszufinden. Ich gab ihnen die Informationen, die ich über den Vorfall von Herefordshire hatte, und sie stellten mir zur Verfügung, was sie hatten. Die Berichte paßten zusammen. Es stand außer Zweifel, daß sich an diesem winterlichen Himmel etwas Außergewöhnliches ereignet hatte.

Meine erste Vermutung war, daß es sich bei dem UFO um eine Feuerkugel gehandelt hatte. Durch das Geräusch wurde diese Variante allerdings ausgeschlossen, denn Feuerkugeln sind ein stummes Phänomen. Ich rief das Royal Observatory in Greenwich an, wo man mir dies bestätigte und hinzufügte, daß man nichts von Feuerkugeln oder ungewöhnlichen atmosphärischen Bedingungen über Herefordshire an dem fraglichen Tag gehört hatte.

Mein nächster Versuch führte mich zu den Fragen, die das Mysterium lösen sollten. Am Nachmittag des 9. Dezember hatte sich ein amerikanischer F-111 Jet, von RAF Upper Heyford in Oxfordshire kommend, auf einem Routineflug über dem Gebiet befunden, als er wegen der sich verschlechternden Wetterbedingungen zur Basis zurückgerufen wurde. Die Rollbahn der Luftbasis begann bereits zu vereisen, und die Luftverkehrsüberwachung wollte, daß alle Flugzeuge zurück waren, bevor sich die Situation verschlimmerte. Als Vorsichtsmaßnahme hatte der Pilot einen Teil seines Treibstoffs noch in der Luft abgelassen, um im Fall einer Bruchlandung das Risiko einer Explosion zu verringern. Das Gebrüll, das die Zeugen gehört hatten, war das Geräusch des Treibstoffs gewesen, der durch die Nachbrenner des Flugzeugs entzündet worden war. So war eine spektakuläre Feuerspur entstanden, die sich über den Himmel zog und den Feuerschein verursachte, den die Beobachter sahen. Die Flugbahn des Flugzeugs entsprach den Standorten der Sichtungen. Es war ein gutes Gefühl, eine vermeintliche UFO-Sichtung logisch erklären zu können.

Ich rief bei BUFORA und Quest an und kontaktierte alle Zeugen, die sich mit mir in Verbindung gesetzt hatten. Ein bedeutungsloser Fall? Vielleicht, aber er macht zwei Punkte deutlich. Erstens, daß es für die überwältigende Mehrzahl aller UFO-Sichtungen rationale Erklärungen gibt, und zweitens, was vielleicht noch wichtiger ist, daß die Zusammenarbeit zwischen dem Verteidigungsministerium und den UFO-Gruppen zu logischen, genauen Ergebnissen führen kann. Das war der Beginn jenes lebhaften Informationsaustauschs, der für die drei Jahre, in denen ich dieses Amt bekleidete, charakteristisch war. Alle, die ich kontaktierte, waren dankbar: Die Zeugen, die ob des Feuerscheins am Himmel ernstlich besorgt waren, konnten wieder ruhig schlafen, und die UFO-Gruppen konnten diesen Fall als »gelöst« zu den Akten legen und ihre Bemühungen auf andere Fälle konzentrieren.

Fall 4: Besucher

Dieser Vorfall datiert aus der Zeit, bevor ich den UFO-Job innehatte, aber er ist ein gutes Beispiel für die humoristische Seite dieser Arbeit.

Eines Tages hörte ein alter Mann ein eigenartiges Geräusch in der Ferne. Es war neblig, aber aus seinem Fenster blickend konnte er in etwa dreißig Metern Entfernung in einem angrenzenden Feld Lichter blinken sehen. Plötzlich strahlte das schwebende Objekt einen Schaft weißen Lichts auf den Boden, der aussah wie ein Laserstrahl. Ein Seil wurde hinuntergelassen, und Figuren in schweren Anzügen und Helmen ließen sich stumm daran hinunter, bevor sie sich auf dem Feld verteilten. Obwohl er zu Tode erschrocken war, besaß der Zeuge immer noch die Geistesgegenwart, die Polizei anzurufen. »Außerirdische«, sagte er dem diensthabenden Polizisten, »fallen hier ein. In dem Feld neben meinem Haus.« Obwohl die Polizei von der Erklärung des alten Mannes wohl nicht vollkommen überzeugt war, befand sie den Fall für ernst genug, um nachzusehen.

Die Erklärung, die sich anbot, war nur allzu logisch. Die Lichter gehörten zu einem Militärhubschrauber, der »Laserstrahl« waren seine Suchscheinwerfer, und die Anzüge und Helme gehörten zu den Uniformen dieser Sondereinsatztruppe. Die Übung war nichts weiter als eine Routineübung dieser Truppe, aber aus naheliegenden Gründen hatte man den lokalen Bewohnern nicht mitgeteilt, daß sie stattfinden würde.

Vielleicht gab das Seil den entscheidenden Hinweis: Würde eine überlegene Rasse, die fähig war, Lichtjahre an Raum zu überwinden, wirklich an einem irdischen Seil aus ihrem Raumschiff zu Boden klettern? Nun, warum nicht? Wir verwenden im selben Anwendungsbereich unserer Technologie ebenfalls Laserstrahlen und Seile zur gleichen Zeit. Der alte Mann war kein Risiko eingegangen, und er hatte mit seiner Vorsicht recht gehabt.

Fall 5: Eines, das verschwand

Rollesby ist eine erweiterte Stelle in einem Flußsystem Ostenglands, den sogenannten Norfolk Broads, die einige Kilometer von der Stadt Great Yarmouth entfernt an der englischen Ostküste liegen. Wie im Rest dieser Grafschaft ist das Land auch hier flach, und an einem klaren Tag ist die Sicht gut. Am 23. Oktober 1993 beschlossen drei Männer, die auf dem Fluß fischten – Bill Deuters, Stephen Farrow und Mark Wilkins –, ihre Aktivität für diesen Tag zu beenden, weil der Wind stärker wurde und die Kälte einbrach. Sie packten soeben ihre Angelausrüstung in ihr mitten auf dem Fluß liegendes, offenes Boot, als Steve ein helles silbriges Licht am Himmel sah. Er machte seine Kameraden darauf aufmerksam, und alle waren sich darüber einig, daß es bewegungslos in beträchtlicher Höhe schwebte. Bill hatte seinen Camcorder bei sich, den er normalerweise benutzte, um die Beute des Tages aufzunehmen. Er konnte das Objekt mehrere Sekunden lang filmen, bevor es geräuschlos in der Entfernung verschwand.

Als sich die Männer das Video ansahen, war das Bild, das sie sahen, unglaublich. Das kleine, silbrige Licht hatte sich beim Zoomen verzerrt und eine Diamantenform in leuchtendem Orange angenommen. Der untere Teil war dunkler als die Spitze. Die Aufnahme wurde im Fernsehen gezeigt. Ein Freund der drei Fischer, Brian Bruce, setzte sich einige Monate später mit mir in Verbindung. Brian hatte sich auch an die *Mail on Sunday* gewandt, und die Zeitung und ich führten unabhängig voneinander einige Recherchen durch. Ich war so beeindruckt von Brian und dem Video, daß ich eine umfassende Untersuchung in die Wege leitete.

Die unregelmäßige Flugbahn des Objekts schloß einen Planeten wie die Venus aus, denn das Objekt hatte sich entfernt (viele stationäre UFOs entpuppen sich nämlich als Planeten).

Ebenso ausgeschlossen war ein Zivilflugzeug, denn ein solches kann nicht auf die Art »schweben«, wie es das gesichtete Objekt tat. Ein Militärflugzeug war eine Möglichkeit, vor allem ein Harrier, der speziell für derartige Manöver gebaut ist. Aber die RAF-Basen bekräftigten, daß sich an dem fraglichen Tag kein Militärflugzeug über dem Rollesby Broad befunden hatte. Wetterballons sind oft mit einer reflektierenden, silbernen Schicht versehen, und kräftige Windböen (vergessen Sie nicht, es war starker Wind aufgekommen) können sie rasch von ihrem Kurs abbringen. In der Nähe von Rollesby gibt es eine Ballon-Startrampe, aber am 23. Oktober war kein Ballon hinaufgeschickt worden. Es war also kein Stern, kein Flugzeug und kein Ballon. Das sah vielversprechend aus. Die *Mail on Sunday* schickte das Video an die Laboratorien von Panasonic UK, und deren Sprecher, Simon Nash, bot eine Erklärung für den orangefarbenen Diamanten an. Ein ähnliches Objekt war über dem Schwarzen Meer gefilmt und drei Monate davor im russischen Fernsehen gezeigt worden, eine Aufnahme, auf der ebenfalls ein orangefarbener Diamant zu sehen war. Die Form entpuppte sich als Reflexion der Iris, welche automatisch die Lichtmenge reguliert, die die Linse erreicht. Als ich die Iris sah und sie mit dem Bild am Himmel verglich, war mir alles klar. Sie stimmten überein.

Der Fall von Rollesby ist ein faszinierendes Beispiel dafür, wie wir mit unserer eigenen Technologie die Versuche zunichte machen können, eine UFO-Sichtung zu überprüfen. Aber obwohl der orangefarbene Diamant identifiziert werden konnte, die Farbe des silbrigen Lichts blieb. Simon Nash sagt: »Das Bild zu Beginn des Bandes ist sehr ungewöhnlich und läßt sich mit normaler Kameratechnologie nicht erklären. Es könnte sich um eine Reflexion eines Flugzeugs handeln« – abgesehen davon natürlich, daß sich an diesem Tag kein Flugzeug über Rollerby befand – »oder um eine andere Lichtquelle.« Was immer die drei Fischer an diesem Tag am Himmel über Rollesby auch gesehen haben mögen, es läßt sich nicht auf rationale Weise erklären.

Fall 6: »Fürchte dich nicht, Zacharias ...«

In den frühen Morgenstunden des 29. Oktober 1993, nur sechs Tage nach dem Vorfall vom Rollesby Broad, ereignete sich in St. Austell in Cornwall etwas, das ich mir in keiner Weise erklären konnte. Der Zeuge war ein junger Seekadett des vierzig Meilen entfernt gelegenen, angesehenen Britannia Royal Naval College in Dartmouth. Der Kadett, in einem Interview mit dem UFO-Forscher Doug Cooper als »Charles« vorgestellt, der zu 100 Prozent normalsichtig und in sorgfältiger Beobachtung geschult war, machte jene Erfahrung, die Ufologen »nahe Begegnung der dritten Art« – in diesem Fall sogar der vierten Art – nennen. Er sah ein helles Objekt, das, stumm über einigen nahe gelegenen Häusern über einem Sportplatz hinter seinem Haus schwebend, unheimlich leuchtete. Von diesem Standort aus betrachtet war seine Form eindeutig scheibenförmig und machte einen soliden Eindruck. Es war mit einer Batterie verschiedenfarbiger Lichter ausgestattet und hatte drei Vorsprünge auf der Unterseite. Die Oberseite schien sich gegen den Uhrzeigersinn zu drehen. Der Zeuge, der sich an die Erscheinung des Engels vor Zacharias oder Maria und Josef im Neuen Testament erinnert fühlte, behauptete, eine telepathische Grußbotschaft erhalten zu haben, die ihm bedeutete, keine Angst zu haben. Die Lichter des Flugkörpers waren zu diesem Zeitpunkt erloschen, und er schwebte vor einer Gruppe von Torpfosten, die etwa 70 Meter von ihm entfernt waren. Ähnliche Berichte, in denen ein potentiell erschreckendes Erlebnis durch ein Gefühl der Ruhe und des Wohlbefindens gemildert wird, sind von Entführten aus der ganzen Welt bekannt. Ein großer Vogel, vermutlich eine Saat- oder Rabenkrähe, stürzte zu Boden, nachdem sie knapp an dem Objekt vorbeigeflogen war. An der Unterseite des Luftfahrzeugs glühte ein helles Licht auf, und dann zischte das Gefährt mit großer Geschwindigkeit senkrecht in den Himmel empor.

Charles beeilte sich, seine Familie zu wecken. Sie sahen den Vogel am Boden, konnten aber keine Spur des Flugobjekts mehr entdecken. Am nächsten Morgen war auch der Vogel verschwunden. Der Kadett fühlte sich verwirrt durch das, was er gesehen hatte – vielleicht war dafür das Gefühl der Desorientierung verantwortlich, das auch von anderen Entführten beschrieben worden ist. Er berichtete den Vorfall am nächsten Tag der Polizei in Launceston. Die Polizeistation setzte sich ihrerseits mit mir in Verbindung und verwies den Kadetten an den lokalen Ufologen Doug Cooper, der mich anrief, um den Fall mit mir zu besprechen. Der Kadett hatte auch seine Vorgesetzten im Marinecollege über den Vorfall in Kenntnis gesetzt. Angeblich wiesen sie ihn an, Stillschweigen darüber zu wahren. Doug Cooper war offensichtlich davon überzeugt, daß diese Anweisung für sich genommen eine Vertuschung darstellte – man hatte sie auch den miltärischen und zivilen Zeugen in Roswell gegeben –, aber meiner Meinung nach war der Rat gut gemeint und sollte verhindern, daß sich der Kadett vor seinen Kollegen lächerlich machte. Wie auch immer – kein Angehöriger des College sprach mit mir. Die Sichtung war eine klare Tatsache, und zumindest der große Vogel war von mehreren Leuten gesehen worden. Weder ich noch irgend jemand sonst fand dafür eine plausible Erklärung.

Fall 7: Craigluscar

Der Stausee von Craigluscar liegt unterhalb des Craigluscar Hill, der sich 227 Meter über den Meeresspiegel erhebt und zwischen Loch Leven und der Bucht des Firth of Forth liegt. Die Autobahn M90, die den Firth nach Dunfermline und Cowdenbeath überquert, ist nur acht Kilometer entfernt. Im Februar 1994 spazierte der 43jährige Ian Macpherson, ein pensionierter Beamter, am Ufer des Stausees entlang, seine Kamera in der Hand. Macpherson ist Künstler, und er fotografiert lokale Landschaften, um sie dann anhand der Aufnahmen zu malen. Plötzlich hörte er ein summendes Geräusch, vollkommen anders als alles, was er je gehört hatte. Er blickte auf und sah ein niedrig fliegendes Objekt, das über das dunkle Wasser hinweg langsam näher kam. Es war riesig, über 100 Meter im Durchmesser, scheibenförmig und von metallischer Farbe, mit Lichtern am Rand. Es senkte sich langsam herab, bis es zum völligen Stillstand kam und etwa dreißig Meter über dem Wasser schwebte.

Er beobachtete das Objekt fasziniert volle fünfzehn Minuten lang, bevor es sich langsam zu entfernen begann. Plötzlich beschleunigte es auf eine unglaubliche Geschwindigkeit, um ein vielfaches schneller als ein Jet, und innerhalb weniger Sekunden war es verschwunden.

Während dieser Sichtung fühlte sich Macpherson auf eigenartige Weise desorientiert. Er konnte es später nicht erklären, aber er war sicher, sich noch nie so gefühlt zu haben. Es war wie ein Gefühl der Lähmung, so daß er nicht nur seine Kamera nicht benutzen konnte, sondern ihm nicht einmal bewußt war, daß er überhaupt eine bei sich hatte, obwohl er sie die ganze Zeit über in der Hand hielt. Als sich das Objekt zu bewegen begann, verschwand das eigenartige Gefühl, das ihn ergriffen hatte, und es gelang ihm, zwei Aufnahmen des sich entfernenden Flugobjekts zu machen. Die erste davon, die ich gesehen habe, zeigt ein frisbeeförmiges Objekt am Himmel, und die zweite, nur einige Sekunden später aufgenommen, nur noch einen Punkt am Horizont.

Macpherson wandte sich an den *Scottish Daily Record*, der sich mit mir in Verbindung setzte. Der Zeuge verfolgte damit keinen Zweck: Weder von der Zeitung noch von irgendjemand anderem erhielt er Geld, und das ganze Erlebnis hatte ihn ziemlich beunruhigt. In der Zeit danach wachte er nächtens oft in einem Lehnstuhl auf, ohne sich zu erinnern, wie er dorthin gekommen war. Manche mögen hier an Entführung glauben. Ian Macpherson selbst dachte, er habe fünfzehn Minuten lang am Ufer des Stausees gestanden – aber stimmte das wirklich?

Ich führte die üblichen Tests durch. Keine Radarsignale. Keine Wetterballons. Kein Flugzeug in der Nähe. Die Fotos, die Ian gemacht hatte, wurden analysiert, und es konnten keinerlei Anzeichen für eine Fälschung gefunden werden. Entweder war Craigluscar ein höchst intelligenter und eher unmotivierter Betrug, oder …

Das offizielle Urteil des Ministeriums lautet jedenfalls: »Ungeklärt«.

Fall 8: Bonnybridge

Fünfzehn Meilen Luftlinie von Craigluscar entfernt, hinter Falkirk in Zentralschottland, liegt die Stadt Bonnybridge. Das Gebiet ist ein sogenanntes »Ufocal«, ein Ausdruck, der von Jenny Randles als »der Name eines Ortes, von dem überdurchschnittlich viele UFO-Sichtungen gemeldet werden« definiert wurde. Warminster in Wiltshire gilt allgemein als bekanntestes Ufocal Großbritanniens. Möglicherweise kann Bonnybridge

Anspruch auf den zweiten Platz erheben. Fest steht jedenfalls, daß die lokalen Bewohner zwischen 1992 und 1994 etwa 8000 Sichtungen meldeten. Die Tatsache, daß nur zwei oder drei dieser Berichte meinen Schreibtisch erreichten, ist ein klassischer Beweis für die Mängel des Nachrichtensystems. Die Details dieser Berichte waren unklar, und sie wiesen keine Angaben darüber auf, ob es sich bei dem gesichteten Objekt um den riesigen, dreieckigen Flugkörper handelte, von dem viele schworen, daß er die lokale Bevölkerung terrorisiere.

Der örtliche Berater Billy Buchanan veranstaltete ein Meeting, um die Sichtungen zu besprechen. Hunderte Menschen nahmen daran teil, und Fernsehteams erschienen aus so entfernten Erdteilen wie Amerika oder Japan. Die einzigen Medien, die dem Ereignis fernblieben, waren eigenartigerweise die britischen. Ich wollte nach Bonnybridge fahren, um mich selbst über die Situation zu informieren, aber ich erhielt keine Erlaubnis. Wichtige Funktionsträger der UFO-Lobby riefen mich an. Was war unsere Meinung über die Sichtungen? Was um alles in der Welt würde das Ministerium tun? Dummerweise konnte ich ihnen nichts anderes sagen, als daß ich schlicht und einfach nicht die Basisinformationen hatte. Die Leute mochten mit der ausländischen Presse gesprochen haben, aber nicht mit uns.

In dem Gebiet herrscht auch heute noch eine echte und durchaus verständliche Besorgnis. Es gingen eigenartige Dinge vor sich, aber die Regierung schien sich nicht darum zu kümmern, und nicht einmal die Medien interessierten sich dafür. Ich kann mich bei den Menschen von Bonnybridge nur entschuldigen. So wie sie habe ich keine Ahnung, was am Himmel über ihrer Stadt vor sich geht.

Wenn es je einen Grund gab, das Nachrichtensystem zu verbessern und zu straffen, dann war Bonnybridge mit Sicherheit einer.

Fall 9: Terror in den Quantocks

Die Quantock Hills, deren höchste Erhebung Wills Neck ist, liegen in Somerset zwischen dem Vale of Taunton Deane und der See. Im Jahr 1992 erhielt ich ein Schreiben von einer Frau, deren Ehemann dort vor vier Jahren spazierengegangen war, um die liebliche Landschaft zu fotografieren. Der Himmel war klar, und kein Lüftchen regte sich – einer jener Fälle, bei denen es bedauerlich gewesen wäre, wenn das Phänomen der »verlorenen Zeit« aufgetreten wäre. Doch die Frau erinnerte sich noch lebhaft, und dasselbe galt für ihren Mann. Er hörte ein tiefes, polterndes Geräusch vor sich in der Höhe, und er sah ein riesiges Flugobjekt, das sich auf ihn zubewegte. Es hatte die Form einer Untertasse, besaß jedoch an den Seiten fledermausartige Flügel. Es schwebte einige Minuten lang über dem Boden, so nahe, daß der Zeuge beobachten konnte, daß der Hauptrumpf zwei Decks mit einer Kuppel an der Oberseite hatte. Er konnte durch die Fenster auf einem der Decks sogar eine kleine Gestalt ausmachen, die eine Art Helm trug. Der Flugkörper flog direkt über ihm, nur etwa 15 Meter von ihm entfernt, über das Land. Instinktiv warf er sich zu Boden, und als der Schatten ihn passiert hatte, spürte er ein Brennen. Als er nach Hause kam, bemerkte er, daß seine Kleider versengt waren.

Im Laufe der nächsten beiden Jahre verschlechterte sich der Gesundheitszustand dieses Zeugen. Wie Antônio Villas-Boas, der erste bekannte Entführte (er behauptete, 1957 Sex mit einer Außerirdischen gehabt zu haben), hatte der Mann aus den Quantocks Schwierigkeiten beim Essen, und er wurde von Zeit zu Zeit von schrecklichen Übelkeitsanfällen heimgesucht. Er hatte auch starke Schmerzen im Kopf und im Rücken. Bedauerlicherweise erzählte der Mann seinem Arzt die Geschichte des schwarzen Flugobjekts, und dieser vermutete

augenblicklich psychosomatische Störungen und eine Geisteskrankheit.
Die Frau des Zeugen hatte schreckliche Angst, daß ihr Mann strahlenverseucht war und sterben würde, wenn ihm niemand zu Hilfe käme. Die Strahlenkrankheit ist ein äußerst unangenehmes Leiden. Ionisierende Strahlen wie Gammastrahlen, Röntgenstrahlen und ultraviolettes Licht können zu Übelkeit, Erbrechen, Haarausfall, Durchfall, Kopfschmerzen, Müdigkeit, verringertem Widerstand gegen Infektionskrankheiten und Hautverbrennungen führen. Das Problem für die Ärzte besteht darin, daß viele dieser Symptome auch andere Ursachen haben können. Nur ein Arzt mit Einfühlungsvermögen und Vorstellungskraft würde im Fall des Mannes aus den Quantocks die richtigen Zusammenhänge herstellen.
Aus dem Brief der Dame ging klar hervor, daß ihr Mann und sie keinerlei Publicity wünschten. Sie brauchten einfach Hilfe und die richtige ärztliche Behandlung. Sie waren verzweifelt. Der Mann hatte seinen Job verloren, und sie befürchtete, daß er auch sein Leben verlieren würde. Meine Vorgesetzten waren nicht erpicht darauf, die Sache von sich aus zu untersuchen, aber ich konnte diesen Hilferuf einfach nicht ignorieren. Wenn ich auch nicht direkt einschreiten konnte – die Gesundheit dieses Mannes hatte schließlich keine Bedeutung für die Verteidigung des Vereinigten Königreichs (obwohl ich persönlich dies bestreiten würde) –, kannte ich wenigstens die Kontaktpersonen, die das tun konnten. Ich teilte meine Befürchtungen BUFORA mit, die mit mir darin übereinstimmten, daß es das Wichtigste war, das Leben des Zeugen zu retten, und daß die Befürchtungen des Ehepaars durchaus nicht übertrieben waren. Einer der Spitzenforscher dieser Organisation, Ken Phillips, sprach mit dem Arzt des Zeugen, nachdem er Dr. Rima Laibow aus New York von der Organisation TREAT (Treatment and Research into Experien-

ced Anomalous Trauma) kontaktiert hatte. Medizinische Aufzeichnungen sind – vollkommen zu Recht – vertraulich. Das heißt, daß ich nur so viel sagen kann, daß er behandelt wurde und sich erholte.

Für das schwarze Flugobjekt über den Quantocks wurde nie eine Erklärung gefunden. Vielleicht ist es dem Mann, der es auf seinem Spaziergang dort gesehen hatte, lieber so.

5
Das Rätsel der Getreidekreise

Soweit wir wissen, wurde das Phänomen der Getreidekreise zum ersten Mal im August 1980 in Westbury, Wiltshire, beobachtet. Im Süden liegt Warminster, die Gegend mit den häufigsten UFO-Sichtungen in Großbritannien, und im Osten, hinter der ausgedehnten Ebene von Salisbury Plain, das militärische Übungsgebiet und eine der Gefahrenzonen des Verteidigungsministeriums, in der überall wehende rote Fahnen aufgestellt sind und die von den tiefen Furchen rollender Panzer durchzogen ist.

Die Kreise waren in einem Getreidefeld unterhalb des »Hill of the White Horse« aufgetreten, und niemand, am allerwenigsten die *Wiltshire Times*, die die Geschichte brachte, konnte sich erklären, wie sie dorthin gekommen waren. Auf jeden Fall sprach man von einem Schelmenstreich, wie im Fall der Fußabdrücke des Teufels, die man im Winter 1855 an senkrechten Wänden nach oben über die vom Schnee bedeckten Dächer Devons hatte führen sehen (und auch in diesem Fall konnte nie geklärt werden, wie sie entstanden waren). Manche Leute sahen hier einen engen Zusammenhang zu dem »Ding« von Warminster.

Im Jahr 1965 fotografierte Gordon Faulkner ein scheibenförmiges UFO über der Militärstadt, und die Gazetten veröffentlichten das Bild freudig. Vor allem dem Enthusiasmus des lokalen Ufologen Arthur Shuttlewood ist es zu verdanken, daß Warminster zehn Jahre lang das UFO-Zentrum der Welt war. Unter den jungen Himmelsbeobachtern, die ihre Zeit damit verbrachten, auf den Hügeln von Starr und Cradle mit dem Kosmos zu kommunizieren, entstand eine ganze Kultur, die vom sogenannten New Age kündete. Das Ganze geriet ein wenig außer Kontrolle; überall wurde Schabernack getrieben und jede Menge Unsinn verbreitet. Es waren die Tage, in denen die Ufologie noch in den Kinderschuhen steckte, und es wurden Fehler in der Methodik begangen. Für einige, die die Existenz des »Dings« von Warminster mit seinen Lichtern, Geräuschen und möglichen Entführungen leugneten, war die Aufdeckung der Streiche bereits das Ende der Kontroverse. Aber wie bei der Aufdeckung des Betrugs der Fox-Schwestern in Hydesville, New York, im Jahr 1948 waren diese Vorfälle nicht das Ende, sondern der Beginn des Spiritismus. Die Ereignisse von Warminster kündeten von einem neuen Zeitalter. Und vielleicht waren die Getreidekreise ein Teil davon.

Lokale Ufologen aus Wiltshire konsultierten den Atmosphärenphysiker Dr. Terence Meaden, der zu dem Schluß gelangte, daß die eigenartigen Kreise niedergedrückten Getreides mit ihrem charakteristischen Wirbelmuster von sommerlichen Wirbelstürmen verursacht worden seien. Das Problem an dieser Theorie ist, daß der Wirbelwind in diesem Fall unglaublich lokalisiert und stationär gewesen sein müßte, und tatsächlich gab Meaden zu, noch niemals etwas Derartiges gesehen zu haben.

Die Kreise waren aber in Wirklichkeit nicht zum ersten Mal aufgetreten. Das vielleicht früheste bekannte Beispiel ist der »mähende Teufel« von Hertfordshire vom August 1678, aber die Beschreibung dieses Kreises ist vage und hat möglicherweise mehr mit der alten Religion zu tun, mit dem Getreidegeist und dem Glauben an Feen und deren Ringe als mit dem physischen und fotografisch festgehaltenen Phänomen unserer Zeit. Im Jahr 1966 meldete ein Farmarbeiter aus Tully im australischen Queensland eine der außergewöhnlichsten UFO-Sichtungen überhaupt. Er sah ein Flugobjekt vom Boden aufsteigen – allerdings wird nicht erwähnt, ob er es auch landen sah. Als er die Sache näher untersuchte, stellte er fest, daß das Schilfgras in dem Sumpfgebiet, aus dem der Flugkörper aufgestiegen war, kreisförmig niedergedrückt war. Auch andere Kreise wurden gefunden, und die Ufologen waren sich langsam darin einig, daß es sich hierbei um »Untertassennester« oder »UFO-Landenester« handeln müsse. Ralph Noyes ist kein Anhänger dieser Theorie. In der Einführung zu *The Crop Circle Enigma* weist er auf andere UFO-Landespuren hin, bei denen verbrannte Erde und Felseindrücke festgestellt wurden, die 30 Zentimeter oder noch tiefer waren. Für ihn stand fest, daß es sich bei den außergewöhnlichen, komplexen und schönen Mustern, die in den achtziger Jahren dominierten – Einzel-, Doppel-, Dreifach- und Vierfachmuster, dreifache Ringe, keltische Muster, umwickelte Kreise und Hakenkreuze –, um etwas vollkommen anderes handeln mußte. Die Formen wurden immer vielfältiger. Es schien, als ob die Natur sich selbst übertrumpfen wollte, um die Scharen von Beobachtern zu beeindrucken, die in Wiltshire und Hampshire campierten und doch niemals die Entstehung eines der Kreise beobachteten. Selbst als in allen Himmelsrichtungen immer weitere Kreise erschienen, Einzelmuster geteilt wurden und Ringe Sporne bekamen, blieb Terence Meaden mit der ganzen Sturheit der orthodoxen Wissenschaft eigensinnig bei seiner Wirbelwindtheorie.

Im Jahr 1983 hatten die ungewöhnlich komplexen und unterschiedlichen Muster zu der allgemeinen Annahme geführt, daß es sich um besonders ausgefuchste Tricks handle. Das war das Jahr, in dem eine britische Zeitung angeblich selbst einen Kreis fabrizierte, um eine Konkurrenzgazette hinters Licht zu führen. Offensichtlich wurde jemand dafür bezahlt, das Fünffachmuster von Bratton, Wiltshire, zu fälschen, doch der Schuß ging ins Leere.

Vielleicht litt die Presse unter dem Sommerloch, und so tauchte eine Fülle exotischer Theorien auf. Colin Andrews und Pat Delgado erschienen auf der Szene. Ihr berühmter Satz, der eine umfassende Erklärung für die Getreidekreise anbot, wird bei jedem Treffen von Cerealogen (die Experten auf diesem Gebiet) zitiert. Sie sind davon überzeugt, daß es sich mit dem Phänomen, wodurch es auch immer verursacht wird, folgendermaßen verhält:

> Eine leise, kurz andauernde, starke, gegen den Uhrzeigersinn gerichtete, ohne Schaden einebnende, wirbelnde, spiralen-, adern- und schwadenbildende, baumstammbiegende, horizontale Ausdehnung hervorrufende, nicht wachstumshemmende, gerade Wege bildende, pflanzenausreißende, in völliger Dunkelheit wirkende, lückensuchende, überstülpende, kreisbildende, witterungsunabhängige, von äußeren Anzeichen freie, topographisch unabhängige, weltweit wirkende Kraft.

Viele dieser Attribute sind inzwischen in Frage gestellt oder überhaupt für falsch befunden worden, doch zur damaligen Zeit waren sie ein mutiger Vorstoß zur Beschreibung des Unbeschreiblichen. Die Grundlage von Andrews' und Delgados Theorie – daß die Kreise von einer noch unbekannten Erdenergie erzeugt worden seien – wurde später, nachdem die beiden eine Gruppe namens Circle Phenomenon Research gegründet hatten, noch weiter vertieft. Ihr Buch *Circular Evidence* wurde zu einem internationalen Bestseller. In dem Buch verfochten sie die Hypothese, daß die Erdenergien von einer unbekannten Intelligenz manipuliert werden könnten. Außerirdische Kräfte waren eine mögliche Erklärung.
Aber Terence Meaden gab nicht auf. Er hat seit Mitte der neunziger Jahre über 200 Kreise mit Durchmessern von weniger als 3 Metern bis zu 30 Metern gesehen. Das Getreide war

jedesmal von einer massiven Kraft von mindestens 40 kg niedergedrückt worden. Meadens Problem bestand darin, die Komplexität der Muster zu erklären. Kein Wirbelwind, wie ungewöhnlich er auch sein mochte, hätte je das außergewöhnliche Piktogramm von East Kennet in der Nähe des alten Grabhügels von Silbury Hill schaffen können. So entstand die Theorie des Plasmawirbelwindes. Ein normaler Wirbelwind, wie er an den heißen, windstillen Sommertagen in Wiltshire nichts Außergewöhnliches ist, könnte in manchen Fällen ionisiert werden, was zur Bildung eines Plasmas – eines nahezu festen Bereichs elektrisierter Luft – führen würde. Das Plasma und das daraus resultierende elektromagnetische Feld könnte alle möglichen Muster in den Getreidefeldern verursachen. Die Wissenschaftler wissen nur wenig über dieses Phänomen, wie Pat Delgado feststellte, als er mit einem Reporter der *Winchester Gazette* sprach. »Wir sind so verärgert darüber, daß Dr. Meaden so starrköpfig auf der Version besteht, die Ringe würden von Wirbelwinden verursacht, daß wir nichts mit ihm zu tun haben wollen«, erklärte der Journalist. »Wir riefen die Met. 9 an, den Informationsdienst des Meteorlogical Office, und dort wälzten sie sich am Boden vor Lachen, als sie seine Theorie hörten.«

Wissenschaftler, die nicht damit beschäftigt sind, sich am Boden zu wälzen, glauben, daß Plasmen in einer bestimmten Verbindung mit Kugelblitzen stehen könnten. Professor Yoshi-Hiko Ohtsuki aus Japan hat die eigenartigen, spiralförmigen Staubmuster untersucht, die in der Untergrundbahn von Tokio auftauchten. In seinem Laboratorium erzeugte er Plasmabälle in einem Mikrowellenofen. Als sie mit dem Pulver in Kontakt kamen, das er über den Boden verstreut hatte, verursachten sie einen Wirbel-Kreis-Effekt. Ein Team japanischer Wissenschaftler fuhr nach Wiltshire, um die Getreidekreise zu untersuchen, und dadurch erhielt das Phänomen sofort einen

akademischen, wissenschaftlichen Status, den die Ufologie bisher nie erreichte.
Im Zusammenhang mit den Getreidekreisen gab es Berichte über Lichter am nächtlichen Himmel. Im Jahr 1985 wurden fünf Lichter gesehen, die der Fünffachformation entsprachen, die am nächsten Tag im Getreidefeld erscheinen sollte. Die meisten von ihnen waren gelb und pulsierend. Eines ähnelte einem riesigen Rad, wie man es in Vergnügungsparks findet. Meaden war davon keineswegs irritiert. Wenn er mit dem Plasma recht gehabt hatte und wenn das Plasma etwas mit dem Kugelblitzphänomen zu tun hatte, konnte das daraus resultierende Glühen in der Dunkelheit sehr leicht mit den Landelichtern eines Luftfahrzeugs verwechselt werden.
Ein Rätsel, das nie richtig aufgeklärt wurde, war die Frage, warum vor 1980 niemals Getreidekreise beobachtet wurden und warum sie in diesem Jahrzehnt plötzlich so gehäuft auftraten. Wenn Meadens Theorien stimmen, wären sie schon seit Jahrhunderten ein universelles, regelmäßiges Merkmal des Landlebens gewesen, wie Regenbogen oder Irrlichter. Und was war mit Wiltshire? Ralph Noyes schrieb 1990, er sei skeptisch, ob es sich wirklich um ein weltweites Phänomen handelte. Es waren, wie er sagte, noch keine Beweise veröffentlicht worden. Aber die Episode von Tully in Queensland im Jahr 1966 und das Auftreten von Einzelformationen im Jahr 1989 - wieder in Australien - ließen keinen Zweifel an der Sache. In den achtziger Jahren kursierte das Gegenargument, daß Wiltshire schlicht das Gebiet war, auf das man sich konzentrierte; aus welchem Grund auch immer war die Presse selektiv in ihrer Berichterstattung. Tatsächlich traten die Kreise in ganz Großbritannien auf (ich habe eine kleine Einzelformation unterhalb von Carisbrooke Castle auf der Isle of Wight gesehen), und was ihr plötzliches, gehäuftes Auftreten im Jahr 1980 betrifft, so haben sich inzwischen viele ältere Menschen ge-

meldet, die sagen, sie könnten sich an solche Kreise aus ihrer Jugendzeit erinnern, doch damals bestand kein Interesse an ihnen, und es gab keine Einrichtungen, an die man sie hätte melden können. Heute sind historische Forschungen in Gang, um andere Beispiele wie den »Mähenden Teufel« zu finden. Solange diese Suche nicht abgeschlossen ist, bleibt ein Fragezeichen hinter dem Auftreten von Getreidekreisen in der Vergangenheit.

Das Verteidigungsministerium wurde erstmals im Jahr 1985 in die Diskussion über die Getreidekreise einbezogen. Ein Farmer hatte auf seinen Feldern eine spektakuläre Fünferformation gefunden und rief die nächste Fliegerkorpsbasis in Middle Wallop in Hampshire an, um zu fragen, was sie dort vorhatten. Nun, sie hatten überhaupt nichts vor. Oberstleutnant Edgecombe, der die Angelegenheit untersuchte, stand vor einem Rätsel, und er besuchte ein Treffen von Getreidekreisforschern, um dort seine Ansichten zu vertreten. Jemand hatte gemeint, Getreidekreise würden vielleicht vom Fallwind der Rotorblätter eines Militärhubschraubers verursacht. Oberstleutnant Edgecombe konnte erklären, daß ein Fallwind keine solchen Effekte verursachen konnte. Er informierte die Teilnehmer des Meetings auch darüber, daß er die Formation von einem Hubschrauber aus fotografiert und seine Fotos nebst einem Bericht dem Secretariat (Air Staff) übermittelt habe.
Die Möglichkeit eines Zusammenhangs zwischen Getreidekreisen und UFOs ist nie ganz von der Bildfläche verschwunden, trotz aller Wirbel-, Erdenergie- und Schabernacktheorien der verschiedenen Cerealogen. Indirekt überschattete dieser mögliche Zusammenhang nun auch die Beteiligung des Militärs. Die Verschwörungstheoretiker hatten Hochkonjunktur. Hier war ein leitender Offizier der britischen Armee, mindestens ebensosehr eine Persönlichkeit der Gesellschaft, wie sie

es waren, der sich lebhaft für ein Phänomen interessierte, das (wie die UFOs selbst) Gegenstand scherzhafter Medienberichte gewesen war und mit Verrückten in Anoraks assoziiert wurde. Wilde Gerüchte begannen zu kursieren: Weltallgestützte Laserwaffen würden getestet - warum allerdings in den Getreidefeldern der Bauern, wo mit Sicherheit davon auszugehen war, daß die Ergebnisse öffentlich bekanntwerden würden, und nicht auf dem Privatgrund des Ministeriums, blieb dahingestellt. Die Zentren der Kreise wurden untersucht, und man stellte fest, daß sie hoch radioaktiv waren. Premierministerin Margaret Thatcher hatte einen umfassenden Bericht über die Kreise verlangt, und es wurden Minister beobachtet, die mit ernster und nervöser Miene nach Downing Street Nr. 10 eilten und für die wie üblich davor herumlungernden Paparazzi kaum ein Kopfnicken übrig hatten.
Es stimmte, daß Forscher Boden- und Getreideanalysen in den Formationen durchgeführt hatten, aber die Ergebnisse waren widersprüchlich und unlogisch. Die Theorie von der Laserwaffe war Unsinn, und das Meeting der höheren Führungsebene in Downing Street Nr. 10 fand nie statt. Doch die Spekulationen gingen weiter. Wiltshire ist voller Militärbasen, und Luftaktivitäten über der Grafschaft sind an der Tagesordnung. Die Menschen merkten, daß die Militärs den Kreisen besondere Aufmerksamkeit widmeten. Nicht nur die Helikopter des Fliegerkorps der Armee, sondern auch riesige Hercules-Transportflugzeuge vom RAF Lyneham brummten über ihren Köpfen. Etwas ging da vor sich. Die meisten dieser Geschichten kamen wahrscheinlich vom verrückten Flügel der UFO-Lobby, dessen Mitglieder besessen sind von angeblichen verdeckten Aktionen und Männern in Schwarz. Die Armee hatte keinen Befehl, die Kreise anzufliegen, aber Militärpiloten sind auch Menschen und dementsprechend neugierig. Sie hatten eine seltene Möglichkeit, die wir Erdlinge nicht haben: die Chance, direkt die

zu den schönsten und faszinierendsten Rätseln unserer Zeit zählenden Phänomene zu überfliegen. Ich bin mir sicher, daß es in den privaten Fotoalben der Angehörigen der Luftwaffe oder an den Wänden mancher Aufenthaltsräume einige spektakuläre Aufnahmen geben muß. Ich bin auch davon überzeugt, daß die Formationen für die Navigatoren in den monotonen Ebenen Wiltshires nützliche Orientierungspunkte waren.

Schließlich wurde der Bericht von Colonel Edgecombe gemeinsam mit anderer öffentlicher Korrespondenz zu den Akten gelegt, und das Ministerium nahm keine formelle Haltung zu den Vorfällen ein. Im Jahr 1985 war das Phänomen erst fünf Jahre alt (oder zumindest erweckte es diesen Anschein), und es gab absolut keinen Grund, warum das Ministerium vor der Intervention Colonel Edgecombes überhaupt in den Fall involviert hätte werden sollen. Aber nun waren wir involviert. Wenn die Getreidefelder durch etwas niedergedrückt wurden, das immer stärker den Anschein der Unnatürlichkeit erweckte, dann war doch sicher irgendeine unbekannte physische Kraft im Spiel. Diese Kraft konnte, stark, wie sie war, signifikante Auswirkungen auf das Verteidigungswesen haben. Meine Chefs waren natürlich nicht dieser Meinung. Ich mußte abwarten und Tee trinken.

Es traten immer neue Kreise auf, und jeden Sommer füllten die Medien inmitten der von den Parlamentsferien verursachten Nachrichtendürre ihre Blätter und Berichte mit den faszinierenden Formationen. Terence Meaden hatte »Satelliten« vorhergesagt, das heißt, kleinere Kreise, die einen größeren umgeben, aber es war doch wohl nicht möglich, daß Plasmawirbel keltische Kreuze in Getreidefelder zeichneten? Im Sommer 1990 erschien das spektakulärste aller Piktogramme in einem Feld in der Nähe des kleinen Wiltshire-Dorfes Alton Barnes, das so klein ist, daß es auf der durchschnittlichen Landkarte

nicht eingezeichnet ist. Nun wurde dieses kleine Dorf zum Mekka der Getreidekreisforscher und bewies endlich – soweit Andrews und Delgado betroffen waren –, daß nur unbekannte und intelligente Kräfte solche Formationen verursachen konnten. Sie strömten den ganzen Sommer über aus allen Teilen der Welt herbei: Ufologen, Cerealogen und New Age-Touristen, und sie wichen nie weit von den Ley-Lines ab, die den Südwesten zwischen Glastonbury und Stonehenge durchqueren. Wo die sechziger Jahre »Himmelsbeobachter« in Gestalt begeisterter Ufologen mit sich gebracht hatten, brachten die neunziger Jahre »Getreidebeobachter«, Scharen von hoffnungsvollen, entschlossenen Menschen, die im Vale of Pewsey oder am Rand der Salisbury Plain campierten, in der Hoffnung, die Bildung eines Kreises beobachten zu können.
Eine möglicherweise bedrohliche Entwicklung bestand darin, daß die Farmer den Zug hatten abfahren sehen und sich nun beeilten, auf ihn aufzuspringen. Sie verlangten im allgemeinen ein Pfund als Eintrittsgebühr zu den Kreisen, und einer der Farmer verdiente an einem Wochenende angeblich 5000 Pfund, womit er den Ernteausfall, den er durch den Kreis erlitten hatte, um ein Vielfaches wettmachen konnte. Augenbrauen hoben sich, und Mißtrauen machte sich breit. Vielleicht standen die Zeichen schon an der Wand.
Im Sommer 1990 kam die Operation Blackbird. In diesem Jahr erschienen an die tausend Kreise, und zu der bereits überwältigenden Vielfalt an Formen kamen nun noch »Rollen« und »Hanteln« hinzu. Für jene, die zu der Überzeugung gelangt waren, daß die Erde selbst es war, die der Menschheit geheimnisvolle, kryptische Informationen vermittelte, vielleicht im Zusammenhang mit ökologischen Anliegen, schien sich die Dringlichkeit zu verstärken. Andrews und Delgado organisierten die bisher größte Getreidebeobachtung. Sie wurde zu einem enormen Medienspektakel. Trotz der vielen technisch hoch-

wertigen Kameras, darunter auch Infrarotkameras, bildete sich in der Nacht des 25. Juli vor den Augen der Getreidebeobachter ein Kreis. Im Zentrum des Kreises waren jedoch sechs okkultistische Brettspiele, die vielleicht Anhänger des New Age oder Okkultisten ansprechen sollten. Es handelte sich zweifellos um einen Schabernack, und Andrews und Delgado waren an der Nase herumgeführt worden. Die Frage war nur: von wem?
Manche zeigten weiterhin mit dem Finger auf die Armee, die über die Leute und wohl auch über die Technologie verfügte, um im Schutz der Dunkelheit schnell Kreise zu erzeugen. Cerealogen und Ufologen schoben einander die Schuld zu, und inmitten dieses Chaos schüttelten zynische Reporter ihre Köpfe und lachten, während sie herumspazierten und ihre Fotos machten, und die Sonntagszeitungen kamen zu dem Schluß, daß alle Kreise Fälschungen seien. Ein Mann namens Fred Day sagte, er habe solche Kreise schon gemacht, als er elf Jahre alt gewesen sei. 1990 war er neunundfünfzig. Die *Mail on Sunday* brachte eine Doppelseite darüber, wie man seinen eigenen Getreidekreis macht. Wie der Kreisexperte George Wingfield erklärte: »Diese simple Argumentation bewies nichts als die Idiotie bestimmter Journalisten.«
Andrews und Delgado blieben unbeirrt. Sie hatten den Schabernack schnell erkannt, und zwar nicht aufgrund des »plazierten« Beweises der Brettspiele, sondern weil die Formation sehr grob war. Terence Meaden und viele andere Cerealogen können im allgemeinen ebenfalls den Unterschied zwischen einem gefälschten Kreis und einem echten erkennen.
Im darauffolgenden Jahr erschien ein atemberaubender Kreis in der Nähe von Barbury Castle, und die neue Komplexität der Formen brachte Namen wie »Gehirn«, »Schnecke« und »Delphin« hervor. Die erstaunlichste Formation von allen war vermutlich das »Mandelbrot-Set«, ein Muster, das ursprünglich auf einem Computer erstellt worden war und in der »Chaos-

mathematik« verwendet wurde. Es war nach Benoit Mandelbrot benannt, einem aus Polen stammendem amerikanischen Wissenschaftler, der zur Beschreibung der »selbstähnlichen« Formen – eines Motivs, das sich unendlich oft wiederholt und dabei jedesmal kleiner wird, den Begriff »Fraktale Geometrie« prägte. Auf Computern werden Fraktale vor allem dazu verwendet, geographische oder biologische Prozesse wie Küstenerosion oder die Entwicklung von Pflanzen darzustellen. Die Theorie der Chaosmathematik oder Chaosforschung befaßt sich mit chaotischen Systemen, zum Beispiel einer Ölplattform, die von der sich ständig verändernden und unvorhersagbaren (und damit chaotischen) Aktivität der Wellen geschüttelt wird. Colin Andrews zeigte amerikanischen Hopi-Indianern Bilder der Kreise von Wiltshire. Sie sagten nur: »Mutter weint.« Das stärkte die Meinung der Umweltschützer, daß die Erde bedroht sei. Der Archäologe Michael Green war im vorhergehenden Jahr zu einem ähnlichen Schluß gekommen, als sich in einem Getreidefeld in Cheesefoot Head in Hampshire ein Symbol bildete, das die Große Erdmutter Gaia darzustellen schien.
Am 7. und 8. September wurde passenderweise in Glastonbury als einem der wichtigsten Ley-Line- und Mystikzentren der Erde, das mit König Arthur und der Erdkraft der Druiden assoziiert wird, eine Konferenz zu dem Thema abgehalten, von den Medien spöttisch als »Kornferenz« bezeichnet. Die meisten bekannten Persönlichkeiten der Getreidekreisforschung nahmen an dieser Konferenz teil, aber als sie sich ihrem Ende zuneigte, kursierten Gerüchte über eine bevorstehende Katastrophe.
Am 9. September brachte *Today* eine Titelgeschichte, welche die Schabernacktheorie plausibler erscheinen ließ. Zwei etwa sechzigjährige Männer aus Southampton, Doug Bower und Dave Chorley, behaupteten, die meisten der Kreise gefälscht zu haben. Sie hatten damit, wie sie sagten, bereits 1978

begonnen und waren ganz enttäuscht, daß es zwei Jahre lang dauerte, bis sie von den Leuten registriert wurden. Ihre Methoden waren einfach, aber wirkungsvoll. An ihren Kappen hatten sie Visiere befestigt, um die Symmetrie der Kreise und gerade Linien sicherzustellen, sie waren mit Planken ausgerüstet, um das Getreide niederzudrücken, und mit Seilen, die sie an einem zentralen Pfosten befestigten, um den Radius des Kreises zu zeichnen.

Doug hielt sich gerade in Australien auf, als der Vorfall in Tully, Queensland, in den dortigen Zeitungen publiziert wurde, und die australischen Farmer begannen, »UFO-Nester« zu bauen, um ihren Nachbarn einen Streich zu spielen. *Today* wollte wissen, was sie dazu motivierte. Es war natürlich lustig, über die sogenannten Experten zu lachen, die sie hinters Licht geführt hatten, sagten Doug und Dave, mit ihrem Gerede über Plasmawirbel, Helikopter-Fallwinde, keltische Symbolik und die weinende große Erdmutter. Außerdem sei es auch ganz nett gewesen, eine oder zwei Stunden lang in einem sommerlichen Getreidefeld unter dem nächtlichen Augusthimmel zuzubringen, wenn sich die Getreideähren silbern gegen den dunklen Horizont abhoben.

Today rief Pat Delgado herbei, um die Echtheit eines der Kreise zu bestätigen. In einem Zitat, das ihn später noch verfolgen sollte, sagte er, daß kein Mensch dies gemacht haben konnte. Wenn er recht hatte, dann galt dies jedenfalls nicht für Doug und Dave, die zum Beweis einen Kreis für die Zeitung anfertigten. Die Verschwörungstheoretiker sprangen aus ihren Löchern. Das Ganze war ein Schwindel: Doug und Dave arbeiteten offensichtlich für den Geheimdienst als eine Art Agents provocateurs der letzten Tage. Sie waren immer noch davon überzeugt, daß die Armee etwas im Schilde führte. Doch die Bombe war geplatzt, und die Gläubigen begannen sich abzuwenden.

Auch Terence Meaden entkam nicht. Immer noch überzeugt von seiner Plasmawirbeltheorie, nahm er freudig eine Einladung an, sich an der Serie *Equinox* von Channel 4 zu beteiligen. In der Dokumentarsendung, die im Oktober 1991 ausgestrahlt wurde, behauptete er, daß ein Kreis echt sei, der in Wirklichkeit von einer Gruppe namens Wessex Sceptics gefälscht worden war. Meaden, der so überzeugt gewesen war von seiner Fähigkeit, echte Kreise von falschen unterscheiden zu können, war vernichtet.

Die Liebesbeziehung zwischen den Medien, der Öffentlichkeit und den Getreidekreisen endete in diesem Oktober. Und trotzdem bleiben viele Fragen offen. Ein paar Spitzenleute der Getreidekreisforschung waren auf spektakuläre Weise hinters Licht geführt worden, aber bedeutete das, daß das Phänomen als Ganzes widerlegt war? Was ist mit dem mähenden Teufel des Jahres 1678? Konnten Doug, Dave und die Wessex Sceptics tatsächlich für die Tausende aufgetretenen Formationen verantwortlich sein? Was ist mit den mysteriösen Lichtern und den trillernden Geräuschen, die einige Zeugen in den Feldern, auf denen sich bis zum Morgen Kreise gebildet hatten, beobachtet und gehört hatten? Was ist mit den Staubkreisen der Untergrundbahn von Tokio?

Ich schrieb vor kurzem einen Artikel, in dem ich meine eigenen Ansichten zu diesem Thema darlegte. Meine eigenen Ansichten deshalb, weil ich im Jahr 1991, bevor die Bombe platzte, eine Flut von Briefen auf den Schreibtisch bekam, deren Schreiber fragten, welchen Standpunkt die Regierung in bezug auf die Kreise einnähme. Die Antwort auf eine Frage, die zwei Jahre davor im Parlament vorgelegt worden war, gab meine eigene Antwort genau vor: »Das Verteidigungsministerium führt keinerlei Untersuchungen über die Ursprünge der niedergedrückten, kreisförmigen Bereiche in Getreidefeldern durch.« Bis auf den heutigen Tag gibt es keine feststehende Regierungspolitik für die Getreidekreise, obwohl sie in den Sommermonaten der Jahre 1992, 1993, 1994 und 1995 so gehäuft aufgetreten sind. Die grundlegenden Theorien meiner Arbeit lassen sich wie folgt zusammenfassen:

Theorie 1: Die Schwindler

Ich bezweifle in keiner Weise, daß viele der Kreise und auch der komplexeren Formationen gefälscht sind. Vom Piltdown Man bis hin zu Hitlers Tagebüchern liegt es anscheinend in der Natur mancher Menschen, andere hinters Licht zu führen, und in der Natur wieder anderer, sich hinters Licht führen zu lassen. Manche von uns wollen einfach glauben, so wie wir an den Yeti oder an das Ungeheuer von Loch Ness glauben möchten.

In meinem eigenen Bereich der UFO-Forschung ist das Risiko, gefälschtes Material vorgelegt zu bekommen, hoch, und das Spektrum reicht von den Geschichten phantasievoller Einzelpersonen bis hin zu manipulierten Fotos. Aber die Experten haben im allgemeinen recht, trotz der Bloßstellung von Delgado und Meaden. Die Ränder eines gefälschten Kreises sind unregelmäßig, während die der »richtigen« klar umrissen sind. Bei Fälschungen sind die Getreidehalme im allgemeinen geknickt, während sie bei einem »echten« Kreis nur flach zu Boden gedrückt sind. Ein Teil der »echten« Kreise reagiert auf Wünschelruten, gefälschte tun das nicht. Am wichtigsten aber ist, daß manche Getreidekörner der »echten« Kreise angeblich eindeutige zelluläre Veränderungen aufweisen, während dies für Körner aus gefälschten Kreisen nicht gilt. Wir sollten Doug und Dave vielleicht sogar dankbar sein, weil sie die Spinner und die Medien verscheucht haben. Wenn alle Kreise gefälscht wären, warum tauchen dann noch immer welche auf, vier

Jahre nach Aufdeckung des Schwindels? Welchen Sinn hätte das?

Bedenken Sie auch, wie schwierig es ist, einen solchen Kreis zu fälschen. Wie Ralph Noyes sagt: »Welcher Horde geschickter Techniker ist es da elf Jahre lang gelungen, überall in Wessex und in letzter Zeit auch in anderen Teilen des Landes, gar nicht zu reden von der weiteren Welt, herumzuhuschen, ohne je entdeckt zu werden, sogar an öffentlichsten Orten?« Die Schwindler müssen bei Nacht zu Werke gehen, ohne Lichter, und sie haben es im allgemeinen eilig. Zeiten des Vollmonds müssen sie vermeiden. Sie können es sich nicht leisten, Wachhunde oder sogar schlafendes Vieh zu wecken. Sie müssen mit Adleraugen nach flintenbewaffneten Farmern Ausschau halten, die darauf aus sind, unbefugte Eindringlinge zu vertreiben. Sie müssen die Infrarotlinsen gewiefter Feldbewacher hintergehen. Und obwohl sie mit all diesen Widrigkeiten zu kämpfen haben, haben sie die Ergebnisse der Wettbewerbe zur Herstellung von Getreidekreisen, die bei vollem Tageslicht und mit aller Zeit der Welt durchgeführt wurden, bei weitem übertroffen.

Theorie 2: Meteorologie

Die Plasmawirbeltheorie von Terence Meaden entstand, als der stationäre Wirbelwind ohne Staub eindeutig nicht mehr ins Schema paßte. Trotz der Experimente der japanischen Wissenschaftler und der Besonderheiten der Winde von Wiltshire wußte ich schon beim ersten Mal, als ich ein Piktogramm sah, daß die Antwort nicht in der Meteorologie zu suchen war. Die orthodoxe Wissenschaft lehnt die Existenz von UFOs mit der Begründung ab, daß sie nicht real sein können, weil die Menschheit einer solch erstaunlichen Technologie nicht fähig ist. Bei den Kreisen wird gleich argumentiert: Sie können kein übernatürliches Phänomen sein, weil die orthodoxe Wissenschaft das Übernatürliche nicht anerkennt. Aus diesem Grund müssen sie natürlich sein. Ich bin mir da nicht so sicher.

Theorie 3: Erdenergie

Das Magnetfeld der Erde, so wird gemutmaßt, enthält eine Energie, die in vorgezeichneten – normalerweise geraden – Bahnen fließt. Diese Ley-Lines, wie sie genannt werden, können von den Sensibleren oder spirituell Wacheren unter uns erkannt werden. Die frühen Hominiden, mehr Tier als Mensch, waren in ihrer Suche nach Nahrung und ihrem Streben nach Überleben der Erde, der großen Mutter, wahrscheinlich näher, als wir es heute sind. Eine große Zahl der Getreidekreise wurde neben alten Grabhügeln und in der Nähe heiliger Stätten unserer Vorfahren gefunden. In Stonehenge laufen nicht weniger als zwölf Ley-Lines zusammen, und einige der ungewöhnlichsten Kreise des Jahres 1988 wurden in unmittelbarer Nähe zu Silbury Hill gefunden, dem größten künstlichen Hügel Europas. Ist es ein Zufall, daß die Form der meisten Getreideformationen identisch ist mit jener der stehenden Steine von Stonehenge, Avebury und an anderen Orten? Sie sind ein Spiegelbild der Form der Sonne, der Lebensspenderin.

Wilhelm Reich und Trevor James Constable haben gemeinsam die Orgontheorie ausgearbeitet. Orgon ist angeblich eine Form organischer Strahlung, die von allen Lebensformen ausgeht. Manche sagen, daß sie sich am Boden sammeln kann, in der Nähe von Quellen natürlicher Erdenergie; andere sind davon überzeugt, daß sie sich in der Luft aufbaut und zu einer Lebensform in der Art einer riesigen Amöbe werden kann. Der Theorie zufolge ist es diese Orgonenergie, die beim Kontakt mit dem Getreide, entweder von oben oder von unten kommend, die Kreise erzeugt.

Theorie 4: Die lebende Erde

Wenn, wie manche behaupten, die Erde selbst lebt, Steine beseelt sind und Bäume stumme Schreie ausstoßen, wenn sie gefällt werden, dann, so lautet diese Theorie, könnten die Kreise eine Art von Boten sein, die die Menschheit aus ihrer hedonistischen, destruktiven Selbstzufriedenheit wachrütteln sollen. Es ist natürlich richtig, daß das Auftreten von Kreisen in steigender Zahl und Komplexität ab 1980 mit der Zeit zusammenfiel, in der die Wissenschaftler vor noch nie dagewesenen ökologischen Katastrophen zu warnen begannen, und die Botschaft schien zum ersten Mal zum normalen Volk durchzudringen. Das würde der Hopi-Bemerkung entsprechen, daß »Mutter weint« – daß sie vielleicht den Verlust der Regenwälder, das Schrumpfen der Ozonschicht und andere Schäden beweint, die ihre destruktiven Kinder anrichten.

Theorie 5: Außerirdische

Es gibt heute kaum noch Ufologen, nicht einmal mehr die Hartnäckigsten, die immer noch der Queensland-Theorie anhängen, daß es sich bei den Kreisen um UFO-Nester handelt. Die Untertassen würden tatsächlich eigenartig aussehen, wenn die Piktogramme ihre Abdrücke im Getreide wären. Trotzdem könnten die Muster außerirdischen Ursprungs sein, erzeugt vielleicht durch einen Energiestrahl oder eine ferngesteuerte Sonde. Noch einmal: Die Existenz außerirdischer Wesen anzunehmen und ihre Fähigkeit, uns zu erreichen, die Schaffung schöner und geheimnisvoller Muster, das Niederdrücken des Getreides, ohne es zu beschädigen, und die zellulären Veränderungen lägen allesamt innerhalb der Reichweite außerirdischer Technologie.

Der Zweck außerirdischer Kreise, so die Erklärung, besteht darin, mit uns zu kommunizieren, so wie die frühen Menschen mit Hilfe von Piktogrammen und Symbolen mit ihren Zeitgenossen kommunizierten. Um glatte Geschichten zu schaffen und den Lesern und Kinobesuchern ein Gefühl der Vertrautheit zu vermitteln, geht die Science-fiction praktischerweise davon aus, daß Außerirdische ziemlich gut Englisch sprechen. So naiv brauchen wir aber nicht zu sein. Tatsächlich werden inzwischen von offizieller Seite Versuche unternommen, mit anderen Zivilisationen unseres Universums in Verbindung zu treten. Die NASA überträgt zum Beispiel Funksignale, und zwar unmißverständlich künstliche, wie Primzahlsequenzen, damit außerirdische Kulturen nicht glauben, sie hätten eine »natürliche« Konfiguration, sowie binäre Codesequenzen, die, wenn sie in schwarze und weiße Komponenten decodiert werden, die Umrisse eines menschlichen Wesens annehmen. Die verwendeten Frequenzen sind stumm, um eine Vermischung mit den von Pulsaren und anderen Himmelsobjekten auf natürliche Weise ausgesendeten Signalen zu verhindern.

Vielleicht werden unsere Felder von jemandem oder von etwas in dem Versuch, mit uns in Kontakt zu treten, auf dieselbe Weise verwendet. Die Getreidefelder sind eine leere Leinwand. Auf ihr werden Muster erzeugt, die eindeutig künstlicher Natur sind, und während die Menschen versuchen, sie wissenschaftlich als etwas Natürliches zu erklären, werden sie immer komplexer, bis sie nicht länger als Plasmawirbel oder Schelmenstreiche abgetan werden *können*. Die Mathematik, so sagt man, sei die einzige universelle Sprache. Wenn dem so ist, wäre es dann möglich, daß sich Außerirdische einer

Form der Mathematik bedienten, um mit uns zu kommunizieren?

Benoit Mandelbrot entwickelte auf einem IBM-Computer eine Darstellung des Konzepts der Unendlichkeit. Eine genaue Wiedergabe dieser Form erschien 1993 in einem englischen Getreidefeld. Zufall? Ein Streich von einem Team von Universitätsprofessoren? Oder etwas weniger Irdisches? Und was ist mit der Fünffachformation, einem großen Kreis, umgeben von vier kleineren? Könnte die Botschaft nicht einfach folgende sein: »Wir kommen von einem Stern mit vier Planeten«?, oder »Unser Planet hat vier Monde«?, oder vielleicht »Wir kommen vom vierten Planeten *dieses* Sterns. Wir kommen vom Mars«.

Ich habe einmal inmitten eines Getreidekreises gestanden. Es war im August 1993, als ein besonders skeptischer Freund und ich eine Formation in der Nähe von Calne in Wiltshire besuchten. Der Kreis war symmetrisch, von ruhiger Schönheit und – so meinte ich jedenfalls – schwierig zu fälschen. Ich sah die Menschen an, die mit uns in der Kreismitte standen, inmitten dieser eigenartigen Formation in einem goldenen Getreidefeld unter blauem Himmel. Es waren New-Age-Anhängerinnen mit Zöpfen, Holzperlen um den Hals und Babys in den Armen. Auch ein Mann stand in der Formation, der mit einer auf einer langen Stange montierten Kamera fotografierte. Ein Wünschelrutengänger mit stark ausschlagender Rute war ebenfalls da, der die von ihm entdeckten Energieformen seinem Begleiter erklärte. Schließlich – vielleicht unvermeidlich – waren da auch einige amerikanische Touristen. Vielleicht, so dachte ich, war es gleichgültig, ob die Formation echt war oder nicht. Und wenn sie echt war, war es vielleicht gleichgültig, wie sie entstanden war. Wichtig war nur, daß alle hier eine schöne Zeit verbrachten. Wer oder was immer dieses Muster in dem Getreidefeld verursacht hatte – er, sie oder es hatte uns allen, die wir inmitten der Getreidewände dieser Formation standen, ein bißchen Freude bereitet.

Milk Hill liegt in Wiltshire. In der Nähe befand sich eines der am häufigsten fotografierten Getreidepiktogramme, und nicht weit davon entfernt liegen die Felder, die vom Farmarbeiter Leon Besant bearbeitet werden. Der Mann hatte seiner Familie schon seit Monaten eigenartige Dinge über ein leuchtendes Objekt erzählt, das eines Tages mit hoher Geschwindigkeit an seinem Traktor vorbeigezogen war.
Einbildung? Reflexion eines vorbeifahrenden Fahrzeugs? Eine von der Sonne angestrahlte Seemöwe? Vielleicht handelte es sich tatsächlich um eines dieser Dinge. Außer, daß das leuchtende Objekt im Juli 1990 vollkommen unabhängig von Steven Alexander fotografiert worden war. Es besteht eindeutig aus Metall und steht unter der Kontrolle intelligenter Wesen. Und es scheint um das Gebiet des Piktogramms zu kreisen.

6
Gemetzel an Unschuldigen

Das Jahr 1967 war ein Rekordjahr, was UFO-Sichtungen anbelangte. Es war auch das Jahr, in dem die Verstümmelungen begannen. Im September wurde eine Stute namens Lady in einem Getreidefeld auf einer Ranch im amerikanischen Bundesstaat Colorado, in der Nähe des Mont Blanca im San Luis Valley, tot aufgefunden. Das Fleisch war dem Tier vom Nacken abwärts heruntergerissen worden, und trotzdem war kein Blut zu sehen. Es gab keine Anzeichen eines Kampfes und keine Spuren, die darauf hingewiesen hätten, wer oder was für die Tat verantwortlich gewesen sein könnte. Eine Autopsie ergab, daß die Schnitte am Körper des Pferdes von etwas verursacht worden waren, das große Hitze ausstrahlte – es konnte sich nur um einen Laserstrahl handeln. Außerdem waren einige der inneren Organe des Pferdes entfernt worden. In der Nähe wurden Brandflecken gefunden, die Spuren von Radioaktivität aufwiesen.

So wie die UFO-Sichtungen vor 1967 sporadischer Natur waren und die Aufzeichnungen nicht immer erhalten blieben, wissen wir auch nicht, ob solche Tierverstümmelungen nicht schon früher aufgetreten sind. Vielleicht wurden sie gar nicht erst gemeldet. Fest steht auf jeden Fall, daß sie es nicht bis in die Schlagzeilen schafften, im Gegensatz zum Tod des Pferdes Lady, der Stute aus Colorado. Aber wie Kenneth Arnolds erste »Untertassen-Sichtung« im Jahr 1947 das UFO-Phänomen ins Bewußtsein der Öffentlichkeit gerückt hatte, so machte die Abschlachtung von Lady den Leuten bewußt, daß da eigenartige Dinge vor sich gingen, jedenfalls in Colorado. Die Berichte nahmen explosionsartig zu und erreichten in den siebziger

Dieser schöne Getreidekreis erschien im August 1994 in Avebury, Wiltshire. Die kleinen Punkte in der Formation sind Menschen.

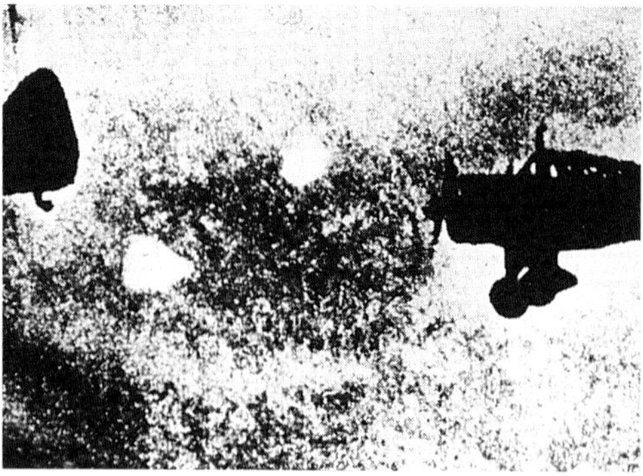

Ein seltenes Foto, auf denen die »Foo-Fighter« zu sehen sind – leuchtende Objekte, die im Zweiten Weltkrieg von Piloten der Alliierten und der Achsenmächte beobachtet wurden.

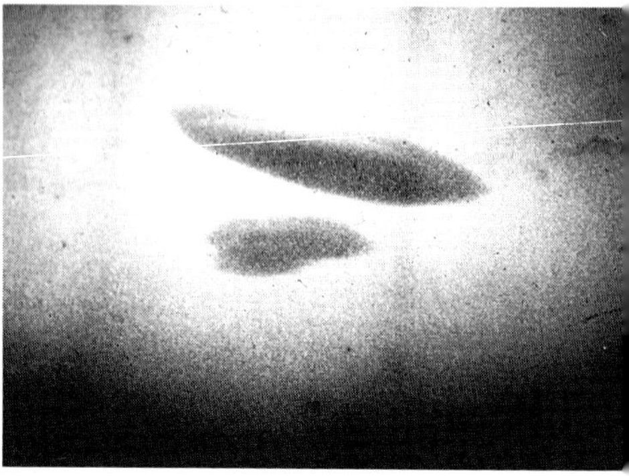

Diese spektakuläre Aufnahme linsenförmiger Wolken zeigt, warum Naturphänomene oft irrtümlich für UFOs gehalten werden.

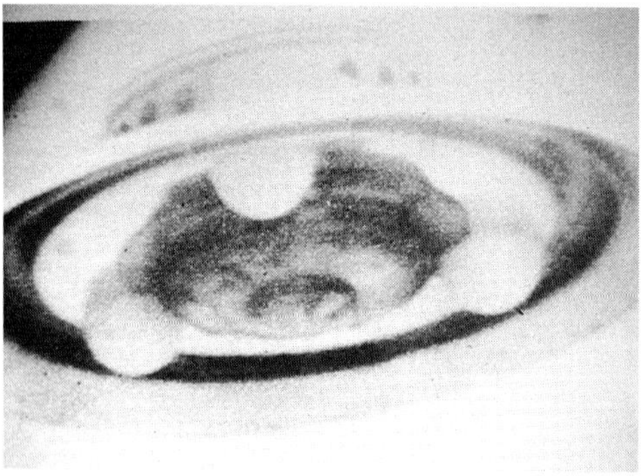

Ein »von der Venus kommendes Aufklärungsraumschiff«, 1952 fotografiert von George Adamski.

Eine spektakuläre Aufnahme, die eine Scheibe mit hoher Kuppel zeigt, fotografiert 1952 von George Stock in New York.

as Ufo von Trinidad: Die Bilder wurden am 6. Januar 1958 von der brasilianischen Marine uf der im Südatlantik gelegenen Insel Trinidad emacht. Sie werden von vielen als authentisch etrachtet und haben zahlreichen kritischen ntersuchungen standgehalten. Diese Aufnahme eigt die Scheibe, wie sie langsam über die Berge iegt; sie enthält einen Einsatz mit Vergrößerung.

Eine weitere Aufnahme, die das berühmte UFO von Trinidad zeigt. Diese Sichtung wurde von mehr als fünfzig Zeugen beobachtet.

Rudi Nagora verschoß eine ganze Filmrolle, als sich dieses spektakuläre UFO in der Bewegung eines »fallenden Blattes« am 23. Mai 1971 dem österreichischen Ort Deutschlandsberg näherte.

Diese bemerkenswerte Aufnahme wurde 1976 von Eduard »Billy« Meier gemacht.

Dieses Bild stammt vom Farmer Paul Trent in McMinville, Oregon. Sie wurde im Jahr 1950 gemacht und von den Mitarbeitern des Project Blue Book untersucht, die keine Erklärung finden konnten.

Eine weitere Aufnahme des McMinville-UFOs, auf der zu sehen ist, wie sich das Flugobjekt vom Haus wegbewegt.

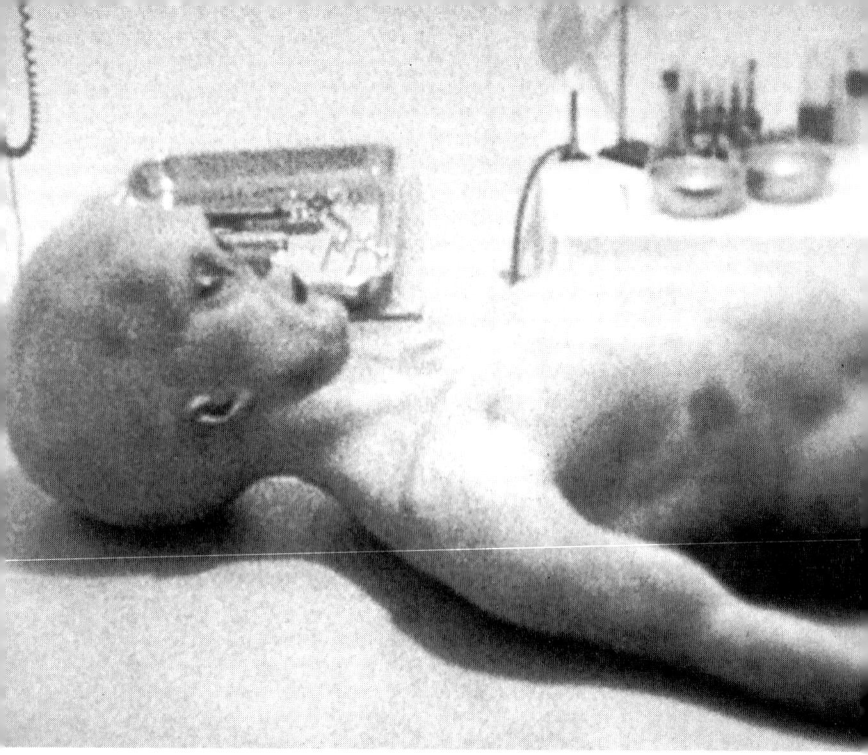

Eine Aufnahme aus dem umstrittenen
Roswell-Autopsiefilm, der 1995 an
die Öffentlichkeit gelangte.

Spektakuläre Aufnahme
eines UFOs, 1988 von
Ed Walters in Gulf Breeze,
Florida, gemacht.

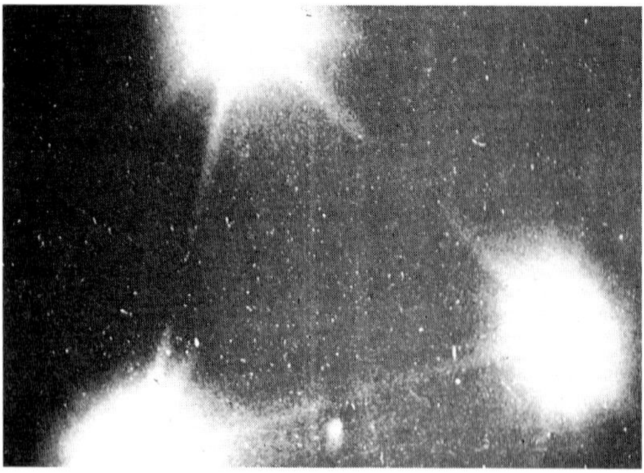

Ein riesiges, dreieckiges Flugobjekt, im März 1990 fotografiert über Tagresk, Rußland.

Eine offizielle NASA-Vergrößerung des »Gesichts auf dem Mars«. Die NASA erklärt dazu, es handle sich um einen Lichteffekt, während einige Ufologen behaupten, es sei ein riesiges künstliches Monument.

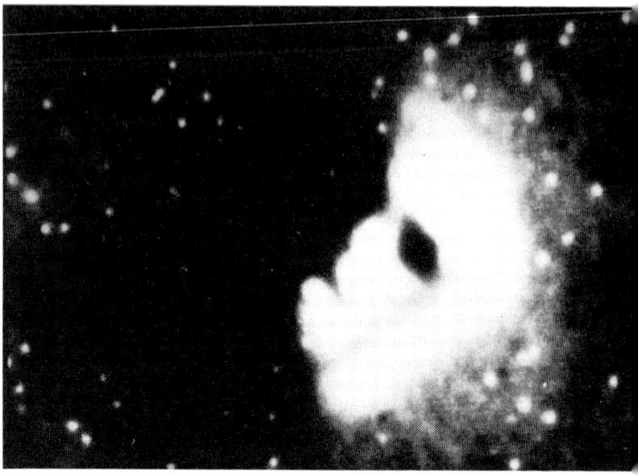

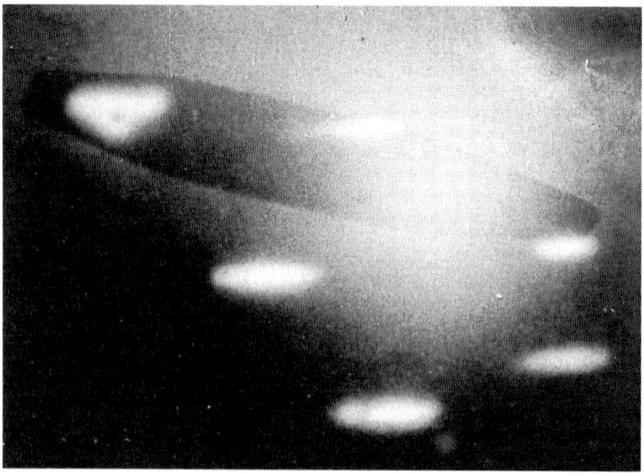

Ein »Mutterschiff« mit »Jungen«, aufgenommen von George Adamski, dem berühmtesten derer, die Begegnungen hatten, 1951.

Hauptgebäude des
Verteidigungsministerium.
Das Secretariat (Air Staff) 2a
befindet sich im 8. Stockwerk
mit Blick auf die Downing Street.

Betty und Barney Hill, deren Begegnung mit einem UFO im Jahr 1961 zu den frühesten und berühmtesten Entführungsberichten zählt.

Der verstorbene, großartige Dr. J. Allen Hynek, wissenschaftlicher Berater des Project Blue Book.

Professor John Mack, Professor für Psychiatrie an der Harvard Medical School. Seine intensive Arbeit mit Entführungsopfern überzeugte ihn von der Realität der Entführung durch Außerirdische.

Kenneth Arnold, der Pilot, dessen Sichtung aus dem Jahr 1947 den Beginn des modernen UFO-Mysteriums markierte.

Mitglieder der Organisation *Operation Right to Know* vor dem Hauptgebäude des Verteidigungsministeriums bei einer Demonstration gegen die Geheimhaltung der UFO-Erkenntnisse durch die Regierung.

Phantasiedarstellung eines »Grey« – des am häufigsten beschriebenen Außerirdischentyps, wie er Entführten oft in Erinnerung ist.

Phantasiedarstellung der furchterregenden nahen Begegnung von Betty Cash; Vickie Landrum und Vickies Enkel Colby im Dezember 1980.

Jahren ihren Höhepunkt. Das galt nicht nur für die Vereinigten Staaten, sondern für die ganze Welt. Pferde, Schafe und Rinder waren die häufigsten Ziele, aber die meisten dieser Beispiele haben gemeinsame Merkmale: Trotz der schrecklichen Verstümmelungen waren am Boden keine Blutspuren zu finden; innere Organe der Tiere waren entnommen worden, und, was vielleicht am wichtigsten ist, auch die Genitalien waren entfernt worden, unabhängig vom Geschlecht des Tieres.

Der wahre Umfang des Problems blieb im dunkeln. Im Gegensatz zum eigentlichen UFO-Phänomen, das unser aller Phantasie anregt und daher Sensationswert hat, und im Gegensatz zu den Getreidekreisen, denen unabhängig von ihrer tatsächlichen Entstehung eine natürliche Schönheit und Anmut eigen ist, ist die Verstümmelung von Tieren etwas Erschreckendes und Abstoßendes. Die meisten Berichte über diese Vorfälle finden sich in den lokalen Zeitungsabteilungen der Bibliotheken und in der UFO-Literatur. Es gibt kein Zentralregister. Wie bei den UFO-Sichtungen kann es gut sein, daß das, was bekanntgeworden ist, lediglich die Spitze des Eisbergs darstellt.

Wenn Berichte weitergegeben werden, ist normalerweise die Polizei die erste Anlaufstelle. Tiere sind für Farmer wertvoll und werden von Familien als Haustiere geschätzt und geliebt, vor allem von den Briten, die stolz darauf sind, eine Nation der Tierfreunde zu sein. In den Vereinigten Staaten ist die Wahrscheinlichkeit, daß Tiere von Raubtieren angegriffen werden, natürlich größer als in Großbritannien. Wenn wir die mögliche Existenz von Surrey-Pumas und dergleichen in England für einen Augenblick beiseite lassen, so bleiben als unsere nationalen Raubtiere der Fuchs, Raubvögel und, in abgelegenen Teilen Schottlands, der Rotluchs. Ein starkes Pferd oder eine Kuh haben von den genannten Tieren nichts zu befürchten, während Schafe und Lämmer von ihnen, wie auch von Hunden, durchaus gerissen werden. In den Vereinigten Staaten gibt es Kojoten, Pumas, Vielfraße, Bären und eine ganze Menge mehr Raubvögel als in Großbritannien, Tiere, die allesamt eine Bedrohung für Vieh und Haustiere darstellen. Natürlich ist es im Laufe der Jahrhunderte oft vorgekommen, daß Farmer ihr Vieh an Raubtiere verloren, aber die Merkmale der Metzeleien, wie sie in den letzten Jahren beobachtet wurden, waren früher noch nie dagewesen. Die meisten Raubtiere zielen bei der Jagd auf ein Beutetier auf den Hals ab, manchmal auch auf die Hinterhand. Sie töten nicht aus Lust am Töten, sondern um sich zu ernähren, und in den meisten Fällen bleibt von dem gerissenen Tier nicht viel mehr übrig als der Kopf und der eine oder andere Knochen. Viele Kadaver der verstümmelten Tiere wurden jedoch vollkommen intakt vorgefunden. Die normalen Raubtiere und Aasfresser scheinen sie verschmäht zu haben. Normalerweise picken Krähen zum Beispiel die Augen eines toten Lamms aus, bevor sie damit beginnen, das Fleisch vom Körper zu reißen, aber an diesen toten Tieren wurden keine solchen Schäden festgestellt. Nicht einmal Maden machten sich an ihnen zu schaffen. Die Schmeißfliegen, die sich von verwesenden Kadavern ernähren und Eier in sie hineinlegen, die sich dann zu Maden entwickeln – Hunderttausende pro Kadaver, die sich im Laufe ihrer Entwicklung von dem Fleisch ernähren –, ließen die Körper ebenfalls unbeachtet. All das scheint der Natur vollkommen zuwiderzulaufen und läßt darauf schließen, daß da ein anderer, unbekannter Faktor am Werk sein muß. Das Erstaunlichste war die Präzision, mit der die Tiere verstümmelt worden waren, und die Tatsache, daß überhaupt keine Blutspuren gefunden wurden. Ein Raubtier reißt das Fleisch mit seinen Zähnen oder Klauen heraus. Dabei entstehen Blutspuren, und in einem kleinen Bereich im Umkreis des gerissenen Tiers liegen Teile von Eingeweiden verstreut.

Wenn es keine Raubtiere waren, die die Tiere getötet hatten, so könnten es, so die Vermutung der Polizei, vielleicht Anhänger von Satanskulten gewesen sein. Bei der alten Vorläuferreligion des Christentums pflegten die Gläubigen den Herrn der Dunkelheit zu besänftigen, welchen Namen ihm verschiedene Generationen auch gegeben haben mochten. Der Brauch, Tiere und sogar Menschen zu opfern, ist unter primitiven Kulturen sehr verbreitet und trotz der Ausbreitung des Christentums nie ganz verschwunden. Wenn die Presse während des Sommerlochs nicht gerade damit beschäftigt ist, irgendeine UFO-Sichtung ins Lächerliche zu ziehen, findet sie für gewöhnlich Spuren ritueller Satanskulte wie Schafsherzen auf Altären, weiße Hühner, die auf dem Rasen geschlachtet wurden, den Teufel an der Arbeit auf den Orkney-Inseln und sogar auf einem Landsitz in Rochdale. Die geschlachteten Tiere waren nichts weiter als ein grausiges Beweisstück für das Treiben einer ekelerregenden Sekte unter vielen. Von diesen gibt es in Amerika pro Quadratmeter natürlich mehr als in jedem anderen Land.

Es wurden Belohnungen ausgesetzt, Untersuchungen in die Wege geleitet. Nichts. Nicht einmal Satansanhänger waren – trotz aller Unterstützung durch den Teufel, die sie bei ihren schwarzen Messen erhielten – in der Lage, Tiere zu erstechen oder zu zerschneiden, ohne Blutspuren zu hinterlassen, und man kann wohl davon ausgehen, daß die ziegengehörnten Kultführer keinen Zugang zu Lasergeräten hatten.

Hier war die Vorstellungskraft der Polizei am Ende. Andere waren in ihrem Denken phantasievoller und flexibler. In den Vereinigten Staaten widmete sich die Fernsehproduzentin Linda Moulton Howe intensiv der Erforschung des Phänomens der verstümmelten Tierkörper. In ihrem Buch *An Alien Harvest* findet sich eine Fülle von Interviews, in denen nach einer Lösung gesucht wird. Die Journalistin sprach mit Ranchern

und Farmern, die über Verstümmelungen berichtet hatten, mit Veterinärexperten, die die Kadaver untersuchten, und mit Polizisten, die mit der Untersuchung der Vorfälle beauftragt waren. Manche ihrer Erkenntnisse scheinen auf eine Beteiligung der Regierung schließen zu lassen. Eine Theorie lautet, daß manche Tiere – mit Absicht und zu Testzwecken – von den Regierungsstreitkräften biochemischen Waffen ausgesetzt wurden. Auch andere Erkenntnisse von Frau Howe deuten darauf hin, daß die Regierung in irgendeiner Weise in das UFO-Phänomen verwickelt ist.
In mehreren Fällen wurde beobachtet, wie stumme, schwarze Helikopter über den Gebieten kreisten, in denen später die Verstümmelungen auftreten sollten, in unheimlicher Weise an die Geier gemahnend, die normalerweise über verwesenden Tieren kreisen. Die meisten dieser Helikopter waren über der berüchtigten Area 51 in der Nähe des Groom Lake in Nevada beobachtet worden (siehe Kapitel 10). Hier, so das Gerücht, testet und fliegt die Regierung der Vereinigten Staaten auf der Erde gefundene außerirdische Flugobjekte. Bei den schwarzen Helikoptern, heißt es, handle es sich in Wirklichkeit um außerirdische Flugkörper (daher das fehlende Motorengeräusch), die, um die Ängste der Öffentlichkeit zu zerstreuen, als normale Hubschrauber getarnt seien. Es kursiert auch eine etwas weniger spektakuläre Theorie, derzufolge die Hubschrauber in den USA hergestellt werden, aber abgestürzten außerirdischen Gefährten nachgebaut wurden.
In ihrem Buch *Alien Animals* zitieren die britischen Forscher Janet und Colin Bord eine Reihe von Vorfällen, die auf eine Verbindung zwischen den verstümmelten Tieren und UFOs hinweisen. In verschiedenen Berichten über UFO-Sichtungen in Amerika und Südafrika wird auch ein schwarzer Hund erwähnt, der seit Jahrhunderten als Todesbote oder als Vorzeichen eines bevorstehenden Übels gilt. In der Zeit mit den

meisten Tierverstümmelungen in Puerto Rico, zwischen Februar und Juli 1975, hörten Farmbesitzer lautes Kreischen und ein Geräusch, das an das Schlagen gigantischer Flügel in der Dunkelheit erinnerte. Ein erstaunlicher Fall in den Rocky Mountains, ebenfalls im Jahr 1975, vereinigte in sich so gut wie alle vorstellbaren außerirdischen Phänomene. Es gab Tierverstümmelungen, begleitet von einem unerklärlichen Summen am Himmel und am Boden, »Wesen« innerhalb und außerhalb der Ranch-Häuser, Stimmen ohne Körper – sogar so etwas wie ein Tier mit Riesentatzen, das durch die nahe gelegenen Wälder streifte. Es wurde die legitime Frage gestellt, ob das Blut das fehlende Bindeglied ist und ob es vielleicht mit den Erfahrungen aus Entführungsfällen zu tun haben könnte, die jetzt von überall gemeldet werden.

Eine Frau, die mit Linda Moulton Howe sprach, war Judy Doraty aus Houston, Texas, die im Mai 1973 ein außerordentliches Erlebnis hatte. Bei einer Rückführung unter Hypnose erinnerte sich Judy daran, eines Nachts durch die Windschutzscheibe ihres Autos helle Lichter gesehen zu haben, und, wie im klassischen Entführungserlebnis, von Wesen mit großen Köpfen und schwarzen, riesigen Augen – *Greys* – durch die Luft zu einer Art Flugkörper getragen worden zu sein. Was die Sache noch bizarrer machte, war ihre Erinnerung, daß sie gleichzeitig sah, wie ein Kalb zu dem Flugobjekt geflogen wurde, so als ob die *Greys* versuchten, mehr als eine Lebensform zu untersuchen. In einer späteren Regressionssitzung erinnerte sie sich daran, wie die *Greys* das Tier sezierten.

Bei der Rückführungstherapie ist durchaus eine gewisse Skepsis angebracht, nicht zuletzt deswegen, weil die Unterdrückung des Willens dazu führen kann, daß das Subjekt sich an Dinge »erinnert«, von denen es glaubt, daß sie der Untersucher hören möchte. Wenn Judy Doraty aber recht hat, wenn die Entführungen durch Außerirdische wirklich Realität sind und nicht, wie die orthodoxe Wissenschaft behauptet, eine zeitweilige Desorientierung des Gehirns, warum sollten dann Menschen die einzigen Lebewesen sein, die entführt werden? Ist es nicht wahrscheinlich, daß die Außerirdischen von Rindern, Schafen und Pferden genauso fasziniert sind wie von uns? Fast anderthalb Jahrtausende ging man dank der Ignoranz überheblicher Ärzte mit überschätzter Reputation wie Galen davon aus, daß tierische und menschliche Skelette ohnehin identisch seien. Die britische Forscherin Jenny Randles spricht in ihrem Buch *UFO Study: A Handbook for Enthusiasts* von »Tierstörungen« und behauptet, daß Hunde, Katzen, Pferde und Rinder für die Gegenwart von UFOs besonders sensibel sind, was sich an einer Reihe von Symptomen zeigt, die von Zittern bis zu einem Zustand reichen, den man beim Menschen akute Depression nennen würde. Die von Jenny Randles erwähnten Tiere sind jene, die dem Menschen am nächsten stehen, mit denen viele von uns ihr tägliches Leben teilen und deren Verhalten wir besser kennen als das anderer Tiere. Es kann aber auch gut sein, daß andere Tiere, deren Gewohnheiten wir weniger genau kennen, betroffen sind.

Was sollen wir von den sexuellen Verstümmelungen der Tiere halten? Die Entführung von Antônio Villas-Boas im Oktober 1957 führte zu der engsten Begegnung, die es je gab: Er hatte zweimal Sex mit einer Außerirdischen mit purpurrotem Schamhaar, aber viele Entführte erzählen von medizinischen und sexuellen Untersuchungen – Untersuchungen des Nabels, des Rektums, der Vagina und so weiter. Das hat zu Spekulationen darüber geführt, ob die Außerirdischen versuchten, sich mit Menschen zu paaren, um Hybridwesen zu schaffen. Doch man könnte genausogut zu dem Schluß kommen, daß, wenn die Entführungsgeschichten nichts weiter sind als die Rationalisierung einer tiefliegenden sexuellen Psychose (beachten

Sie, wie sehr die typische Beschreibung eines *Grey* der eines ungeborenen Babys ähnelt), die Genitalien unweigerlich eine große Rolle spielen müssen. Wenn tatsächlich ein genetisches Experiment durchgeführt wird, warum sollte es sich auf die Menschen beschränken?

Wir haben derzeit keine Hinweise darauf, daß auch Menschen verstümmelt werden, obwohl viele, die die dramatischsten Entführungserfahrungen durchgemacht haben, von körperlichen Schmerzen erzählen, gefolgt von Erbrechen und einem psychologischen Trauma. Bleiben wir Menschen von diesen Verstümmelungen deshalb verschont, weil wir höherstehende Lebewesen sind, oder vielleicht, weil wir, vielleicht ohne es zu wissen, mit Außerirdischen kommunizieren können? Oder ist es so, wie einige behaupten, daß die Regierungen in allen Teilen der Welt mit den Außerirdischen gemeinsame Sache machen und die Verstümmelungen der Tiere im Rahmen irgendeines Technologieaustausches zulassen – ein Geschäft, bei dem Tiere verstümmelt und getötet werden, während Menschen nur vorübergehend entführt und lebend zurückgegeben werden?

Es gibt jedoch auch Forscher, die dunkle Anspielungen darauf machen, daß auch Menschen verstümmelt werden. Die vielen Personen, die weltweit vermißt werden, könnten natürlich Millionen potentieller Kandidaten sein. In Amerika und Europa, wo Aufzeichnungen geführt werden, sind die Listen der vermißten Personen beängstigend lang. Anderswo, wo es solche Aufzeichnungen entweder nicht gibt oder wo sie bis zur Unbrauchbarkeit unvollständig sind, ist die wahre Lage wahrscheinlich noch erschreckender. Wie viele Menschen pro verrücktem, außer Rand und Band geratenem Teenager, der von zu Hause wegläuft und sich weigert, mit Familienangehörigen und Freunden in Kontakt zu treten, können dies nicht, weil sie nicht auf einen menschlichen Mörder trafen, sondern auf eine

kleine, graue Gestalt mit riesigen, schwarzen, insektenartigen Augen?
Im Jahr 1993 erreichte die Tierverstümmelung Großbritannien. Im ganzen Süden Englands gab es gehäufte Anschläge auf Pferde. Familien waren schockiert angesichts der Entdeckung, daß ihre Pferde mit abgeschnittenen Genitalien auf den Koppeln lagen. Die Polizei nahm an, daß der Schuldige ein Perverser sei, jemand in der Art des bizarren Antihelden von Peter Schaffers *Equus*. Ich finde es ziemlich beunruhigend, daß so viele Menschen andere derartiger Verbrechen für fähig halten und daß sie nicht einmal einen Gedanken daran verschwenden, jemand anderer - ein außerirdisches Wesen - könnte dafür verantwortlich sein. Bei dieser Gelegenheit möchte ich allerdings hervorheben, daß in diesem speziellen Fall keine Anzeichen einer »typischen« Verstümmelung vorhanden waren, und daß es sich in diesem Fall - im Gegensatz zu anderen - bei dem Schuldigen möglicherweise tatsächlich um einen Menschen handelt.
In meiner offiziellen Eigenschaft hatte ich keinen Auftrag, mich überhaupt mit den Verstümmelungen zu befassen. Es ist unklar, ob eine Verbindung zwischen den Verstümmelungen und der Ufologie besteht, und außerhalb der Vereinigten Staaten wird kaum darüber gesprochen. Die Folge war, daß ich in den drei Jahren als UFO-Beauftragter keine Berichte über Tierverstümmelungen aus der Bevölkerung erhielt, und ich hätte das auch gar nicht erwartet. Allerdings schickten mir Ufologen Berichte, in denen sie über einen solchen möglichen Zusammenhang nachdachten. Mein offizieller Standpunkt war gewesen, daß die Verstümmelungen eine Angelegenheit der Polizei seien oder vielleicht des Ministeriums für Landwirtschaft, Fischerei und Ernährung (MAFF). Insgeheim begann ich mir aber große Sorgen darüber zu machen, daß das Verteidigungsministerium für den Fall, daß Außerirdische

tatsächlich in der Lage waren, unsere Verteidigung zu überlisten und Tiere auszuwählen und sie auf die gräßlichste Weise zu verstümmeln, tatsächlich vor einem riesigen Problem stand. Einer der Briefe über eine UFO-Sichtung, die auf meinen Schreibtisch flatterten, kam von jemandem, der zufällig für das MAFF arbeitete. Er schlug ein Treffen beim Mittagessen vor, da sein Büro nicht weit von meinem entfernt war. Das MAFF verfügt über ein Netz von Veterinärexperten auf lokaler Ebene, die zwar nicht direkte Beschäftigte des Ministeriums sind, jedoch eine Vielzahl von Aufgaben dafür durchführen. Meine Kontaktperson zog über diese Leute eine Reihe vertraulicher Erkundigungen ein, und sie gaben zu, daß es da einige ungeklärte Fälle gab. Die Vorfälle *waren* Realität in diesem Land.

Bodmin Moor ist ein großes, naturbelassenes Gebiet im Nordosten Cornwalls, begrenzt durch die vier Städte Camelford und Launceston im Norden und Liskeard und Bodmin im Süden. Die hügelige Landschaft ist übersät mit riesigen Findlingen, von denen einige, wie Cheesewring oder der Steinkreis von Hurlers, mit alten keltischen Legenden in Zusammenhang gebracht werden. Das ist der Aufenthaltsort der »Bestie von Bodmin«.

Seit einigen Jahren verlieren lokale Farmer Lämmer und Kälber an die Bestie. Der Londoner *Evening Star* brachte vor kurzem eine Geschichte, aus der hervorging, daß die legendäre Bestie von Exmoor (bei der es sich um dasselbe Tier gehandelt haben mag oder nicht) die zweiundzwanzig Lämmer gerissen haben könnte, die der Farmer Bruce Owen auf seiner entlegenen Farm in Simonsbath, Somerset, hielt. Die Farm ist über fünfzig Meilen von Bodmin Moor entfernt, aber Großkatzen können eine solche Entfernung leicht zurücklegen, und sie anerkennen – wie Außerirdische – wohl auch keine Bezirksgrenzen. Mehrere Leute behaupten, das Raubtier gesehen zu haben, fast ausschließlich bei Nacht, und man geht davon aus, daß es sich um eine Art Wildkatze handelt, vielleicht um einen Luchs, einen Panther oder einen Puma. Angeblich leben ähnliche Raubtiere in Surrey, Nottingham und auf der Isle of Wight – tatsächlich gibt es heute nur noch wenige Grafschaften, die nicht von sich behaupten, daß dort solche Tiere leben, und 1994 war ein Jahr, in dem gehäuft Sichtungen gemeldet wurden. Tatsächlich münzte ein Spaßvogel den Ausdruck für gehäufte UFO-Sichtungen, Flap, um und nannte dieses Jahr einen Katzen-Flap. Die *Fortean Times* hat mehrere hundert Vorfälle aufgelistet, die allesamt aus lokalen Zeitungen stammen.

Luchse, Panther oder Pumas kommen in Cornwall nicht vor, und obwohl weithin gemutmaßt wird, daß es sich um Tiere handelt, die aus einem Zoo entkamen oder ursprünglich als exotische Haustiere gehalten wurden, ist es eigenartig, daß nicht einmal eines davon gefangen werden konnte und daß sogar die Versuche, sie zu fotografieren, allesamt fehlschlugen. Woran sich die meisten Menschen, die die Bestie gesehen haben, erinnern, sind ihre Augen, die groß und durchdringend sind. Auch Entführte haben ähnliche Erinnerungen – die Augen der Außerirdischen sind groß und mandelförmig und werden oft mit Katzenaugen verglichen. Eine Theorie über Außerirdische besagt, daß sie ihre Körperformen geschickt anpassen können, um das Erscheinungsbild unserer Kreaturen nachzuahmen, wenn sie auch oft nicht den in einem bestimmten Gebiet vorkommenden Lebensformen entsprechen. Die Vorstellung der Verwandlung ist nichts Neues. Es gibt sie schon seit alters her in den verschiedensten Mythen. Die besten bekannten Verwandlungskünstler sind Vampire und Werwölfe, beides grimmige Raubtiere. Und die meisten Mythen und Legenden haben ihre Wurzeln in der Realität …

Ende 1994 gab es zwei Sichtungswellen, in deren Verlauf Löwen gesehen wurden, die im Land umherstreiften. Das war schon früher vorgekommen – Mitte bis Ende der siebziger Jahre, als eine Reihe von Tieren aus dem Zoo, darunter auch Löwen, gesehen wurden. Von diesen ist aber bekannt, daß sie aus der Gefangenschaft entkamen, und ihre Freiheit war nur von kurzer Dauer. Das war 1994 anders. Es gab in den britischen Zoos damals nur wenige Löwen, und sie waren allesamt registriert. Die Bestimmungen über die Haltung exotischer Haustiere wurden Ende der siebziger Jahre ebenfalls verschärft. Kein Löwe wurde als fehlend gemeldet, obwohl Dutzende zuverlässiger Zeugen behaupteten, ein solches Tier gesehen zu haben. Eine der letzten Sichtungen trug sich in einem kleinen Dorf in der Nähe von Hartlepool, Cleveland, zu, die andere einige hundert Meilen entfernt, in Basingstoke, Hampshire. Welche Erklärung kann es hier geben? Sahen diese Zeugen tatsächlich einen Außerirdischen in verwandelter Gestalt, oder einen Außerirdischen, der in der Lage war, telepathisch das Bild eines Löwen zu projizieren? Und wenn eines Tages verstümmelte Menschen gefunden werden sollten, wird man dann davon ausgehen, daß ein Löwe oder die Bestie von Bodmin verantwortlich ist, während der tatsächliche Schuldige ein Außerirdischer ist?

Das Eigenartigste an den Opfern der Bestie ist vielleicht, daß die ihnen zugefügten Verletzungen nicht von Zähnen oder Klauen von Tieren wie einem Puma oder einem Panther stammen können. Solche außergewöhnlichen Verstümmelungen waren auch nicht auf das feste Land beschränkt. Eines Tages wurden an den Stränden von Orkney über dreißig Robben angeschwemmt, deren Köpfe fehlten. Die Haut der Tiere war intakt, und ihre Körper waren gesund. Eine Autopsie, die von der schottischen Tierschutzgesellschaft durchgeführt wurde, ergab, daß die Enthauptungen mit einem sehr scharfen

Messer auf fast chirurgische Weise durchgeführt worden waren. Das Fehlen von Zahnabdrücken an den Hälsen schließt die Möglichkeit von Haien oder Killerwalen aus, deren Zahnreihen eine gezackte Wunde hinterlassen. Die einzige Erklärung, die ich dafür gehört habe, ist, daß lokale Fischer, die in dem ängstlichen Bestreben, ihre Fischbestände zu schützen, um überleben zu können, das illegale Gemetzel durchgeführt hatten, indem sie die Robben in den Kopf schossen und sie danach enthaupteten, um die wirkliche Todesursache zu vertuschen. Die betroffenen Fischer lehnten solche Anschuldigungen entrüstet ab, und tatsächlich scheint es sich hier um eine eher an den Haaren herbeigezogene Theorie zu handeln. Als Tony Dodd, Untersuchungsleiter von Quest International, nachforschte, sagte man ihm, daß die lokalen Bewohner in den Tagen, bevor die Robben angeschwemmt wurden, UFOs über den Inseln hatten fliegen sehen.
Bei einem anderen Vorfall wurden Tausende von toten Seevögeln an der Ostküste angeschwemmt. Diesmal gab es keine Verstümmelungen und nicht einmal eine plausible Todesursache. In unserer ökologiebewußten Zeit wird nur allzu leicht automatisch der Umweltverschmutzung die Schuld gegeben. Aber der Tod dieser Seevögel wurde niemals gründlich analysiert, und die einzige andere glaubwürdige Theorie, die mir im übrigen wenig wahrscheinlich erscheint, lautet, daß es eine Bevölkerungsexplosion unter den Vögeln gegeben habe und daß Tausende von ihnen, für die die schwindenden Fischvorräte nicht mehr ausreichten, einfach verhungert waren.

Eigenartigerweise besitzt der nationale Verband der Farmer keine Aufzeichnungen über ungeklärte Todesfälle von Tieren. Auch das National Veterinary College, das offensichtlich zu einigen seiner Mitglieder keinen Kontakt pflegt, hat mit Ausnahme der Schauermärchen vom Pferdeaufschlitzer und den

Verstümmelungen der Pferdegenitalien offiziell nie etwas von verstümmelten Tierleichen gehört. Man meinte, daß diese Angriffe das Werk perverser Sexualtäter seien. Ein Grund dafür ist der Mangel an Berichten. Im Fall der Angriffe auf Vieh bezahlen die Versicherungsgesellschaften nicht, wenn behauptet wird, daß die Tiere von »fremden Großkatzen« (so genannt, weil sie in Großbritannien nicht vorkommen - wenn der Name auch aus anderen Gründen passend sein könnte) gerissen worden seien. Erklärt wird dies mit der zweifelhaften Begründung, daß solche in England nicht existieren. Die Farmer schreiben die Attacken daher großen Hunden zu, und die Tierärzte, die keine Alternative anzubieten haben, bestätigen diese Version.

Die Verstümmelungsvorfälle bedürfen einer dringenden Untersuchung, erstens, damit ihr Wahrheitsgehalt festgestellt werden kann, und zweitens, um das Rätsel endlich einer Lösung zuzuführen. Die einzige Organisation, die sich gegenwärtig mit dem Phänomen befaßt, ist das Ministerium für Landwirtschaft, Fischerei und Ernährung, und auch dort gibt es keine Datenbank über die Vorfälle. Statt dessen verschwinden die Berichte - wie so viele UFO-Sichtungen - wahrscheinlich im Speicher irgendeines Computers. Allerdings erklärte sich das MAFF im Sommer 1994, von den zunehmenden Sichtungen fremder Wildtiere und den zunehmenden Viehverlusten der Farmer unter Druck gesetzt, bereit, die verfügbaren Beweise zu untersuchen.

Wie vorherzusehen war, gab es keine schlüssigen Ergebnisse, aber die Studie war der erste zaghafte Versuch, diesem schrecklichen Gemetzel an Unschuldigen ein Ende zu machen

7
Die echten X-Akten

Die Wahrheit ist dort draußen, Scully.« *Akte X* ist sowohl in Amerika als auch in Großbritannien zu einer Kultsendung geworden. Jede Woche lösen zwei Agenten, Fox Mulder und Dana Scully, Fälle, die das Federal Bureau of Investigation (FBI) auf eigene Initiative nicht untersuchen würde. Die beiden schlugen sich unter anderem schon mit Geistern, Werwölfen und Außerirdischen herum. Tatsächlich sind UFO-Sichtungen und die Entführung Außerirdischer oft Thema dieser Sendungen. Mulder ist besonders von ihnen fasziniert, wurde doch seine eigene Schwester von Außerirdischen entführt, als sie beide noch Kinder waren. In der offiziellen Akte hieß es lapidar: »Vermißt«.

Die Serie basiert angeblich auf Tatsachen, und ihr Urheber, Chris Carter, behauptet (natürlich inoffiziell), mit Regierungsvertretern gesprochen zu haben, die Einsicht in die tatsächlichen X-Akten hatten. Die CIA und der militärische Nachrichtendienst haben in ihren Untersuchungen ein Medium eingesetzt (das tat nachweislich auch die Polizei, jedenfalls in dem berühmten Fall Albert de Salvo, Würger von Boston, im Jahr 1964). Es wird auch behauptet, daß es in der CIA eine kleine Abteilung gibt, deren Aufgabe es ist, eine Reihe von paranormalen Phänomenen wie Telekinese oder die Bewegung von Objekten auf »übernatürliche« Weise zu untersuchen, um festzustellen, ob sie für die militärischen oder nachrichtendienstlichen Netzwerke von Nutzen seien.

Als ich die Stelle als UFO-Beauftragter annahm, wurde ich zum Spott des Verteidigungsministeriums. Die Menschen begannen mich Spooky zu nennen – Mulders Spitznamen in *Akte X* –, und wenn ich die Korridore von Whitehall entlangging, hörte ich gelegentlich jemanden die gespenstische Titelmelodie der Serie pfeifen oder die Melodie aus *Unheimliche Begegnung der dritten Art*. Ich war mir nicht sicher, inwieweit ich mich mit Mulder identifizieren sollte, einem exzentrischen Außenseiter, dessen Aktivitäten ständig Gefahr laufen, von seinen Vorgesetzten abgestellt zu werden. Aber ich weiß nicht genau, ob ich nicht Mulders Paranoia teile – sein Computerpaßwort lautet »Trust NO 1«. Fest steht jedoch, falls Fox »Spooky« Mulder wirklich ein Gegenstück in Großbritannien hatte, so war ich das, und mit den Akten, die mir im Secretariat (Air Staff) zur Verfügung standen, kam die britische Regierung den X-Akten wohl am nächsten. Eine davon hätte die Fernsehserie mit Stolz erfüllt: die Akte des Verteidigungsministeriums, die ich über Fälle angelegt hatte, in denen es um Kontakte mit außerirdischen Wesen ging und aus der Sie im folgenden einige Auszüge finden.

Fall 1: Außerirdische auf dem Anwesen

»Ich schreibe Ihnen heute, weil ich etwas Außergewöhnliches zu berichten habe: Auf meinem Anwesen sind Außerirdische.« Der Brief war unterzeichnet und mit einem Absender versehen. Das Anwesen lag am Fluß Mersey und war, wie der Schreiber meinte, zum Zielpunkt einer feindlichen Übernahme durch Außerirdische geworden. Hier wurde ich mit einem Mal in etwas hineingezogen, das sich wie die Handlung eines zweitklassigen Science-fiction-Films aus den fünfziger Jahren ausnahm. Das Anwesen war, so schien es, zum Brückenkopf einer Invasion geworden, aber dem Brief mangelte es ärgerlicherweise an Details. So war zum Beispiel nicht klar, ob die Außerirdischen Menschengestalt angenommen hatten oder ob sie unsichtbar waren. Hier waren irgendwelche tyrannischen Kräfte am Werk, auch wenn der Zeuge sie nicht genau identifizieren konnte. Er schickte dem Verteidigungsministerium ein Foto, das angeblich Außerirdische zeigte. Das Foto wurde mit Dank und dem Kommentar zurückgeschickt, daß es sich bei den Objekten auf dem Bild um Krähen handle. Verwandlung? Außerirdische Tiere? Wer weiß.

Dieser Fall trug sich vor meiner Zeit als UFO-Beauftragter zu, und ich habe das Bild weder gesehen, noch war ich in der Lage, den Zeugen zu kontaktieren. Es war leicht, die Sache als Schabernack oder als Selbsttäuschung abzutun, und viele taten das auch. Wenn etwas nicht in unser Bild von der Realität paßt, tendieren wir dazu, es zum Gegenstand von Stammtischwitzen zu machen oder es Verrückten zuzuschreiben.

Aber es gab da etwas am Ufer des Mersey, was diesen Mann in Angst und Schrecken versetzte. Ich frage mich, ob wir jemals wissen werden, was es war.

Fall 2: Der fliegende Botschafter

Ein Poltergeist ist ein lärmender Geist, und dieser Fall war durch viele der klassischen Eigenschaften gekennzeichnet, die mit einem Spuk dieser Art einhergehen. Er besteht aus einer Reihe von Ereignissen, die in einem gemeinsamen Zweck zusammenlaufen, verteilt über einige Jahre. Poltergeistaktivitäten sind etwas so Häufiges und so gut Belegtes, daß sie heute nur noch von wenigen mit dem Spott und Hohn bedacht werden, der früher an der Tagesordnung war. Die Ursache dieser Aktivitäten ist unbekannt, aber die Poltergeistaktivitäten scheinen sich auf Kinder im Teenageralter zu konzentrieren, als ob die wilde Energie, die die Kinder beim Eintritt in die Pubertät durchströmt, ein anderes Ventil finden müßte als den menschlichen Körper.

In diesem Fall erlebte der Zeuge ein typisches Poltergeist-Phänomen. Dazu gehören unverschlossene Türen, die sich nicht öffnen lassen, wie auch weniger alltägliche Dinge. Inmitten einer grünen Gaswolke erschienen ihm transparente, schneckenähnliche Wesen. Zu Tode erschrocken schoß er mit einem Luftdruckgewehr auf eines von ihnen, und siehe da – es löste sich in nichts auf. Als der Zeuge im Laufe der Jahre mit der immer wiederkehrenden Erscheinung dieser Wesen besser zurechtkam, begann er, von ihnen telepathische Botschaften zu empfangen. Außerirdische waren hier auf der Erde, und sie wollten mit der menschlichen Rasse in irgendeine Art von Dialog treten. Die dem Zeugen zugedachte Aufgabe bestand darin, als eine Art Mittler zu fungieren, eine Art fliegender Botschafter zwischen den Menschen und den Außerirdischen. Leider gab es einen Rückschlag: die gutartigen Außerirdischen seiner Jugend waren von anderen vernichtet worden, deren Motive weit feindlicher waren.

Behauptungen dieser Art – daß Menschen für eine Mittlerfunktion ausgewählt werden – sind nichts Außergewöhnliches. Jahrhundertelang ist es Hellsehern und »Medien« gelungen, die Kluft zwischen dieser Welt und der anderen zu überbrücken, und dasselbe wurde über die Fähigkeit behauptet, Kontakte zwischen dieser Welt und außerirdischen Zivilisationen herzustellen. Der Londoner Taxifahrer »Sir« George King, Gründer der Aetherius Society, erklärte im Mai 1954, nachdem er jahrelang Yoga und Meditation praktiziert hatte, daß ihm eine Stimme zurufe: »Bereite dich vor – du wirst das Sprachrohr des interplanetarischen Parlaments werden.« Diese Stimme, so King, hatte nichts Außerirdisches an sich, sondern war ganz normal, und sie sagte ihm, daß andere Planeten das Heim technisch überlegener »Meister« seien, die sich um das

Wohlergehen der menschlichen Rasse Sorgen machten. Acht Tage später spazierte ein indischer Swami durch eine versperrte Tür, um King darüber zu informieren, wie er einen geeigneten telepathischen Kontakt mit Venusbewohnern herstellen könne. »Ziemlich bald danach«, so schrieb King, »konnte ich mich einklinken und auf telepathischem Weg Informationen erhalten, die mir über Millionen Meilen Entfernung aus dem Weltraum zugeschickt wurden.«

Fall 3: Die außerirdische Zeugin

Dieser Fall ist in den Akten unserer Abteilung wohl einzigartig. Der Brief wurde angeblich von einer Außerirdischen geschrieben. Und das ist ihre Geschichte: Sie war Angehörige einer großen, schönen, gutartigen Rasse, die in einem Konflikt mit einer anderen, kleinen und unangenehmen Rasse stand, grau von Farbe. Sie kamen von einem Planeten oder einer Organisation – die genaue Natur des Organismus ist nicht bekannt – namens Spectra, und die Zeugin war von ihnen gefangengenommen worden. Mit Hilfe geheimer Kräfte war sie entkommen und auf die Erde in relative Sicherheit geflohen.
Ihr Brief liest sich wie eine Phantasiegeschichte. Die Vorstellung von zwei Supermächten, die in einen grimmigen und endlosen Kampf miteinander verstrickt sind, ist, obwohl sie an den irdischen Kalten Krieg gemahnt, auch der Stoff von Science-fiction-Erzählungen, von Miltons »Paradise Lost« (deutscher Titel: »Das verlorene Paradies«) – »There was war in Heaven« – bis hin zu Gene Roddenberrys *Star Trek* – »Klingons on the starboard bow«. Die in dem Brief beschriebenen Rassentypen sind uns ebenfalls vertraut: die kalten, feindseligen *Greys*, welche die meisten Entführungsopfer in Erinnerung haben, und die freundlicheren *Nordics*, die zwar

oft an nahen Begegnungen beteiligt sind, nicht aber an Entführungen.
So phantasievoll dies alles auch klingen mag, interessant ist, daß der Brief zu einer Zeit an das Verteidigungsministerium geschrieben wurde, als es in der populären Literatur noch keine Berichte über *Greys* und *Nordics* gab. Ist es möglich, daß manche Elemente dieser Geschichte wahr sind? War die Frau selbst eine Entführte, die ihr Erlebnis vielleicht nicht verarbeiten konnte? Und ihrem Zorn vielleicht in einer Phantasie darüber Ausdruck verlieh, wie sie gegen ihre Entführer kämpfte und sich schließlich retten konnte?

Fall 4: Außerirdische Mechanik

Die Szene spielt mitten in der Nacht auf einem Bahnhofsgelände, wo ein Mann tief und fest schläft. Plötzlich wird er von einem außerirdischen Flugobjekt geweckt, das in Turbulenzen geraten ist. Es ist auf einem Gütergleis gelandet und wird nun von zwei Crewmitgliedern repariert. Der Zeuge kriecht so nahe wie möglich an die Stelle heran und beobachtet die Außerirdischen, wie sie ihre Maschine zu reparieren versuchen und den Motor dabei geräuschvoll hochdrehen. Aber sie sehen ihn, lähmen ihn mit einem Lichtstrahl und nehmen ihn gefangen. Bevor sie in ihrem reparierten Flugobjekt wieder wegfliegen, lassen sie ihn frei.
Auch in diesem Fall wird es Skeptiker geben, die sagen: »Betrug, Irreführung, Traum.« Was hatte dieser Zeuge schlafend in einem Bahnhofgelände zu suchen? War er drogensüchtig oder Alkoholiker? Handelte es sich bei dem Flugobjekt um eine Harley-Davidson, und waren die vermeintlichen Außerirdischen in Wirklichkeit nur Motorrad-Fans? Jede dieser Erklärungen ist möglich. Wenn ja, warum schrieb der Zeuge dann

den Brief? Jemand muß schon unter Paranoia oder einer anderen starken Form von Psychose leiden, um sich mit einem Bericht über ein Erlebnis, das er angeblich hatte, an die Regierung zu wenden.
Natürlich könnte es sich auch um einen einfachen Streich handeln. Interessant an diesem mündlichen Bericht aber ist das eine oder andere Detail, das in schriftlichen Berichten oft fehlt, vielleicht weil die Zeugen Angst haben, Dinge zu Papier zu bringen, die die akzeptierten Normen sprengen. In praktisch allen Berichten von Entführungen wird ein Lichtstrahl erwähnt, aber nur selten wird über ein Geräusch der Art berichtet, wie es in diesem Bahnhofgelände zu hören war. Ein »tiefes Brummen«, ein »trillerndes Pfeifen« sind Ausdrücke, wie sie von Beobachtern oft verwendet werden. Normalerweise wird in den Berichten etwas so Gewöhnliches wie das Hochdrehen eines Motors nicht erwähnt. War es möglich, so überlegte dieser Zeuge, daß die Außerirdischen mit Absicht Eisenbahngleise verwendeten, damit, wenn sie von einem Menschen gehört würden, dieser Mensch annehmen sollte, das Motorengeräusch sei das Geräusch eines Zuges?

Fall 5: Eine klassische Entführung von der Straße

Zwei Frauen, eine Mutter mit ihrer Tochter, fuhren spätabends eine einsame Straße entlang. Plötzlich sahen beide ein Licht am Himmel, das sie sich nicht erklären konnten, und sie wurden von einem eigenartigen Gefühl der Verwirrung und Desorientierung befallen. Als sie nach Hause kamen, war es viel später, als sie geglaubt hatten. In dieser Nacht wie in vielen darauffolgenden wurden beide von eigenartigen und beängstigenden Träumen geplagt. Ein Wesen, das sie als fremd, wenn auch nicht unbedingt als außerirdisch beschrieben, fügte ihnen etwas Unangenehmes zu, aber sie konnten dieses Etwas nicht genau benennen.

Dieser Fall aus den Geheimakten des Verteidigungsministeriums weist alle Merkmale der klassischen »Entführung von der Straße« auf: eine einsame Straße ohne Zeugen, ein helles Licht am Himmel, das Gefühl der Desorientierung, das Empfinden »fehlender Zeit«. Das Ganze sieht nach einer Begegnung mit *Greys* aus, wie sie zum ersten Mal und am dramatischsten von Betty und Barney Hill unter Hypnose erzählt wurde. Dieser Vorfall trug sich nach dem Erlebnis der Hills zwar zu, stammt aber trotzdem aus der Zeit, bevor solche Geschichten an die breite Öffentlichkeit drangen. Aus dem Schreiben geht klar hervor, daß keine der Frauen wirklich über das UFO-Phänomen informiert war. Die Rückführungstherapie, dieses zweischneidige Schwert, hätte ihre Erinnerungen zurückbringen können, aber vielleicht ist es am besten, wenn man nicht an ihnen rührt.

Was sollen wir mit solchen Fällen tun? In keinem gab es offensichtliche Anzeichen einer Irreführung, und nur einer der fünf – der letzte – drang an die Öffentlichkeit. Aber auch er wirbelte nicht viel Staub auf. Er wurde nur deswegen bekannt, weil sich die betroffenen Frauen mit einer UFO-Gruppe in Verbindung setzten. Keine von ihnen wollte Geld oder bekam welches. Das einzige Motiv, das ich erkennen konnte, bestand darin, daß die Zeuginnen der Meinung waren, das Verteidigungsministerium sollte über ihr Erlebnis informiert werden und vielleicht entsprechende Schritte einleiten. Vielleicht wollten die Frauen auch nur mit jemandem über diese traumatische, beängstigende Erfahrung reden.

In allen Fällen außer dem letzten entschieden meine Vorgänger, die Briefe der Zeugen nicht zu beantworten. In Fall 5 wurde eine kurze Standardantwort verschickt, in der unsere

UFO-Politik erklärt und vorgeschlagen wurde, daß sich die Zeuginnen an einen Arzt wenden sollten. Es versteht sich, daß die Antwort der Zeuginnen auf dieses Schreiben mehr als heftig ausfiel. Das Ministerium nahm keine offene Position ein. Es behandelte die Zeuginnen nicht einmal mit der Würde und dem Respekt, die sie verdienten. Der richtige Ansatz ist zweifellos der von Budd Hopkins: Herauszufinden, was passiert ist, ist nur ein zweitrangiges Ziel; das Wichtigste ist es, dem Zeugen zu helfen.

Eine Reihe von Leuten riefen mich in der Überzeugung an, entführt worden zu sein. Meine Antworten auf ihre Fragen waren immer ehrlich, offen und, wie ich hoffe, hilfreich. Ich erzählte ihnen, was ich über die verschiedenen existierenden Theorien wußte; ich erklärte das Für und Wider der Rückführung unter Hypnose und warnte sie vor dem verrückten Flügel der UFO-Lobby, der sich möglicherweise an ihre Fersen heften würde. Ich warnte sie auch vor den Gefahren, die ihnen drohen konnten, wenn sie sich an die Öffentlichkeit wendeten. Um dem Spott der Medien - und dem der Nachbarn - standzuhalten, würden sie wirklich eine dicke Haut brauchen. Ich drängte meine Informanten niemals zu einer Entscheidung. Ich präsentierte ihnen lediglich die Optionen, die ihnen zur Verfügung standen, so daß sie über alle relevanten Informationen verfügten, um die für sich richtige Entscheidung treffen zu können. Das Wichtigste war, daß ich, wenn ich meine Zweifel über die körperliche oder geistige Gesundheit eines Zeugen hatte, versuchte, die Menschen mit den entsprechenden Fachärzten und nicht mit Ufologen zusammenzubringen.

Die Zeugen, mit denen ich sprach, waren zutiefst beunruhigte Menschen, die offensichtlich eine Art echten Traumas davongetragen hatten. Ob dieses Trauma von einer Entführung durch Außerirdische mitverursacht worden war oder nicht, kann ich nicht sagen.

Natürlich gibt es Verrückte, und ich hatte im Laufe der Zeit mit einer ganzen Menge von ihnen zu tun. Ein Australier, der mich regelmäßig anrief, behauptete, selbst ein Außerirdischer zu sein. »Ich kann beweisen, daß es Außerirdische auf der Erde gibt ... ich bin selbst einer, und ich lebe schon seit vielen Jahren hier.« Ich fragte ihn, ob er seine Herkunft irgendwie beweisen könne, zum Beispiel durch den Zündschlüssel seines Raumschiffs oder durch eine Bierdose mit der Aufschrift »Alpha Centauri«. Eigenartigerweise konnte er das nicht. Ein anderer Mann behauptete nachdrücklich, daß sich alle Leute in seiner Stadt in Außerirdische verwandelt hätten und daß sie in seinen Garten einfielen. Die Paranoia sprach aus jedem seiner Worte, aber ich versuchte trotzdem, geduldig zu sein. Stundenlang sprach ich am Telefon mit ihm, beruhigte ihn, versuchte zu argumentieren.

Meine Kollegen sagten, ich sollte mit solchen Leuten überhaupt nicht sprechen, weil sie Verrückte seien. Ich war jedoch nicht dieser Meinung: An welchen Sinnestäuschungen sie auch immer litten, ihre Angst war real, und sie brauchten Hilfe. Ich befürchtete immer, daß ein schroffes, förmliches »Auf Wiedersehen« ihre Probleme noch verstärken und ihnen möglicherweise den Rest geben könnte. Ich bin kein geschulter Therapeut, sondern verhielt mich einfach höflich und geduldig und versuchte an den gesunden Menschenverstand der Anrufer zu appellieren.

Dann tat ich etwas bis dahin Einmaliges: Ich leitete die fünf oben beschriebenen Fälle an die nationalen UFO-Gruppen weiter, wobei ich Namen, Daten, Orte und andere Informationen strich, die Hinweise auf die Identität der Zeugen gegeben haben könnten und möglicherweise zu unwillkommener Publicity geführt hätten. Dieser Schritt wurde von manchen nicht gern gesehen, aber er zahlte sich aus: Ein Dialog zwischen BUFORA und Quest International entstand und schuf

eine Atmosphäre des Vertrauens und der Offenheit, die vorher nicht hatte aufkommen wollen.
Nun, da ich das Secretariat (Air Staff) verlassen habe, weiß ich nicht, ob die »X-Akten« immer noch für den von mir beabsichtigten Zweck verwendet werden – nämlich als Medium für eine Sammlung von Berichten über nahe Begegnungen, um Analysen und tiefgehende Forschungsarbeiten zu ermöglichen. Eines weiß ich jedoch mit Sicherheit: Die Geheimakten sind, was immer mit ihnen auch geschehen sein mag, faszinierender Lesestoff, denn sie zeichnen Ereignisse am Rand des menschlichen Erfahrungshorizonts auf.
Das waren meine »X-Akten«. Ich hatte das Gefühl gehabt, Berichte über nahe Begegnungen seien so wichtig, daß sie es verdienten, von den üblichen UFO-Sichtungen getrennt zu werden. Und trotzdem tauchte immer wieder eine Frage auf: Was war mit dem Rest der Fälle? Ufologen waren seit langem der Meinung gewesen, daß das Verteidigungsministerium eine Fülle solcher Berichte erhalten haben müsse, nämlich etwa so viele wie sie, berechnet als Prozentsatz der insgesamt gemeldeten Sichtungen. Diese Behauptung hatte etwas für sich. Und trotzdem leugnete das Ministerium über die Jahre hinweg konsequent, irgendwelche Berichte über etwas erhalten zu haben, was möglicherweise als Entführung durch Außerirdische einzustufen war.
Manche Leute waren davon überzeugt, daß wir logen, und betrachteten dies als Teil einer breiter angelegten Vertuschung. Sie glaubten, daß wir diese Fakten unter Verschluß hielten, weil wir befürchteten, die Öffentlichkeit zu alarmieren. Ich verschwendete nicht viel Zeit mit solchen Theorien und antwortete, daß meine Vorgänger geirrt hätten. Vielleicht waren derartige Fälle einfach gemeinsam mit normalen Berichten abgelegt worden … und vielleicht waren Unterlagen versehentlich vernichtet worden.

Und trotzdem. Trotzdem, in Augenblicken des Zweifelns begann ich mich immer stärker mit meinem Alter ego, Fox Mulder, zu identifizieren. Er war in seine »Akte X«-Untersuchungen hineingestoßen worden, und zwar nicht nur von vernagelten Leuten, die paranormale Phänomene immer verächtlich abtun, sondern von stärkeren Kräften mit finstereren Motiven, von Leuten, die zu wissen schienen, was da vor sich ging – in Situationen, in denen Fox nur im dunkeln tappte, wenn auch mit den besten Absichten.

Die UFO-Lobby war der Meinung, daß ich mich in einer ähnlichen Lage wie Fox Mulder befände. Sie akzeptierten, daß ich aufrichtig zu ihnen gewesen war und daß ich ebenso interessiert daran war wie sie, die Wahrheit ans Licht zu bringen. Andererseits schienen viele von ihnen davon überzeugt, daß hinter mir stärkere Mächte standen, die zwar unsichtbar waren, aber jederzeit zum Eingreifen bereit, wenn ich der Sache zu nahe käme.

Konnte es sein, daß da irgendwo im Inneren des Hauptgebäudes (oder in Rudloe Manor, von dem oft behauptet wird, daß es das Zentrum der offiziellen britischen UFO-Untersuchungen ist) noch andere X-Akten schlummern? Könnte die UFO-Lobby recht haben mit ihrer Behauptung, daß es irgendwo Unterlagen geben mußte, zu denen nicht einmal ich Zugang hatte? Wenn dem so ist, wo sind diese Unterlagen? Wer hat sie, und warum werden sie unter Verschluß gehalten? Warum hielt man sie von mir fern, wenn sie doch ein wichtiger Teil des Puzzles gewesen sein könnten? Wenn ich mehr gute Fälle und harte Fakten in der Hand hätte, wäre es mir leichter gefallen, mir ein klares Bild über die tatsächliche Situation zu machen.

Natürlich sind all diese Dinge reine Spekulation, und ich habe nie etwas Verdächtigeres gesehen als das eine oder andere Radargerät, das gerade im kritischen Augenblick abgeschaltet oder »in Reparatur« war, wenn es eine wichtige Sichtung hätte festhalten sollen, oder die eine oder andere fehlende Akte. Aber das sind doch Störungen und Fehler, wie sie jede Organisation plagen. Oder nicht?

8
Die echten UFOs

Die späten achtziger Jahre waren für die belgischen UFO-Forscher eine geschäftige Zeit. Aus allen Landesteilen meldeten Zivilisten, Polizisten und Militärs zunehmende Zahlen von Sichtungen. Die Berichte wurden so zahlreich, daß auf Druck der Öffentlichkeit ein Verfahren eingeführt wurde, bei dem die Polizei im Fall einer Sichtung sofort die Radarüberwachung der Luftwaffe benachrichtigen sollte. Am 29. November und am 2. Dezember 1989 gab es eine Vielzahl von Sichtungen, die dazu führten, daß immer wieder Abfangjäger aufstiegen.

Die belgische Luftwaffe hat einen Personalstand von 12000 Personen. Sie ist in vier Staffeln mit F-16-Bodenangriffsflugzeugen und zwei Staffeln mit F-16-Kampfflugzeugen gegliedert. Sie betreibt ein ähnliches System wie die anderen NATO-Länder und verfügt nur über eine kleine Zahl von Jets und Piloten, die als Schnelle Eingreiftruppe bekannt sind. Sie können bei Problemen sofort starten. Diese Jets werden durch ein komplexes Bodenradarsystem mit einer Bodenreichweite von über 300 Kilometern und einer Luftreichweite von drei Kilometern unterstützt.

Am 2. Dezember kamen die Sichtungen aus Liège, der größten wallonischen Stadt des Landes, die am Zusammenfluß der beiden Flüsse Ourthe und Meuse liegt. Der von der Gendarmerie kontaktierte Radartechniker entdeckte einen Leuchtfleck auf seinem Bildschirm, der so aussah, als könnte er den gemeldeten Sichtungen entsprechen. Also wurden zwei F-16-Maschinen hinaufgejagt, um die Sache näher zu untersuchen. Sie waren innerhalb von fünf Minuten in der Luft, aber die

Suche erwies sich als erfolglos. Als sie sich dem Zielgebiet näherten, verschwand das Objekt vom Bildschirm.
Eine zweite Sichtung wurde später aus dem Gebiet von Hasselt gemeldet, etwa 65 Kilometer nördlich von Liège in der Nähe von Maastricht in Limbourg. Diesmal gab es keine Spur am Radarschirm, aber die belgischen Luftraumüberwacher wollten kein Risiko eingehen. Als die F-16-Maschinen am Ort des Geschehens eintrafen, schien am Boden eine Lasershow im Gange zu sein. Danach wurde entschieden, daß keine Flugzeuge ohne Radarbestätigung mehr aufsteigen sollten.
Dann, in der Nacht vom 30. auf den 31. März 1990, ging alles drunter und drüber. Wie viele Sichtungen in dieser Nacht in ganz Belgien und Norddeutschland tatsächlich gemeldet wurden, ist nicht genau bekannt. UFO-Gruppen sprechen von etwa 2600, und diese Zahl wurde von den öffentlichen Stellen bis jetzt nicht dementiert. Aber selbst wenn man davon ausgeht, daß wirklich jede einzelne Sichtung gemeldet wurde, was ich persönlich bezweifle, und wenn man die britischen Zahlen (209 gemeldete Sichtungen über das ganze Jahr verteilt) mit dieser Zahl vergleicht, wird klar, daß sich in dieser Nacht am Himmel über diesem Teil Europas etwas Sensationelles abspielte.
In den meisten Beschreibungen, die der Gendarmerie übermittelt wurden, und auch bei den Vorfällen, die von den Gendarmen persönlich gesehen wurden, ging es um farbige Lichter. Ein hoher Prozentsatz der Zeugen sah diese Lichter in dreieckiger Formation auf der Unterseite riesiger Flugobjekte, die in geringer Höhe über Dörfern und Städten schwebten und vom Boden aus klar sichtbar waren. Die Geschwindigkeit der Dreiecke war unterschiedlich: Manche Berichte sprechen von 50 bis 65 Kilometern pro Stunde, was selbst für ein Auto langsam ist. Andere beschrieben eine schwebende Bewegung, gefolgt von einem Verschwinden des Objekts in

einer unvorstellbaren Geschwindigkeit, um ein vielfaches schneller als ein Jet. Eine F-16 kann eine Geschwindigkeit von etwa 1800 Kilometer pro Stunde erreichen, und viele der Zeugen waren gewohnt, diese Maschinen im Flug zu sehen. Sie bestanden felsenfest darauf, daß kein Flugzeug irgendeiner bekannten Bauart in der Lage gewesen wäre, diese Dreiecke abzufangen.
Die meisten Sichtungen konzentrierten sich auf das Gebiet um Wavre südlich von Brüssel. Die lokale Gendarmerie setzte sich mit den Radarstationen der NATO in Semmerzake und Glons in Verbindung, die beide zugleich unerklärliche Leuchtflecken auf ihren Bildschirmen festgestellt hatten. Der Kommandant dieses Sektors des NATO-Luftverteidigungssystems genehmigte den Aufstieg der Schnellen Eingreiftruppe, und zwei F-16-Maschinen waren binnen Minuten in der Luft. Die Radargeräte fixierten das gejagte Ziel, das auf den Bildschirmen zu sehen war. Jedesmal, wenn sie näher kamen, wurde diese Radarerfassung jedoch unterbrochen. Es war fast, als versuchte das Objekt, sich der Verfolgung zu entziehen. Die Geschwindigkeit, mit der es flog, war unglaublich. Einmal fiel es innerhalb einer Sekunde um 1300 Meter ab, eine Bewegung, die Augenzeugen vom Boden aus beobachteten. Als das Objekt weniger als 200 Meter vom Boden entfernt war, verschwand die Spur vollkommen von allen fünf Radarschirmen, die sie verfolgten. Die Luftjagd hatte mindestens 75 Minuten lang gedauert.
Es wäre wahrscheinlich unmöglich gewesen, das Objekt wirklich abzufangen. Die Nacht des 30. März war klar, was bedeutete, daß viele Sterne zu sehen waren und daß es schwierig gewesen wäre, konkrete Lichtquellen ins Visier zu nehmen. Die Radarschirme der F-16-Maschinen haben etwas mit orthodoxen Wissenschaftlern gemeinsam: Sie filtern sich langsam bewegende und stationäre Objekte heraus und ignorieren sie, weil davon auszugehen ist, daß es sich bei diesen nicht um

Jets handelt. Die Piloten hatten daher keine Möglichkeit, ihre eigenen Radarsysteme zu verwenden, um näher an das Objekt heranzukommen, als diese ihren Flug verlangsamten oder stoppten.

Zeugen am Boden in Petit-Rosière meldeten, daß die Leuchtkraft der Lichter des Objekts nachgelassen hatte und daß die Lichter vollkommen erloschen, sobald sich die F-16-Maschinen näherten. Dies ist entweder ein unglaublicher Zufall, oder das Objekt versuchte mit Absicht, sich der Verfolgung zu entziehen. In diesem Fall ist davon auszugehen, daß es unter der Kontrolle intelligenter Wesen stand. Die F-16-Piloten waren der Meinung, ein echtes Flugobjekt zu verfolgen, und die oberste Führung der Luftwaffe schien dem zuzustimmen. Der Einsatzleiter der belgischen Luftwaffe, Oberst (heute General) Wilfried De Brouwer, kommentierte: »Die Bewegungen des UFOs hatten eine gewisse Logik.«

Wie lautete der offizielle Standpunkt der belgischen Regierung? Meine Nachforschungen ergaben, daß sie verlautbarte, in der bewußten Nacht sei ein strukturiertes Objekt in unterschiedlichen Geschwindigkeiten und Höhen über Belgien geflogen. Die Regierung hatte keine Ahnung, um welche Art von Objekt es sich dabei gehandelt hatte, und sie hätte viel darum gegeben, es herauszufinden. Das war der Inhalt der Rede, die Verteidigungsminister Guy Coëme vor dem belgischen Parlament hielt.

Die Schlüsse, die sich aus dem belgischen Fall ziehen lassen, sind beängstigend. Ein strukturiertes Flugobjekt war in den belgischen Luftraum eingedrungen, das vom Boden aus und mit Radar genau beobachtet werden konnte, das aber den schnellsten und modernsten Flugzeugen entkam. Die belgische Luftwaffe war, man konnte es nicht anders sagen, vollkommen machtlos gewesen. Was, wenn dieses Dreieck, was immer es gewesen sein mochte, feindliche Absichten gehabt hätte? Was,

wenn es – außerirdischer oder auch irdischer Natur – begonnen hätte, Bomben abzuwerfen?
Am 31. März 1993, genau drei Jahre nach dem Tag des belgischen Zwischenfalls, kam ich wie üblich um neun Uhr morgens zur Arbeit. Dort erfuhr ich, daß es in der vorhergehenden Nacht eine größere Welle von UFO-Sichtungen gegeben habe, die von vielen Zeugen aus Polizei und Militär beobachtet worden waren.
Die erste Meldung kam von einem Polizisten aus der Wachstube von Devonshire. Seine Kollegen und er waren in der Nacht davor auf einer Routinepatrouille unterwegs gewesen und hatten ein UFO gesehen. Er war der erste Zeuge von der Polizei, mit dem ich direkten Kontakt hatte, und ich erinnere mich, seinen Ausführungen besonders sorgfältig zugehört zu haben. Das war nicht der kleine Mann von der Straße, sondern ein geschulter Beobachter, der daran gewöhnt war, die Dinge ruhig und rational zu beobachten und genaue, detaillierte Berichte zu erstellen. Dazu kam die Tatsache, daß diese Sichtung von zwei Personen gemacht worden war, was ihr eine besondere Authentizität verlieh.
Der Polizist hatte oft Nachtdienst und war daher an alle möglichen Anblicke und Geräusche in der Dunkelheit gewöhnt: das Schreien einer Eule im Wald neben der Straße, die das Patrouillenfahrzeug entlangfuhr; das Bellen eines Hundes; das gespenstische Erscheinungsbild von Bäumen am Straßenrand, wenn Schweinwerferlicht durch ihre Äste fällt. Aber was sein Kollege und er gesehen hatten, war etwas, was ihnen noch nie in ihrem Leben begegnet war. Das war weder eine Sternschnuppe noch ein Meteor gewesen. Zwei helle Lichter und ein drittes, schwächeres, flogen in perfekter Formation, Dampfspuren hinter sich her ziehend. Ich bohrte vorsichtig nach. Von dem, was sie mir über Farbe und Bewegung erzählten, handelte es sich eindeutig nicht um die Lichter eines Flugzeugs. Es

waren auch keine Feuerkugeln. Das Objekt war einfach unidentifizierbar.
Im Lauf des Vormittags kam eine ganze Flut von Anrufen herein. Auch andere Leute hatten die drei Lichter gesehen, zwei hell, eines schwächer, in derselben perfekten Formation. Das Muster rief Assoziationen und Erinnerungen hervor. Der Polizeibericht sprach von drei Flugobjekten in einer Art Staffel. Konnte es sich bei den drei Lichtern um das belgische Dreieck handeln – drei Lichter auf einem unidentifizierten Flugobjekt? Einige der Berichte besagten, daß sich die Lichter in hohen Geschwindigkeiten bewegten, andere sprachen davon, daß sie faktisch schwebten. Manche sagten, sie seien in großer Höhe geflogen, andere, daß sie sie in geringer Höhe beobachtet hätten. Schillernde Erlebnisse wie dieses führen zu großer Spannung, und darunter leidet die Beobachtungsgabe der Menschen. Trotzdem war das Muster, das sich herauskristallisierte, dasselbe wie in Belgien vor drei Jahren. Hatten wir es womöglich mit demselben erstaunlichen, chamäleonartigen Objekt zu tun? Der offensichtliche Jahrestag ging mir nicht aus dem Kopf, und mir begannen sich die Haare aufzustellen. Ich hütete mich aber davor, voreilige Schlüsse zu ziehen. Die Wissenschaft, die das immer tat, hatte nichts in der Hand. Andere Planeten, so sagen sie, haben nicht das »richtige« Verhältnis von Sauerstoff, Wasserstoff oder Kohlenstoff, und deshalb ist auf ihnen kein Leben möglich. Diese Behauptung ist höchst fragwürdig und bestenfalls eine Hypothese. Die UFO-Extremisten haben ähnliche Quantensprünge vollzogen. Betty und Barney Hill behaupteten, von Außerirdischen entführt worden zu sein, und deshalb betrachten es die UFO-Freaks als Tatsache, daß in unserer Mitte Außerirdische leben. Ich konnte es mir nicht leisten, so dogmatisch zu sein. Als einziger UFO-Beamter der Regierung, allein an meinem Schreibtisch sitzend, mußte ich mir eine offene Einstellung bewahren.

Die meisten Sichtungen traten zwischen 1.00 und 1.30 Uhr auf. Die größte Konzentration wurde etwa um 1.10 Uhr festgestellt. Entweder hatte sich das Dreieck eine halbe Stunde lang an unserem Himmel aufgehalten, oder es war um 1.10 Uhr kurz aufgetaucht, und die Mitteilungen der anderen gemeldeten Zeitpunkte waren nur Näherungswerte. Nachdem ich einen vagen Zeitplan für das Erscheinen der Lichter aufgestellt hatte, mußte ich die Sichtungen in eine Karte eintragen und jede mit Zeitpunkt, Höhe (wenn diese festgestellt werden konnte) und Kompaßpeilung versehen. Das resultierende Muster ergab nicht die gerade Linie, die ich mir erhofft hatte, aber die Sichtungen konzentrierten sich auf Devon, Cornwall, Somerset und Wales. Sporadische Berichte waren auch aus den Midlands und sogar aus Yorkshire gekommen. Wenn sich alle Sichtungen auf ein und dasselbe Objekt bezogen, dann hatte sich dieses Objekt in einer zufälligen Flugbahn und einer unvorstellbaren Geschwindigkeit in einem Zickzackflug über unseren nächtlichen Himmel bewegt.
Am Mittag war klar, daß ich recht gehabt hatte: Dies war die größte Welle von UFO-Sichtungen, die in Großbritannien jemals gemeldet worden war. Wie um dies zu bestätigen, ging aus dem ursprünglichen Polizeibericht hervor, daß Polizisten in ganz Devon und Cornwall die Lichter gesehen hatten. Und ich wußte aus Erfahrung, daß sich im Lauf der Zeit noch mehr Zeugen melden würden. Zu dieser nächtlichen Zeit waren die meisten Menschen natürlich schon im Bett. Das würde die Zahl der Sichtungen auf natürliche Weise verringern, aber trotzdem schätzte ich, daß mehrere hundert Menschen etwas Außergewöhnliches gesehen haben mußten. Und außerdem beschränkten sich die Sichtungen nicht auf die britische Insel. Andere Berichte erreichten mich aus Irland, und in den darauffolgenden Tagen hörte ich von Sichtungen in Frankreich und interessanterweise auch in Belgien.

Es überrascht nicht, daß auch die UFO-Gruppen mit Anrufen belagert wurden. BUFORA und Quest International setzten sich mit mir in Verbindung. Dieser Fall überbrückte alle früheren Differenzen zwischen uns, und die Kommunikationskanäle, die in der Zwischenzeit errichtet worden waren, zahlten sich nun aus. Auf der Hut vor Anschuldigungen, jemanden zu bevorzugen, tauschte ich Informationen mit allen Gruppen und Forschern aus, die mich kontaktierten. Keine Einzelperson und keine einzelne Gruppe verfügte über das ganze Bild, aber es kamen immer mehr Teile des Puzzles zum Vorschein, und schließlich hatten wir einen klareren Überblick über die Ereignisse dieser Nacht. Ich hoffe, ich klinge nicht zu sehr nach Colonel Blimp, wenn ich sage, daß ich mein verdammtes Bestes geben würde, um die Gefahr abzuwenden, wenn die Sicherheit meines Landes bedroht war. Das war mein Job.

Dann kam ein wichtiger Bericht von einer Militärpatrouille herein, die RAF Cosford in der Nähe von Wolverhampton in den westlichen Midlands bewachte. Dieser Bericht enthielt Dynamit. Ein unidentifiziertes Flugobjekt irgendwo im britischen Luftraum war bedrohlich genug, aber über einer militärischen Hochsicherheitseinrichtung? Das war wirklich beunruhigend. Eine der Sichtungen in Wales war von einem Mann gemeldet worden, der langjährige Erfahrung im Fliegen hatte und viel von Mathematik verstand. Er hatte das Objekt in geringer Höhe über die Küste bei Haverfordwest in Pembrokeshire fliegen sehen, und er hatte seine Fluggeschwindigkeit anhand von zwei Punkten an der Küste berechnet, deren Entfernung voneinander er kannte. Mit Hilfe dieser Information konnte er die Geschwindigkeit des Objekts mit etwa 1750 Kilometern pro Stunde angeben – was bedeutet, daß es in diesem Augenblick zumindest etwa gleich schnell flog wie eine F-16 mit Spitzengeschwindigkeit.

In Rugeley, Staffordshire, sahen fünf Mitglieder derselben Familie ein riesiges, diamantenförmiges Objekt mit gleichmäßiger Geschwindigkeit über ihre Köpfe hinwegfliegen. Sie schätzten seine Höhe auf weniger als 300 Meter und den Durchmesser des Flugkörpers auf etwa 200 Meter. Sie hatten auch von einem tiefen, summenden Geräusch auf einer Frequenz berichtet, wie man sie normalerweise wahrnimmt, wenn man bei einem Popkonzert direkt vor den Lautsprechern steht und das Gefühl hat, daß die Schallwellen durch den eigenen Körper laufen. Sie hatten kein gutes Gefühl dabei, aber sie beschlossen trotzdem, sich ins Auto zu setzen und dem Objekt zu folgen. Entweder verloren sie das UFO, oder es verlor sie; wie auch immer, die Jagd blieb erfolglos. Sie dachten, das UFO würde in einem Feld hinter der Straße landen, weil es so tief flog. Sie hielten mit quietschenden Bremsen vor dem Gatter, aber als sie aus dem Wagen kletterten, war das Flugobjekt verschwunden. Danach sahen sie nichts mehr. Sie waren enttäuscht, aber vielleicht hatten sie gerade noch einmal Glück gehabt.

Der interessanteste Bericht kam vom RAF Shawbury in Shropshire, nördlich von Shrewsbury. Der diensthabende Meteorologe bekam den erstaunlichsten Anblick dieser turbulenten Nacht zu sehen. Ein Objekt am Himmel, das zuerst ruhig verharrte, flog mit einer Geschwindigkeit von mehreren 100 Kilometern pro Stunde in Zickzackbewegungen auf ihn zu. Irgendwann einmal feuerte es einen Lichtstrahl auf den Boden, der von rechts nach links über die Landschaft jagte, als ob er in den Feldern und Hecken nach etwas suchte. Die Sichtung war keine Sache von Sekunden, sondern sie dauerte fünf Minuten, lang genug, daß der Zeuge die Größe des Flugkörpers auf die eines Jumbojets schätzen konnte. Aber wie wir alle wissen, können Jumbos nicht schweben, und sie können die Landschaft nicht mit Scheinwerfern absuchen. Er hörte dasselbe tiefe Geräusch mit geringer Frequenz, das die Familie in Rugeley gehört hatte.

Was konnte ich diesem Mann sagen? Er war ein geschulter Beobachter, dem der nächtliche Himmel viel vertrauter war als mir. Eine überhebliche Belehrung über Flugzeuglichter, aus unüblichen Winkeln betrachtet, schien vollkommen fehl am Platz. Bei unserem Telefongespräch stimmte ich ihm zu, daß es nur einen folgerichtigen Schluß gab: Was immer er gesehen hatte, es war etwas Unbekanntes. Worüber ich nicht mit ihm sprach, war die Angst, die mich bei seiner Beschreibung des suchenden Scheinwerfers, der über die Felder streifte, befallen hatte. Denn das ließ darauf schließen, daß das Flugobjekt von intelligenten Wesen gelenkt wurde – und daß sie nach etwas suchen könnten, was sich an milden Frühlingsabenden normalerweise auf Wiesen befindet – Vieh.

Ich führte die üblichen Überprüfungen durch, suchte nach Erklärungen und ergriff jeden Strohhalm einer logischen Lösung. Ich mußte mich für den Ansturm der Medien wappnen. Welche Antworten hatte das Ministerium? Es hatte in dieser Nacht keine außergewöhnlichen zivilen oder militärischen Flugaktivitäten gegeben, die auch nur annähernd an das herangekommen wären, was beobachtet worden war. Laut Royal Observatory in Greenwich gab es in dem Gebiet der geballtesten Sichtungen weder Wetterballons noch außergewöhnliche planetare Aktivitäten.

Dann kam eine Meldung des RAF Fylingdales. Von dort wurde bestätigt, daß Trümmer einer russischen Rakete des Typs Cosmos 2238 in dieser Nacht wieder in die Erdatmosphäre eingetreten seien und vom Vereinigten Königreich aus möglicherweise zu sehen gewesen seien. Das war also die Erklärung, sagten die Zweifler. Die orthodoxe Wissenschaft hatte wieder einen Triumph. Aber in Wirklichkeit war dem natürlich nicht so. Ein erneut in die Erdatmosphäre eintretendes Trümmerstück würde verbrennen wie ein Meteor und eine Flammenspur hinter sich herziehen, die nur einige Sekunden lang zu sehen wäre. Das konnte also keine Erklärung für die fünf Minuten dauernde Sichtung des RAF Shawbury oder für das tiefe Summen sein, das in Rugeley zu hören gewesen war; man hätte es auch nicht über die Küste in der Nähe von Haverfordwest fliegen sehen dürfen, weil die Trümmer nicht in der Nähe Großbritanniens herunterkamen. Außerdem ist nicht vorstellbar, daß auch nur das kleinste Trümmerstück in der Luft schwebt – es fällt mit der von der Schwerkraft diktierten Geschwindigkeit zu Boden.

Dann tat ich etwas, was ich noch nie getan hatte: Ich ließ mehrere Radarbänder sicherstellen und mir schicken. Da diese Bänder normalerweise gelöscht und wiederverwendet werden, war es wichtig, schnell zu reagieren. Es gab einige Aufzeichnungen, die zu den Zeitpunkten und Orten der gemeldeten Sichtungen paßten, und nachdem ich mir die VHS-Bänder mehrere Stunden lang intensiv angesehen hatte, konnte ich diese heraussondern und identifizieren. Zunächst waren die Ergebnisse enttäuschend. Die Leuchtflecken tauchten die ganze Nacht auf und verschwanden wieder – wie Geister in der Morgendämmerung. Radarexperten der RAF erklärten mir, daß das ganz normal sei. Unerwünschte Bodenechos, sagten sie, hohe Bäume, die immer wieder vom selben Radarsender erfaßt wurden. Aber die Frustration verwandelte sich bald in Angst: Es gab viel zu viele visuelle Sichtungen, und die Berichte kamen von Zeugen, die zu vertrauenswürdig waren, um ignoriert zu werden. Was immer es auch war, das am 30. und am 31. März 1993 im Zickzack über Großbritannien flog, unsere Felder absuchte und unsere Autos jagte, es war vom Radar nicht erfaßt worden. Und da wir keine Radarspuren hatten, um unsere Abwehrmechanismen in Gang zu setzen, schickten wir nicht einmal Flugzeuge hinauf. War das dasselbe Dreieck, das drei Jahre zuvor über Belgien beobachtet worden war? Und konnte es dem Radar nun ganz ausweichen?

In den folgenden Wochen versuchte ich eine Erklärung zu finden, aber alle Hypothesen endeten im Nichts. Was immer es gewesen war, es war einfach gekommen und dann wieder verschwunden. Nun war es an der Zeit, das Problem »nach oben« zu leiten. Ehrlich gesagt hegte ich nicht viel Hoffnung, daß die Chefs mir ihr Ohr leihen würden. Wie bereits gesagt, war ich mit meinem praktischen Ansatz und meiner festen Überzeugung, daß wir tatsächlich mit einem UFO-Phänomen konfrontiert waren, das einer dringenden und ernsthaften Untersuchung bedurfte, im Secretariat (Air Staff) nicht gerade auf Begeisterung gestoßen. Diskretion war das Schlüsselwort, davon war ich fest überzeugt. Ich stellte einen sorgfältig durchdachten Bericht über die Sichtungen vom 30. und 31. März zusammen, den ich meinem Abteilungsleiter schickte. Das emotionsgeladene Wort »UFO« hatte ich darin bewußt vermieden, weil es sofort Vorurteile auslöste. Statt dessen hatte ich mich für »nicht zugeordnetes Ziel« und »unbekanntes Flugobjekt« entschieden. Die staatliche Bürokratie wird oft beschuldigt, nur zum Selbstzweck Kunstworte zu erfinden, aber in diesem Fall hatte ich das Gefühl, daß dies notwendig sei. Und es zahlte sich aus. Der Bericht wurde die Kommandokette hinaufgereicht, bis er zum stellvertretenden Leiter des Generalstabs der Luftwaffe persönlich gelangte.

Gleichzeitig kontaktierte ich die amerikanische Botschaft und fragte dort an, ob der Prototyp einer außergewöhnlichen amerikanischen Konstruktion im britischen Luftraum operiere, der als Erklärung für die verschiedenen Sichtungen dienen könne. In den Korridoren der Macht waren schon seit Monaten Gerüchte im Umlauf gewesen, denen zufolge ein Flugzeug namens Aurora, das den Stealth-Bomber wie einen plumpen Doppeldecker erscheinen ließ, in Produktion sei. Diese Gerüchte waren allerdings von allen Seiten eindeutig dementiert worden. Ein leicht manövrierbares High-Tech-Hochgeschwindigkeitsflugzeug, das sich den Radarsystemen entziehen konnte, wie es Clint Eastwood im Film *Firefox* fliegt, gehörte ins Reich der Fiktion. Aurora, so wurde uns gesagt, existierte nicht. Die Amerikaner waren wegen der Sichtungen genauso verwirrt wie die Belgier und wir.

Der stellvertretende Leiter des Generalstabs der Luftwaffe nahm meinen Bericht zur Kenntnis – viel anderes konnte er nicht tun. Inzwischen hatte ich alle Möglichkeiten der Untersuchung ausgeschöpft. Es blieben keine Alternativen mehr offen.

Die offiziellen Erkenntnisse (meine) lasen sich also wie folgt: »Art des Objekts: unbekannt; Ursprung des Objekts; unbekannt; Motiv der Insassen: unbekannt.« Und, obwohl es in der offiziellen Dokumentation nirgendwo aufscheint, hätte ich eigentlich hinzufügen müssen: »Fazit: Nicht zufriedenstellend.«

Die Sichtungen vom 30. und 31. März bewirkten eine Veränderung meiner eigenen Einstellung. Ich würde mich nicht mehr an dumpfen Platitüden des Typs »UFOs haben keine Bedeutung für die Verteidigung« beteiligen. Ich spürte, daß einige meiner Kollegen erst dann bereit sein würden, UFOs eine solche Bedeutung zuzuschreiben, wenn diese ihre Laserstrahlen auf unsere Städte richteten. In Wirklichkeit ist aber jeder Flugkörper konventioneller oder nicht konventioneller Bauart, der in der Lage ist, das zu tun, was dieses Dreieck tat, an sich bereits von *extremer* Bedeutung für die Verteidigung. Unsere Radarsysteme konnten das Objekt nicht erfassen, unsere Abfangjäger konnten es nicht vom Himmel holen. Wir alle können Gott danken – oder jedenfalls von Glück sagen –, daß es zumindest dieses eine Mal keine feindlichen Absichten hatte.

Immer wieder wies ich auf die Bedeutung des Datums hin. Die

Wahrscheinlichkeit, daß sich ein solches Ereignis rein zufällig nach genau drei Jahren wiederholt, ist gering. Das läßt darauf schließen, daß es sich um keinen Zufall handelte, sondern genau für dieses Datum geplant war. Darüber hinaus war es von intelligenten Wesen geplant worden, die über die Schwächen der Menschen genau Bescheid wußten. Die Zeitungsberichte über Vorfälle, die sich in dieser Nacht zutrugen, erschienen am 1. April, dem Tag, an dem alle nationalen und viele Provinzzeitungen Narrenartikel bringen. Wer sollte diese Geschichten ernst nehmen? Wie vorherzusehen, brachte nur die UFO-Gemeinde Artikel und stellte Fragen, und sie forschte nach, so gut sie konnte. Die breite Öffentlichkeit lächelte nur sarkastisch über der Frühstückszeitung. Ist das nicht genau die Reaktion, auf die eine außerirdische Kraft hoffen würde, indem sie auf einen Zeitpunkt setzt, an dem die Welt unempfänglich für außergewöhnliche Nachrichten ist, weil überall routinemäßig bizarre Geschichten erscheinen? So wird sichergestellt, daß sie von der Öffentlichkeit als Hirngespinste abgetan werden. Dieses Datum war optimal, um das Risiko zu minimieren, daß irgendwelche Sichtungen ernst genommen würden.
Aber mich beunruhigte noch etwas anderes. Es war nicht nur das Datum, das Verstreichen von genau drei Jahren seit Belgien, sondern es war auch dieses Wiedereintreten einer russischen Rakete in die Erdatmosphäre. Ein ähnlicher Wiedereintritt fiel auf denselben Abend wie eine weitere dramatische Sichtung. Die wurde aber nicht über Belgien beobachtet, sondern hier in England, in der Nähe von Woodbridge in Suffolk, an einem Ort namens Rendlesham Forest.

Rendlesham liegt zwischen den Flüssen Deben und Alde, einem wuchernden Nadelwald, an dessen Rand die gemeinsame RAF/USAF-Airbase in Woodbridge und die benachbarte

Militärbasis des drei Meilen entfernten Bentwaters (das eigenartigerweise 1956 Schauplatz einer UFO-Aktivität war) liegen. In den Tagen des Kalten Krieges war Woodbridge einer der betriebsamsten Flugplätze des Landes. Als solcher war er ein Hochsicherheitsgebiet, und alle in der Nähe angesiedelten Aktivitäten wurden vom Kommandanten und dem Personal der Basis genauestens beobachtet. Nach dem Zusammenbruch der ehemaligen Sowjetunion wurden diese Basen geschlossen und verkauft.

Am 27. Dezember 1980 um 3 Uhr morgens sahen zwei Sicherheitsleute auf ihrem Routinegang durch das Camp helle Lichter zwischen den Bäumen von Randlesham Forest. Zuerst nahmen sie an, daß ein Flugzeug über die Rollbahn hinausgefahren war oder sie verfehlt hatte und in den Bäumen gelandet war. Es war allerdings kein Geräusch zu hören. Die beiden suchten um die Genehmigung nach, außerhalb der Tore des Camps nachzuforschen, und sie wurde ihnen sofort erteilt.

Es wurde bald klar, daß es sich bei dem Objekt im Wald um kein Flugzeug handelte. Die Mitglieder der Sicherheitspatrouille sahen ein metallisches, dreieckiges Objekt, das keine Ähnlichkeit mit irgendeinem anderen Gegenstand hatte, den sie jemals gesehen hatten. Zwei Nächte darauf kehrte das Objekt zurück, und ein größeres Team unter der Leitung des stellvertretenden Basiskommandanten, Oberstleutnant Charles Halt, rückte zur Untersuchung aus. Auch dieses Team wurde Zeuge einer eigenartigen Sichtung. Der Text von Halts darauffolgendem Bericht findet sich in Anhang 5 zu diesem Buch. Das Tonprotokoll der Suche in diesem Wald ist dank Quest International öffentlich zugänglich. Das 18minütige Band mit dem Titel »The Halt Package« ist mit Zeitungsausschnitten, offiziellen Dokumenten und Korrespondenzstücken von beiden Seiten des Atlantiks unterlegt. Leider fehlen von dieser Nacht in Suffolk Schlüsselbeweise, und ohne diese Schlüssel-

beweise muß das, was sich damals in Rendlesham Forest zutrug, ein Geheimnis bleiben.
Halt und eine Reihe seiner Männer gaben den Medien Interviews. Der stellvertretende Basiskommandant sagte in Michael Aspels Sendung *Strange But True?* im Jahr 1994: »Ich wußte, daß da etwas war, aber ich war auch davon überzeugt, daß es eine logische Erklärung dafür geben müsse.« Halt und vier seiner Männer drangen in den Wald vor und verließen dabei den Bereich, der von starken Scheinwerfern erleuchtet worden war, um den Schauplatz zu erhellen. Die Ausrüstung zeigte ein eigenartiges Verhalten. Obwohl Kassettenrecorder, Geigerzähler und Nachtsichtgerät perfekt funktionierten, wurden alle drei verwendeten Funkfrequenzen immer wieder von Interferenzen gestört, und die Funkgeräte funktionierten nur mit Unterbrechungen. Die hohen Scheinwerfer, die als Flutlichter verwendet werden sollten, funktionierten überhaupt nicht.
Halts Stimme hört sich unheimlich an, als er und seine Männer sich ihren Weg durch das Unterholz bahnen und sich der Lichtquelle bis auf 140 Meter nähern.
»Da vorne ist ein eigenartiges, blinkendes rotes Licht.«
»Nein, es ist gelb.«
»Komisch.«
»Es kommt eindeutig auf uns zu.«
Halt erinnerte sich später lebhaft an das Licht. Er sagte zu Aspels Team:

> Das Licht pulsierte. Es sah aus wie ein Auge, das einem zuzwinkert, und man hatte den Eindruck, als tropfe an den Seiten geschmolzenes Metall herab.
> Hier bin ich, ein leitender Beamter, der diese Art Dinge routinemäßig dementiert und fleißig daran arbeitet, ihnen ihren Nimbus zu nehmen. Und da stehe ich jetzt und bin in etwas involviert, das ich mir nicht erklären kann.

Was er sich nicht erklären konnte, war, daß dieses sich bewegende Licht, einmal rot, einmal gelb, plötzlich in drei oder fünf weiße Teile zerbrach und dann vollkommen verschwand. Gleich darauf sah er am Himmel drei sternartige Objekte. Was sie von Sternen unterschied, war die Tatsache, daß sie rote, grüne und blaue Lichter ausstrahlten und in scharfen, spitzen Bewegungen in alle Richtungen auseinanderstoben. Jene im Norden hatten, wenn man sie durch eine starke Linse betrachtete, ein ellipsenförmiges Aussehen, veränderten ihre Form dann aber zu vollen Kreisen. Sie waren zwei oder drei Stunden lang sichtbar und stießen gelegentlich Licht- oder Energiestrahlen aus – Halt wußte nicht, was von beiden. Seine Skepsis war verschwunden. »Ich war vollkommen fasziniert«, gestand er.

Eine Meile entfernt stand Airman John Burroughs mit seinem Fahrzeug und versuchte immer noch, die defekten Scheinwerfer zu reparieren. Da streifte ihn in Kopfhöhe plötzlich ein blaues Licht, und die Scheinwerfer schalteten sich ein. Das Licht passierte die offenen Fenster seines Lastwagens und verschwand dann in der Ferne. Dann erloschen die Scheinwerfer wieder.

Airman Larry Warren befand sich in einem anderen Team, das vom Osttor weggefahren war. Zum damaligen Zeitpunkt erst neunzehn Jahre alt, kann er heute noch immer die genaue Stelle angeben, an der er inmitten eines eigenartigen runden Nebels in einem Feld das Licht sah. Der Kalte Krieg ist vorüber, die USAF-Luftbasis ist aufgelöst, aber die Erinnerungen bleiben. Warren sah, wie das ganze Feld samt einer nahe stehenden riesigen Eiche in ein gleißendes Licht getaucht wurde. Ein roter Lichtball kam quer über das Feld auf ihn zu. Zuerst dachte Warren, es handle sich um ein A-10-Flugzeug im Landeanflug. Das Objekt kam jedoch über dem Nebelkreis zum Stillstand und explodierte tonlos und ohne Hitzeentwicklung in einen

Sprühregen farbiger Lichter. Irgendwie – Warren konnte es sich nicht erklären – verwandelten sich der Nebel und die farbigen Lichter in ein strukturiertes Objekt. Er schätzt, daß dieses Objekt einen unteren Durchmesser von etwa neun Metern und eine Höhe von etwa sechs Metern hatte. An der Unterseite erkannte er ein Band blauer Lichter, und von dem Gebilde ging ein Regenbogen- oder Perlmutteffekt aus, der so gleißend war, daß Warren kaum hinsehen konnte.
Warren war, so erzählte er, wie angewurzelt stehengeblieben. Andere, darunter auch hohe Offiziere, rannten in Deckung, wobei sie die Videokamera und die Filmkamera mitnahmen, mit denen sie das Objekt aufgenommen hatten.
Halt erwähnt in seinem Bericht, daß im Morgengrauen des nächsten Tages (seine Männer waren inzwischen schon seit sechs Stunden im Wald) die Umgebung der außerordentlichen Sichtungen untersucht wurde. Man fand im Waldboden drei vier Zentimeter tiefe und achtzehn Zentimeter breite Eindrücke. In dieser Nacht vom 29. Dezember war die Strahlung in diesem Gebiet mit Geigerzählern überprüft worden. Halt hält in seinen Daten fest: »Beta/Gammastrahlen von 0,1 Milliröntgen mit Spitzenwerten in den drei Eindrücken und im Umkreis der von den Eindrücken gebildeten Dreiecke. Ein nahe stehender Baum hatte gemäßigte Werte (0,05 bis 0,07), gemessen von der Stammseite in Richtung der Eindrücke.« Die Bodenwerte waren, wie in *Strange But True?* behauptet wurde, 25mal so stark wie die normale Hintergrundstrahlung auf dem englischen Land.

Über Rendlesham hing eine Wolke der Geheimhaltung. Mitarbeiter der Basis wie Sergeant Jim Penniston stellten in den folgenden Tagen außergewöhnliche Aktivitäten fest. Unvorhergesehene Flugzeuge kamen und gingen. Penniston erhielt die Anweisung, sich ruhig zu verhalten und sie zu vergessen.

Selbst Halt wurde im dunkeln gelassen. Seine Vorgesetzten wiesen ihn an, seinen Bericht dem Verteidigungsministerium zu übermitteln, was er auch tat. Meine Vorgänger scheinen ihm allerdings keine besondere Bedeutung beigemessen zu haben. Halt findet das zu Recht vollkommen unverständlich. Der Bericht wurde dem Ministerium von Major Donald Moreland übermittelt, und zwar genau gesagt der Vorgängerin meiner Abteilung, Defence Secretariat 8. Hier endet die Spur, und aus den Akten geht nicht klar hervor, was als nächstes geschah. Oberstleutnant Halt wartet seit 15 Jahren, immer noch verwirrt und verärgert, auf unseren Bericht.
Clifford Stone, ein ehemaliger Mitarbeiter des U.S.-Geheimdienstes, ist davon überzeugt, den Ursprung und Zweck dieser mysteriösen Flüge und den Grund für die totale Nachrichtensperre zu kennen. Die Flugzeuge, deren Flüge von hochrangigen Funktionsträgern der amerikanischen Luftwaffe angeordnet worden waren, hatten Expertenteams an Bord, die Daten aus dem Wald sammelten (und wahrscheinlich auch das unschätzbar wertvolle Filmmaterial mitnahmen), um sie direkt nach Washington zu senden. Was immer mit diesen Daten geschah und zu welchen Schlüssen das Pentagon gelangte, erfuhr Halt nie. Bald danach wurde er befördert und ist inzwischen in Pension.
Sein Memo führte allerdings dazu, daß dem britischen Parlament eine Frage vorgelegt wurde. Die Antwort, die im wesentlichen vom Verteidigungsministerium kam, entsprach den üblichen Aussagen: Was immer in Rendlesham Forest geschehen war, hatte angeblich keine Bedeutung für die Verteidigung. Die Antwort stieß bei Lord Hill-Norton, der nicht müde wird, seine Sicht des Vorfalls kundzutun, auf Unwillen. »Entweder litten die Amerikaner und insbesondere der stellvertretende Basiskommandant an Halluzinationen, oder sie glaubten, daß dort etwas gelandet war, und sie hatten Fotos und

Aufzeichnungen davon gemacht. In jedem Fall muß der Vorfall von Interesse für die Verteidigung des Vereinigten Königreichs sein.«

Was ist mit den zivilen Untersuchungen? Lokale Bewohner hatten über dem Wald Lichter gesehen, aber man wies sie an, sich ruhig zu verhalten. Ein Paar, das mit Brenda Butler und Dot Street von BUFORA gesprochen hatte, mußte feststellen, daß das Verteidigungsministerium sein Grundstück mit Stacheldraht umzäunte und »Betreten-Verboten«-Schilder am Tor aufstellte. Gerald Harris, der in der Nähe der Basis lebt, sah, wie Lichter aufstiegen und wieder herabfielen und sich in Zickzackbahnen durch die Bäume bewegten. Da er in dieser Gegend lebt, ist er an Flugzeuglichter gewöhnt, und er hat sie über Jahre seines Lebens hinweg jeden Abend gesehen. Außerdem liegt die Rollbahn in der entgegengesetzten Richtung.

Brenda Butler und Dot Street, die von der Autorin und Ufologin Jenny Randles zusammengebracht wurden, befragten eine Reihe von Zeugen nach ihren Beobachtungen. Einer dieser Zeugen war ein Airman, der das Pseudonym James Archer benutzte. Er behauptete, am 27. Dezember einer der ersten am Schauplatz gewesen zu sein und dort ein Objekt gesehen zu haben, das dreieckig war und drei Beine hatte. Er erwähnt keine Außerirdischen (auch Halts Memo tut dies nicht), aber er sah, wie sich unidentifizierbare Gestalten im Inneren des Objekts bewegten. Sie sahen, wie er sagte, nicht wie Menschen aus. Dann beobachtete Archer, wie das Objekt aus einem praktisch schwebenden Stillstand mit hoher Geschwindigkeit wie ein Pfeil davonschoß – die klassische Beschreibung einer UFO-Bewegung.

Larry Warren benutzte zunächst das Pseudonym Art Wallace, wandte sich mit seiner Information danach aber unter seinem richtigen Namen an die Öffentlichkeit. Nachdem man ihm die Anweisung gegeben hatte, das auf dem Feld glühende Objekt einzukreisen, sah er, wie dem Objekt drei Kreaturen mit großen Köpfen und dunklen Augen (die klassische Beschreibung von *Greys*) entstiegen und kurz mit Oberst Gordon Williams, dem Kommandanten der Basis, zusammentrafen. Interessanterweise verlautbarte Williams nie irgend etwas, was mit dem Vorfall von Rendlesham zusammenhing. Warren beobachtete, wie sich vom Hauptflugkörper ein kleineres Dreieck löste und auf einer nahe gelegenen Lichtung auftauchte. Nach dem Vorfall gab es eine Besprechung, und Warren und die übrigen Mitglieder seines Teams wurden von »Geheimdiensttypen« angewiesen, über das, was sie gesehen hatten, Stillschweigen zu bewahren. Warren gewann den Eindruck, daß zumindest ein Teil des leitenden Personals, das sich in dieser Nacht draußen im Wald befunden hatte, den Vorfall erwartet hatte. Deshalb wohl auch die Fotoausrüstung. Es kursierte das Gerücht, daß der gedrehte Film schnell zur amerikanischen Luftwaffenbasis in Westdeutschland geflogen worden war, aber in der Folge hörte man nichts mehr darüber.

Wie so oft führte das Erscheinen eines Buches dazu, daß weitere Zeugen auf den Plan traten. Nachdem Brenda Butler, Dot Street und Jenny Randles *Sky Crash* geschrieben hatten, war Sergeant Adrian Bustinza einer der ersten, der sich meldete. Er beschrieb das Objekt nicht nur als riesig und untertassenförmig, sondern bestätigte auch Warrens Behauptung, daß eine Reihe von Fotos davon angefertigt worden waren.

Über die Geschehnisse von Rendlesham herrscht weiterhin Verwirrung – nicht zuletzt über den Zeitpunkt, an dem sich die Ereignisse tatsächlich zutrugen. Die Berichte der Zeugen unterscheiden sich geringfügig voneinander, und die Version von Halt, die am 13. Januar geschrieben worden war, zwei Wochen nach den beschriebenen Ereignissen, macht klar, daß die Lichter am frühen Morgen des 27. Dezember zu sehen gewesen waren. Dann spricht er aber davon, daß die Untersu-

chungen »am nächsten Tag« (d.h. am 28. Dezember) und die Beta/Gammastrahlenmessungen »in der nächsten Nacht« (am 29. Dezember) durchgeführt worden seien.
Obwohl den UFO-Freaks heute das sogenannte »Halt-Paket« zur Verfügung steht, ist das Band immer noch umstritten. Ich war zuerst der Ansicht, daß es sich um ein Schelmenstück handelte, das wahrscheinlich von einer Gruppe von USAF-Mitarbeitern ersonnen worden war. Ich legte diese These einer Forscherin vor und erhielt einen langen Antwortbrief von Jenny Randles. Sie meinte, daß das Band 100prozentig echt sei, und auch Oberstleutnant Halt und andere haben seine Echtheit inzwischen bestätigt. Ich akzeptiere mittlerweile, daß das Band echt ist, obwohl es nur wenig zu unserem Verständnis dessen beiträgt, was in dieser Nacht wirklich geschehen ist. Es ist faszinierend, es sich anzuhören, und es besteht kein Zweifel, daß die Männer, deren Stimmen wir darauf hören, zu Tode erschrocken und vollkommen gefesselt sind von dem, was sie da sehen. Das Band bekräftigt auch tatsächlich eine Aussage in Halts Memo: »An diesem Punkt gerieten die Tiere einer nahe gelegenen Farm in wilden Aufruhr.« Jemand auf dem Band sagt: »Alle Tiere auf dem Hof haben sich inzwischen beruhigt.« Andere Zeugen konnten sich ebenfalls an die Aufregung der Tiere erinnern. Hatte diese ihren Grund in dem tiefen Summen eines außerirdischen Flugobjekts, oder – was noch schlimmer wäre – gab es einen Zusammenhang mit den Tierverstümmelungen?
Obwohl Lord Hill-Norton, der, wie Sie sich erinnern werden, Leiter des Verteidigungspersonals und Vorsitzender des NATO-Militärausschusses war, der Parlamentsabgeordnete Sir Patrick Wall und Ralph Noyes, selbst ehemaliger Leiter der DS 8, starken Druck von höchster Ebene ausübten, geschah nichts Konkretes. Als Halts Bericht 1983 veröffentlicht wurde, freuten sich die Medien über ein gefundenes Fressen. »UFO-

LANDUNG IN SUFFOLK« trompetete die *News of the World* am 2. Oktober auf ihrer Titelseite. »Von offiziellen Stellen bestätigt.«

Im Lauf der Jahre kam ein ständiger Strom von Briefen herein, aber Fakten und Phantasie vermengten sich unvermeidlicherweise so lange, bis Rendlesham Forest zu einem Mythos wurde. Rendlesham Forest ist das britische Roswell – wir wissen, daß etwas geschehen ist, aber wir wissen nicht, was. Ich bin davon überzeugt, daß das Verteidigungsministerium eine wichtige Chance ungenutzt vorüberziehen ließ, indem es den Vorfall nicht zum richtigen Zeitpunkt im Detail untersuchte. Inzwischen ist die heiße Spur kalt geworden: Die Air Base ist aufgelöst, das Personal hat sich in alle Winde zerstreut. Sogar ein großer Teil des Waldes wurde abgeholzt – manche sagen, aufgrund der massiven Verstrahlung der Bäume. Brenda Butler konnte nicht feststellen, wer die Bäume gefällt hatte oder was mit ihnen geschehen war.

Etwas an Rendlesham ist von den Ufologen konsequent ignoriert worden. Für mich ist es aber trotzdem der greifbarste Beweis dafür, daß dort etwas Außergewöhnliches passiert ist. Dieses Etwas sind die erhöhten Strahlenwerte. Ich kontaktierte den Strahlenschutzdienst des Verteidigungsministeriums, der dem Haslar Institute of Naval Medicine in Gosport, Hampshire, angegliedert ist. Im Gegensatz zu der Behauptung, die in *Strange But True?* aufgestellt wurde, waren die Werte nicht 25mal, sondern zehnmal so hoch wie normalerweise. Sie bedrohten die Anwesenden nicht unmittelbar, und die eingesetzten Geigerzähler des Militärs waren wahrscheinlich für die Messung weit höherer Strahlungswerte ausgelegt. Das erklart, daß die Skala am untereren Ende möglicherweise eine geringere Empfindlichkeit aufwies, so daß es schwierig war, die genauen Werte zu ermitteln. Es ist auch möglich, daß die Nachtstunden nicht die beste Zeit für die Messung waren, obwohl Halts sorgfältig ermittelte Ziffern, nämlich 0,05 und 0,07 anstelle der durchschnittlichen 0,06, auf ein hohes Maß an Präzision schließen lassen. Die meisten Ufologen konzentrieren sich auf die bizarren, nicht menschlichen Gestalten im Flugobjekt und auf deren Zusammentreffen mit leitendem Personal. Es entspricht der menschlichen Natur, sich auf die dramatischsten und spannendsten Aspekte zu konzentrieren, und das sind eben die Geschichten vom direkten Kontakt, von der nächsten aller nahen Begegnungen. Im Vergleich dazu sinkt der tatsächliche physische Beweis der erhöhten Strahlenwerte zu einer relativen Bedeutungslosigkeit ab. Das ist jedoch kein Ruhmesblatt für den allgemeinen Standard der wissenschaftlichen Forschung unter Ufologen und trägt nicht viel dazu bei, ihre Glaubwürdigkeit zu erhöhen.

Was war in Rendlesham Forest also wirklich geschehen? Es gab einige außergewöhnliche Versuche, die in Oberstleutnant Halts Bericht beschriebenen Ereignisse wegzuerklären. Einer dieser Versuche wurde von dem Wissenschaftsautor Ian Ridpath unternommen, der die Theorie vertrat, daß es sich bei den blinkenden, pulsierenden Lichtern in den Bäumen tatsächlich um die rotierenden Strahlen der zehn Kilometer entfernten Lichter des Leuchtturms von Orford Ness gehandelt habe. Der Zeitabstand auf dem Band, so sagt er, entspricht dem Rhythmus der Leuchtturmlichter. Des weiteren behauptet er, daß die Entfernung von zehn Kilometern bei Nacht wie ein paar hundert Meter erscheine. Als die Männer durch den Wald streiften, hätte das feststehende Licht des Leuchtturms außerdem den Anschein erweckt, daß es sich bewegt.
Als Ridpath diese Theorie in *Strange But True?* präsentierte, antwortete Oberstleutnant Halt meinem Gefühl nach äußerst zurückhaltend. »Ein Leuchtturm bewegt sich nicht durch den Wald, er explodiert nicht, verändert seine Form nicht und

sendet keine einzelnen Lichtstrahlen aus.« Er hätte auch hinzufügen können, daß der Leuchtturm von Orford Ness seine Lichtstrahlen wohl schon seit Jahren munter zehn Kilometer weit durch den Wald geschickt hatte. Das Personal von Woodbridge hätte das jeden Abend beobachten können.

John Mason, ein Astronom, beschreibt den Wiedereintritt einer russischen Rakete in die Erdatmosphäre, der in dieser Nacht stattfand. Es war dieses Zusammentreffen, das mich dazu brachte, Rendlesham mit den Sichtungen von 1993 in Zusammenhang zu bringen, die ich untersucht hatte. Zweifellos, so behauptet Mason, wurde der Wiedereintritt von vielen Menschen in ganz Südostengland beobachtet, und es besteht kein Zweifel, daß die Rakete beim Verbrennen einen »leuchtenden natürlichen Feuerball« erzeugte. Aber selbst auf die Gefahr hin, mich zu wiederholen und Oberstleutnant Halt zu zitieren: Weltraumtrümmer bewegen sich nicht durch einen Wald, explodieren nicht, verändern ihre Form nicht, senden keine Lichtstrahlen aus und bleiben auch nicht über drei Stunden lang sichtbar, wie dies im März 1993 über mehreren Teilen Großbritanniens jeweils der Fall war. War nun aber dieser Wiedereintritt von Raketentrümmern wie in diesen »1. April-Sichtungen« die Lücke in dem Vorhang, nach der eine außerirdische Macht Ausschau hielt? Konnte ein nicht identifiziertes Flugobjekt in diese Lücke schlüpfen, in der Hoffnung, daß der Wiedereintritt für ein einzelnes, isoliertes und erklärbares Ereignis gehalten werden würde?

Es war unvermeidlich, daß eine dieser Theorien die Anschuldigung enthalten würde, es würde da etwas vertuscht. Ich habe den Vergleich zu Roswell bereits gezogen. Manche gingen sogar noch weiter, indem sie meinten, daß ein Atomreaktor an Bord eines verunfallten Flugobjekts die außergewöhnlich hohen Strahlungswerte verursacht habe. Ich bezweifle ernsthaft, daß ein solcher Unfall vor den sensationslüsternen Medien hätte geheimgehalten werden können. Wäre dies eine Art englisches Tschernobyl gewesen, hätten sie nicht lange bohren müssen, um der Wahrheit auf die Spur zu kommen.

Es gab noch andere, viel seltsamere Theorien. Meine Freundin Liz Manning, die ganz in der Nähe von Rendlesham Forest aufwuchs, erzählte mir von einer lokalen Legende über einen deutschen Piloten, der getötet wurde, als sein Flugzeug im Zweiten Weltkrieg über Suffolk abgeschossen wurde. Vielleicht war es sein Geist, hieß es, der seit damals in dem Wald herumspukte, der da pulsierte, von dem Metall herabtropfte und der ohne jedes Geräusch und ohne Hitzeentwicklung in tausend Stücke zersprang. Die Eindrücke im Boden, die von Halts Männern sorgfältig vermessen wurden, waren, so die Skeptiker, von Kaninchen verursacht worden (die wahrscheinlich in verstrahltem Zustand weiterhin in Rendlesham herumhoppelten).

Mit der Zeit kamen immer mehr Informationen über den Zwischenfall ans Tageslicht. Während sich Charles Halt in Großbritannien aufhielt, um *Stange But True?* zu filmen, hielt er einen Vortrag vor Ufologen, bei dem er bestätigte, daß alles in seinem Bericht wahr sei. Der Bericht sei jedoch nicht vollständig, zum Teil deswegen, weil er, Halt, davon ausgegangen sei, daß man mit ihm und seinen Leuten Besprechungen abhalten werde, bei denen sie detailliertere Informationen erhalten würden. Das geschah natürlich nie. Halt gab in seinem Vortrag an, die Objekte am Himmel und die leuchtende Sphäre ganz genau gesehen zu haben. Er war davon überzeugt, daß beides von intelligenten Wesen kontrolliert wurde. Dieses Eingeständnis war entscheidend. Wenn er es in seinen Bericht aufgenommen hätte, wäre er vom Verteidigungsministerium vielleicht eher ernst genommen worden. Wer weiß.

Larry Warren, der 1994 nach Suffolk zurückkehrte, um *Network First* ein Interview zu geben, schreibt gemeinsam mit

Peter Robbins, der mit dem Entführungsexperten Budd Hopkins zusammenarbeitet, ein Buch über seine Erfahrungen, das den Titel *Left at East Gate* trägt.
Wir können nicht beweisen, daß in Rendlesham Forest ein außerirdisches Flugobjekt landete, aber wir können auch das Gegenteil nicht beweisen. Der ehemalige Geheimdienstmitarbeiter Clifford Stone ist davon überzeugt, daß Washington die Antwort kennt, daß in diesem Wald in Suffolk eine ultramoderne Technologie niederging und daß dabei eine intelligente Macht im Spiel war. »Und diese intelligente Macht«, so Stone, »kam nicht von der Erde.«
»Lassen Sie mich aus der Geschichte raus«, forderte Larry Warren, »und Sie haben immer noch eine Geschichte. Sie wird immer dasein.«

9 Offizielle Akten, offizielle Studien

Regierung und Bürokratie sind zwei Dinge, die untrennbar miteinander verbunden sind. Selbst in den computerdominierten neunziger Jahren bedeutet dies vor allem eines: Papier, Papier, Papier. Da Büroraum teuer ist und die Aufbewahrung von Papier viel Platz beansprucht, werden bestimmte Dokumente auf Mikrofilm übertragen, um Platz zu sparen. Einfacher aber ist es, alle schriftlichen Unterlagen zu vernichten, wenn sie nicht mehr gebraucht werden.
Alle schriftlichen Dokumente, egal über welches Thema, werden mindestens fünf Jahre lang aufbewahrt. Schließlich kann jedes Thema zu einem späteren Zeitpunkt wieder aktuell werden. Eine parlamentarische Anfrage zieht viele Stunden Arbeit nach sich: Die Akten müssen ausgegraben werden, es muß überprüft werden, welche Maßnahmen bereits ergriffen wurden, und man muß festlegen, was als nächstes geschehen soll. Nach fünf Jahren muß entschieden werden, was mit den »toten« Akten passieren soll. Für diesen Vorgang gibt es in Großbritannien das unmißverständliche Gesetz »Public Record Act«, in dem die Vernichtung respektive Aufbewahrung der Akten geregelt wird. In dieser Situation muß der Staatsdiener Pragmatiker, Politiker, Archivist und Historiker in einem sein. Wird eine bestimmte Akte in Zukunft noch so interessant sein, daß die Aufbewahrung gerechtfertigt ist? Akten über wichtige politische oder militärische Fragen wie über den Falkland-Krieg würden in diese Kategorie fallen. Wir sind uns heute bewußt, wie wichtig es ist, Vergangenes zu dokumentieren, während die Dokumente in der Vergangenheit nur wahllos und nach dem Zufallsprinzip erhalten blieben. Das macht die

Entscheidung, ob ein Dokument aufbewahrt oder vernichtet werden soll, um so schwieriger. Während die meisten alltäglichen Akten fünf Jahre nach ihrer Entstehung automatisch im Reißwolf enden, werden andere aufbewahrt, damit sie zu einem späteren Datum wieder eingesehen werden können.

Die aufbewahrten Akten werden an das Public Record Office in Kew weitergeleitet, wo sie der Öffentlichkeit 30 Jahre nach dem Datum des aktuellsten Papiers zur Verfügung gestellt werden – die berühmte »Dreißig-Jahre-Regel«. Andere Papiere wieder müssen 100 Jahre lang vertraulich bleiben – Kriminalfälle, bei denen es um Schwerverbrechen geht, viele Papiere des Außenministeriums und des Commonwealth Office und natürlich viele Papiere des Verteidigungsministeriums, die sich mit sensiblen militärischen und diplomatischen Themen befassen.

Die Entscheidung, eine Akte aufzubewahren, ist der Abteilung oder dem Büro vorbehalten, die sie angelegt hat, aber es gibt innerhalb der einzelnen Ministerien und natürlich auch im Büro in Kew spezielle Abteilungen für das Management von Akten.

Wie wir bereits gesehen haben, sind manche UFO-Kreise fest davon überzeugt, daß in diesem Bereich viel vertuscht wird (ich werde mich später noch mit diesem Thema auseinandersetzen), und die Tatsache, daß Akten vernichtet werden, hat zu einer gewissen Paranoia geführt. Was wurde in den Rachen des Reißwolfes geworfen? Was wird mit Absicht geheimgehalten? Das Traurige ist, daß man vor 1967 nicht der Meinung war, daß UFO-Akten von gesellschaftlicher oder historischer Bedeutung sein könnten, und so wurden die meisten von ihnen vernichtet. Das ist tragisch, denn nun haben wir keine Informationen mehr über die frühesten UFO-Sichtungen in Großbritannien. Es wird oft gefragt, warum sich all die UFO-Geschichten in Amerika zugetragen haben. Eine mögliche

Antwort könnte im Mangel an Informationen liegen, der bei uns herrscht. Vielleicht gab es in Großbritannien ebenfalls Sichtungen, aber wir haben die Unterlagen vernichtet. Erst 1967, als geballte Sichtungen gemeldet wurden und das Interesse der Öffentlichkeit entsprechend zunahm, wurde beschlossen, die UFO-Akten von nun an aufzubewahren. Aus der Zeit vor diesem Datum fehlen uns Tatsachenberichte. Wurden 1947 »fliegende Untertassen« gesichtet, die jenen entsprechen könnten, die Kenneth Arnold sah? Setzten wir uns mit den Amerikanern in Verbindung? Im Jahr 1956 gab es eine UFO-Sichtung am Radarschirm der Militärbasis von Bentwaters, aber die Akte ist verschwunden. Wie formulierten wir unsere Politik zu Beginn? Wann wurde zum Beispiel mein eigener Posten geschaffen? Wir können keine dieser Fragen mit Sicherheit beantworten.

Das Gute ist, daß durch die Fehler, die in jeder Bürokratie vorkommen, oder vielleicht auch durch das Interesse irgendeines grauen Archivisten im Public Record Office, einige dieser frühesten Akten des Ministeriums dem Feuer entkamen. Hinweise auf diese Akten finden sich in Anhang 6 dieses Buches (die angegebenen Aktennummern sind die des Public Record Office). Jeder, der Einsicht in sie nehmen will, kann nach Kew fahren und das tun. Da sie öffentliches Gut sind, dürfen sie sogar kopiert werden – so offen ist unsere Regierung!

Die meisten Akten aus den sechziger Jahren sind ziemlich langweilig. Ihr Format unterscheidet sich kaum von dem der von mir verwendeten Akten. Sie enthalten größtenteils Berichte über UFO-Sichtungen sowie die Antworten des Verteidigungsministeriums, in denen jene Erklärung geboten wird, die zum damaligen Zeitpunkt als die vernünftigste erschien. Andere Papiere enthalten allgemeine Korrespondenz – Leute, die sich nach der offiziellen Position in der UFO-Frage erkundigen oder Hypothesen aufstellen. Jede Akte enthält die Standardzeile des Ministeriums, derzufolge von den Sichtungen keine Bedrohung für das Vereinigte Königreich ausgehe.

Die – historisch gesehen – mit Abstand interessanteste Akte ist PREM 11/855. Sie finden sie in Anhang 7 zu diesem Buch. Im Jahr 1952 blickte Winston Churchill bereits auf eine lange und außergewöhnliche Karriere zurück. Der gescheiterte Wissenschaftler, teilnahmslose Soldat und überragende Autor hatte eine politische Karriere voller Höhen und Tiefen absolviert. In dieser Phase seines Lebens war er jedoch unangreifbar, der unbestrittene »große alte Mann« des zwanzigsten Jahrhunderts, der seine besten Zeiten bereits hinter sich hatte. »Worauf läuft all dieses Zeug über fliegende Untertassen hinaus?« fragte er das Luftfahrtministerium. »Was kann es bedeuten? Was ist die Wahrheit? Lassen Sie mir bei Gelegenheit doch einmal einen Bericht zukommen.« Churchills Worte beschäftigen die nachfolgenden Generationen auch heute noch. »Was kann es bedeuten? Was ist die Wahrheit?«

Die etwas reservierte Antwort des Luftfahrtministeriums bezieht sich auf eine Studie des Geheimdienstes, die 1951 durchgeführt worden war. Obwohl sonst nirgendwo auf diese Studie Bezug genommen wird, werden ihre Schlußfolgerungen in der Antwort an Churchill zitiert. Sie unterscheiden sich nicht wirklich von den Erklärungen, die ich den Leuten zu geben pflegte, als ich noch UFO-Beauftragter war. »Bekannte astronomische und meteorologische Phänomene« (Meteore und Meteoriten, aber damals natürlich noch kein Weltraumschrott); »falsche Interpretationen von konventionellen Flugzeugen, Ballons etc.«; »optische Täuschungen« (z.B. Wolkenformationen); »psychologische Täuschungen« (die wir heute, nach vierzig Jahren, mit etwas mehr Nachsicht sehen könnten) und »absichtliche Irreführungen«. Interessant daran ist, daß die Amerikaner 1948-1949 (sehr kurze Zeit nach Arnolds berühmter Sichtung) ähnliche Untersuchungen durchgeführt hatten und zu ähnlichen Ergebnissen gelangt waren. Das deutet auf ein gewisses Maß an Zusammenarbeit mit den Vereinigten Staaten hin, aber es könnte auch erwähnt worden sein, um Churchill, dessen Mutter Amerikanerin war und der auf der anderen Seite des Atlantiks große Popularität genoß, zu beruhigen. Das Problem war nämlich, daß die amerikanischen Behörden zu *keinen* ähnlichen Schlußfolgerungen gelangt waren. Aus einem CIA-Memorandum des Jahres 1952 geht hervor, daß das Air Technical Intelligence Center seit 1947 etwa 1500 UFO-Berichte erhalten hatte, von denen 20 Prozent nicht aufgeklärt werden konnten.

Es gibt noch einen anderen interessanten Hinweis – den nämlich auf das Ökonomieprinzip oder die »Rasiermessertheorie« Wilhelm von Ockhams. Ockham (1285–1349) vertrat die Theorie, daß alle zur Erklärung einer Sache nicht notwendigen Begründungen überflüssig und daher »wegzuschneiden« seien: »Vervielfache nichts über die Notwendigkeit hinaus« (pluralitas non est ponenda sine necessitate).

Der offenkundige Mangel in der Antwort des Luftfahrtministeriums bestand darin, daß sie keine Fälle enthielt, die nicht aufgeklärt werden konnten. Im Jahr 1952 waren die »Foo-Fighter« das bekannteste Phänomen, die unerklärlichen Lichter, welche die Piloten der Alliierten und der Achsenmächte im Zweiten Weltkrieg sahen. Bomber- und Kampfflugzeuggeschwader meldeten solche Sichtungen in zahlreichen Berichten, die auf jeden Fall ihren Weg ins Ministerium gefunden haben müssen. Die Antwort, die Churchill erhielt, ist *per se* keine Lüge, sondern sie ist selektiv, wahrscheinlich deshalb, weil das Thema noch nicht den Stellenwert und die Anhänger hatte wie heute und weil das Ministerium die ganze Sache als Zeitverschwendung betrachtete. Man glaubte nicht an kleine, grüne Männchen, und deshalb wurde alles andere genauso zurückgewiesen. Wilhelm von Ockham hat viel zu verantworten.

Wenn Churchill die Details bekannt gewesen wären, die in der einen oder anderen aus dieser Zeit erhaltenen Akte enthalten sind, hätte er sich von der Antwort des Luftfahrtministeriums nicht so leicht abfertigen lassen. Leider trat der folgende Vorfall erst ein, nachdem Churchill seine Antwort erhalten hatte. Am 19. September 1952 befand sich Hauptmann J. Kilburn vom 269. Geschwader gemeinsam mit sechs RAF-Kollegen in der Luftwaffenbasis in Topcliffe zwischen Ripon und Thirsk in Yorkshire und beobachtete ein Meteor-Kampfflugzeug, das seine Übungen vollführte. Plötzlich beobachtete einer der Männer, Oberleutnant Paris,

> in einer Höhe zwischen 3000 und 6000 Metern, etwa fünf Meilen hinter der Meteor, ein weißes Objekt am Himmel. Das Objekt war rund und von silberner Farbe , und es schien sich viel langsamer fortzubewegen als das Meteor-Flugzeug, wenn auch auf einem ähnlichen Kurs. Es behielt das langsame Vorwärtstempo einige Sekunden lang bei, bevor es in einer eigenartigen Pendelbewegung in der Art eines zu Boden fallenden Ahornblattes niederzugehen begann. Erst meinten die Männer, es müsse sich um einen Fallschirm oder um eine Motorenverkleidung handeln. Inzwischen nahm die Meteor Kurs auf Dishforth, und das Objekt, seinen Sinkflug fortsetzend, schien ihm zu folgen.
>
> Nach einigen weiteren Sekunden stellte das Objekt seine Pendelbewegung und seinen Sinkflug ein und begann sich um seine eigene Achse zu drehen. Plötzlich beschleunigte es auf eine unglaubliche Geschwindigkeit in Richtung Westen, bevor es eine Südostwendung vollzog und verschwand.
>
> All das dauerte nur etwa fünfzehn oder zwanzig Sekunden. Die Beschleunigung war schneller als die einer Meteor. Ich habe noch nie in meinem Leben ein solches Phänomen gesehen. Die

Bewegungen des Objekts waren mit nichts vergleichbar, was ich je in der Luft gesehen habe, und die Beschleunigung war unglaublich.

Das war eine klassische Sichtung aus einer Zeit vor der Ära der direkten Kontakte mit Menschen. Sie wurde von normalen Bürgern bestätigt, deren Berichte ebenfalls in der Akte enthalten sind. Sechs ausgebildete Piloten hatten etwas Außergewöhnliches gesehen, für das es keine offizielle Erklärung gab, und trotzdem wurde die Angelegenheit nicht weiter verfolgt. Das silberne Objekt stand offensichtlich unter der Kontrolle intelligenter Wesen, und es vollzog Manöver einer Art, die unsere eigenen Miltärflugzeuge nie zu erreichen hoffen durften. Es war ein klarer Fall eines Phänomens, über das sich das Verteidigungsministerium äußerst besorgt hätte zeigen müssen.
Da dank der Dreißig-Jahre-Vorschrift immer mehr dieser Akten verfügbar wurden, können wir wenigstens einen Teil der Geschichte der britischen Ufologie nachvollziehen. Eine kleine Warnung an alle, die diese Akten studieren möchten: Das amerikanische Gesetz für Informationsfreiheit hat dazu geführt, daß eine Flut von zuvor geheimgehaltenen Informationen heute der Öffentlichkeit zugänglich ist (der Bericht von Oberstleutnant Halt über den Vorfall von Rendlesham Forest ist ein gutes Beispiel). Ich persönlich freue mich darüber, daß diese Dokumente heute von jedermann eingesehen werden können. Die Sache hat aber einen Haken: Die Dokumente können sehr leicht gefälscht werden. Ironischerweise hat die Freigabe echter UFO-Dokumente den Fälschern ihr Handwerk erleichtert, indem sie ihnen Blaupausen offizieller Dokumente an die Hand gab, die Namen wirklich existierender Abteilungen und Mitarbeiter, die sie verwenden, und Unterschriften, die sie kopieren konnten. Solche Dinge sind in Amerika bereits

passiert. Sie haben dazu geführt, daß Wissenschaftler in ihren Forschungen steckenblieben, daß Erkenntnisse vernebelt wurden und daß man eine Menge Zeit verschwendete.

Das berühmteste Beispiel der Kontroverse, die durch die Möglichkeit des Fälschens entstand, ist die Serie von Dokumenten, die unter dem Namen Majestic-12 bekannt sind. Wir tappen noch immer im dunkeln über das, was 1947 in Roswell, New Mexico, wirklich geschah, aber es herrscht Übereinstimmung darüber, daß sich die amerikanische Regierung in diesem Fall einer kolossalen Vertuschungsaktion schuldig machte.

Der angeblich von Präsident Truman eingesetzte Untersuchungsausschuß, der ihm persönlich unterstand, setzte sich aus zwölf leitenden Beamten zusammen – eine Zahl, die dem Projekt seinen Namen »Majestic-12« gab. Die Mitglieder dieses Ausschusses waren Dr. Vannevar Bush, Leiter des wissenschaftlichen Forschungsbüros, das kurz zuvor die Atombombe entwickelt hatte, Konteradmiral Roscoe Hillenkoetter, ehemaliger Direktor der CIA, Lloyd Berkner, ehemaliger Sekretär des gemeinsamen Forschungs- und Entwicklungs-Board, Dr. Detlev Bronk, ein prominenter Wissenschaftler, James Forrestal, ehemaliger Verteidigungsminister, Gordon Gray, Trumans Sonderassistent, Dr. Jerome Hunsaker, Leiter der Abteilung für Maschinen- und Flugzeugbau des Massachusetts Institute of Technology, Dr. Donald Menzel, ein Astronom, der bekannteste UFO-Enthüller seiner Generation, General Robert Montague, Kommandant der Militärbasis von Sandia in Albuquerque, Konteradmiral Didney Souers, Sekretär des Nationalen Sicherheitsrates, General Nathan Twining, Kommandant der Wright-Patterson-Luftwaffenbasis, und General Hoyt Vandenberg, Direktor der CIA. Da diese Männer heute tot sind, können wir uns lediglich auf die erhaltene Dokumentation verlassen, die angeblich von ihnen stammt. Es ist keinesfalls erwiesen, daß die zwölf genannten Männer je an einem

solchen Ausschuß beteiligt waren oder daß er überhaupt existierte.
Die Dokumente tauchten das erste Mal auf, nachdem einem amerikanischen Fernsehproduzenten per Post anonym eine Filmrolle zugeschickt worden war. Es sickerte durch, daß Trumans Unterschrift unter einem der Majestic-12-Dokumente identisch mit seiner Unterschrift auf einem anderen, damit in keinem Zusammenhang stehenden Dokument war. Graphologen sind sich darüber einig, daß die Unterschriften einander nicht gleichen, was es als wahrscheinlich erscheinen läßt, daß diese Unterschrift einfach von dem einen auf das andere Dokument kopiert worden war. Wir sind nun in einer Situation angelangt, in der geblufft und gegengeblufft wird. Zehn Jahre nach dem ersten öffentlichen Auftauchen der Majestic-12-Dokumente tobt immer noch eine wilde Debatte. Einer Theorie zufolge sind die Dokumente echt, und Roswell ist wahrscheinlich nur einer von vielen Zwischenfällen, die von der amerikanischen Regierung geheimgehalten werden. Eine weitere Theorie lautet, daß nur ein Teil der Dokumente freigegeben wurde (der infolge des Gesetzes zur Informationsfreiheit »durchsickerte«), um eine Art Konditionierungsprozeß auszulösen, dessen Ziel es war, die Öffentlichkeit nach und nach an die Existenz realer UFOs zu gewöhnen. Wieder eine andere Theorie lautet, daß die Majestic-12-Dokumente ein Meisterstück gezielter Desinformation sind, eine Geschichte über verunfallte Untertassen und tote Außerirdische, die so absurd ist, daß dadurch die Glaubwürdigkeit aller anderen UFO-Sichtungen geschwächt wird. Die letzte Theorie ist für Nicht-Ufologen die plausibelste: Ihr zufolge fabrizierten UFO-Forscher die Beweisstücke aus persönlichen Beweggründen selbst. Es wurden Namen genannt, und es gibt einige Hinweise darauf, daß der Fälscher über Insiderwissen aus der Welt des Geheimdienstes verfügte. Die »offizielle« Linie ist, daß die Dokumente

überhaupt nicht freigegeben wurden, weder im Rahmen des Informationsfreiheitsgesetzes noch anderweitig, und daher hundertprozentige Fälschungen sind.

Es gibt unterschiedliche Motive dafür, UFO-Dokumente zu fälschen, aber im Grunde sind es dieselben, die Spaßvögel dazu bewegen, ihre Streiche zu spielen. Der erste Grund ist natürlich finanzieller Natur. Auf dem Gebiet der UFO-Forschung ist eindeutig Geld zu verdienen. Überzeugende Fotos oder packende Entführungsgeschichten führten im Lauf der Jahre zur Produktion Hunderter Bücher und Filme. Der zweite Grund liegt in der Möglichkeit, Aufmerksamkeit zu erregen. Obwohl praktisch alle meine Zeugen daran interessiert waren, öffentliches Interesse zu vermeiden, gilt dies nicht für alle Menschen. Es gibt Leute, die sich gern eine Zeitlang in ihrem Ruhm sonnen, die das Gewitter der Blitzlichter genießen und ihre Namen gern in der Zeitung gedruckt sehen. Drittens gibt es die wirklich Überzeugten, die nichts daran finden, das eine oder das andere Dokument zu fälschen, um ihre eigene Argumentationsbasis zu stärken. In Wirklichkeit unterminieren solche Leute natürlich die seriöse wissenschaftliche UFO-Forschung und drehen die Uhr um unzählige Jahre zurück. Schließlich gibt es noch Witzbolde wie Doug und Dave, die zugaben, in den achtziger Jahren überall in Südengland Getreidekreise gefälscht zu haben. Man mag sie lieben oder hassen – die Welt ist voll von irdischen wie auch von kosmischen Spaßvögeln.

In den letzten Jahren hat sich eine neue Quelle wertvoller Information aufgetan. Der letzte – gutwillige – Diktator der Sowjetunion, Michail Gorbatschow, brachte *Perestroika, Glasnost* und schließlich auch den Zusammenbruch der Sowjetunion im Jahr 1990. Ein direktes Ergebnis der neuen Offenheit war, daß die ehemalige UdSSR ihre Archive öffnete und ihren Bürgern zum ersten Mal, seit Lenin ihnen 1917 Brot, Frieden

und Land versprochen hatte, die Möglichkeit gab, frei zu sprechen.
In Moskau erforscht derzeit eine staatlich finanzierte Organisation unter der Leitung des aufgeschlossenen Wissenschaftlers Dr. Anatoly Akimov auf der Grundlage von UFO-Berichten neue Antriebssysteme.
Generalmajor Boris Suriokov erzählte dem Dokumentationsteam von *Network First* im Jahr 1994, daß sein Flugzeug, als er im Zweiten Weltkrieg sowjetische Bomber flog, einem Objekt begegnete, von dem es elektrisch aufgeladen wurde. Um eine Explosion zu vermeiden, entschied er sich für einen Notabwurf der Bomben. Aus Angst vor Repressalien meldete er in seinem Bericht, die Mission sei ein Erfolg gewesen. Er zeichnete das Objekt für die Kameras und verglich es mit einem »Miniatur-Sonnenaufgang«, der sich mit großer Geschwindigkeit fortbewegte. Es handelte sich um etwas ganz anderes als die Anti-Flieger-Blitze der damaligen Zeit, etwas, das in dieser Art seither weder von Russen noch von Amerikanern entwickelt worden ist.
Etliche Jahre später, am 20. September 1977, sahen mehr als 170 Wachen und anderes Militärpersonal bei Petrozavodsk an der finnischen Grenze um 4 Uhr morgens ein großes Objekt am Himmel glühen. Sie beobachteten es vier Stunden lang, und ingesamt hatte es fünfzehn Minuten lang den Anschein, als ließe es Lichtstrahlen herabregnen, bevor es sich in Richtung Finnland bewegte. Soldaten und Polizisten am Boden, die versuchten, Meldung darüber zu machen, mußten erkennen, daß ihre Funkfrequenzen blockiert waren und ihre Telefone nicht funktionierten.
Diese Sichtung führte zu einer Übung, die keine britische Regierung je unternommen hat, und die, wie Oberst Boris Sokolov, Leiter des Untersuchungsteams von Petrozavodsk, gegenüber *Network First* zugab, auch nicht wiederholt werden

sollte. Das sowjetische Verteidigungsministerium und die Akademie der Wissenschaften stellten ein Beobachtungsteam zusammen, das aus der gesamten russischen Armee und aus Zivilisten bestand – über sechs Millionen Männer und Frauen. Dieses »Team« wurde damit beauftragt, den Himmel zu beobachten. Auf einem Sechstel der geographischen Erdoberfläche hielten die Menschen Ausschau nach UFOs.
So faszinierend dies alles sein mag, es ist eine Tatsache, daß aus dem Osten auch viel gefälschtes Material kommt. In den maroden Wirtschaften der Länder des ehemaligen Warschauer Paktes leben Millionen Menschen, die kaum ihr Leben fristen können. Nun traten da plötzlich amerikanische UFO-Forscher auf den Plan. Sie winkten mit Dollarscheinen und waren willens und fähig, für Informationen über UFOs in harter Münze zu bezahlen. Die Versuchung, diesem Wunsch mit Hilfe einer alten Schreibmaschine und einem bunt zusammengewürfelten Sammelsurium von »Fakten« nachzukommen, muß groß gewesen sein. Die Ergebnisse könnten uns in unseren Forschungen noch jahrelang behindern.
So wichtig die älteren Akten in Großbritannien und anderswo auch sein mögen, wir müssen die Gefahr meiden, uns von den historischen Forschungen allzusehr blenden zu lassen. Wie Verbrechen werden ufologische Rätsel meist entweder sofort geklärt oder überhaupt nicht. Je mehr Zeit vergeht, desto blasser wird die Spur. Wenn wir die Antwort auf die UFO-Frage finden wollen, dann müssen wir sie »dort draußen« suchen und uns auf das Hier und Jetzt konzentrieren anstatt auf die vergilbten Papiere von gestern.
Würde es also nicht helfen, wenn alle alten Akten und Papiere freigegeben würden? Die UFO-Lobby argumentiert, daß die UFO-Akten des Verteidigungsministeriums von der Dreißig-Jahr-Regel ausgenommen und augenblicklich im Public Record Office zur öffentlichen Einsichtnahme ausgelegt werden

sollten. Im Fall der UFO-Berichte, so sagen sie, hat die Dreißig-Jahre-Regel nur zwei Auswirkungen: Erstens fördert sie Argwohn und Mißtrauen, und zweitens hindert sie seriöse Wissenschaftler daran, interessanten Berichten nachzugehen. Larry Warren war zu dem Zeitpunkt des Vorfalls von Rendlesham Forest 19 Jahre alt. Wäre sein Beweismaterial der Dreißig-Jahre-Regel unterworfen gewesen, wäre er 49 Jahre alt gewesen, bevor sein Bericht an die Öffentlichkeit gekommen wäre. So viele Erinnerungen, so viele Einzelheiten wären in dieser Zeit verlorengegangen. Wenn ein Bericht keine Informationen enthält, die heute im Interesse der öffentlichen Sicherheit geheimgehalten werden müßten (unabhängig der zur damaligen Zeit verwendeten Kriterien für eine solche Geheimhaltung), dann sehen viele keinen Grund, warum die Akte nicht freigegeben werden sollte. Ein solcher Schritt würde auch die hartgesottensten Verschwörungstheoretiker wahrscheinlich nicht überzeugen, die einfach behaupten würden, daß an den Unterlagen herumgepfuscht oder daß entscheidende Akten zurückgehalten wurden. Wenigstens würden aber jene seriösen Ufologen einigermaßen zufriedengestellt, die immer die Zusammenarbeit mit der Regierung gesucht haben. Die bereits in Kraft befindlichen Gesetze lassen in bezug auf die Dreißig-Jahre-Regel ein gewisses Maß an Flexibilität zu: Es wäre kein massiver Eingriff, diese Flexibilität etwas zu dehnen. So die Theorie.

Ein weiterer Vorschlag der UFO-Lobby besteht darin, daß das Verteidigungsministerium die Fälle in dem Augenblick freigeben sollte, in dem sie hereinkommen. Indem zwecks Sicherung der Vertraulichkeit Namen und Adressen der Zeugen beseitigt würden, könnten Kopien dieser Berichte zum Beispiel an BUFORA und Quest geschickt werden, vielleicht auf monatlicher Basis. Die Rohdaten könnten von einer Übersicht begleitet werden, in der das Ministerium über seine eigene Nachbereitung der Fälle und die gezogenen Schlüsse informiert. Wären wir dann in der Lage, Winston Churchills Frage zu beantworten?

Das wird uns mit Sicherheit erst dann gelingen, wenn wir Zugang zu allen Fakten haben. Könnte es sein, daß noch mehr UFO-Akten die Vernichtungsorgie überlebt haben, die viele Mitglieder der UFO-Lobby so verdächtig finden?

Ich stieß während meiner Arbeit im Ministerium zwar auf keinerlei unerwartetes UFO-Material, aber ich hatte aus Zeitmangel nur oberflächlich suchen können. Die Verschwörungstheoretiker würden mir erzählen, daß Hunderte von UFO-Akten an einem anderen Ort verborgen liegen könnten, versteckt vor den neugierigen Blicken der Öffentlichkeit. Trotzdem hatte ich das Gefühl, falls irgendwo noch Dokumente ihrer Entdeckung harrten, so befänden sie sich wahrscheinlich unter den Hunderttausenden anderer, die im Public Record Office in Kew aufbewahrt wurden. Diese Idee stand hinter den Verdachtsäußerungen jener, die von einer Vertuschungsaktion überzeugt waren. Schließlich ist der beste Ort, einen Baum zu verstecken, immer noch der Wald.

Ich stattete Kew einen Besuch ab, vorgeblich um zu überprüfen, ob die Öffentlichkeit auch freien Zugang zu allen Akten hatte, von denen ich behauptete, daß sie Allgemeingut seien, aber ich war auch neugierig, ob ich Hinweise auf die Existenz anderer Akten finden würde.

Mein Besuch erwies sich als äußerst interessant. Obwohl ich Aktenzeichen und genaue Hinweise auf die Akten hatte, die ich sehen wollte, dauerte es eine Weile, bis sie mir zugänglich gemacht worden waren. Ich hatte aufrichtiges Mitleid mit jedem, der ohne die Zahlen erschien, die man braucht, um UFO-Unterlagen zu finden. Diese Person müßte echte Sisyphusarbeit leisten.

Wenn die Akten dort sind, wie waren sie dorthin gekommen?

Bedenken Sie, daß es schwierig ist, Akten zu beseitigen; die Beamten schicken sie an spezielle Archive innerhalb ihrer eigenen Abteilungen, mit der Empfehlung, sie endgültig zu entsorgen. In der Folge verlieren sie die alten Akten aus dem Blick und haben möglicherweise nichts mehr mit ihrem weiteren Schicksal zu tun. Dazu stelle man sich die Verwirrung vor, die möglicherweise aus den verschiedenen Titeln entsteht, mit denen eine Akte versehen sein kann. Moderne Ufologen gehen davon aus, daß alle einschlägigen Akten den Titel »UFO« tragen, aber so einfach ist das Leben nicht. Der Begriff »UFO« wäre zum Beispiel Ende der vierziger Jahre nicht verwendet worden. Damals hätte man von »fliegenden Untertassen« gesprochen. Andere, dezentere Ausdrücke wären wahrscheinlich von Soldaten oder Offizieren verwendet worden, die nicht als Verrückte betrachtet werden wollten: »diverse Verletzungen des britischen Luftverteidigungsraums« oder »abnormale Radarinformationen« vielleicht. UFO-Berichte könnten sich in Akten über allgemeinere Themen wie Sicherheitsalarme verstecken oder in den Routinelogbüchern, die von den Militärbasen zur Aufzeichnung allfälliger bemerkenswerter Vorfälle geführt werden. Spezifische Ereignisse könnten in separaten Akten zu finden sein, die vielleicht einen Titel wie »Vorfall von Rendlesham Forest, Dezember 1980« tragen würden.
Angesichts dieser Tatsachen ist es nicht unvorstellbar, daß irgendwo im System UFO-Akten versteckt sind, die ich nie zu Gesicht bekam. Was sie enthalten, kann ich nur erraten, aber ich hoffe, daß wir noch etwas Material aus den frühen Tagen des UFO-Ministeriums retten können, aus einer Zeit, als Analysen durchgeführt wurden, als die Zusammenarbeit mit den Amerikanern begann und als sich die Premierminister noch genügend für das UFO-Rätsel interessierten, um zu fragen, was es damit auf sich habe.

Die Vereinigten Staaten von Amerika verzeichnen mehr UFO-Aktivitäten als irgendein anderes Land – oder jedenfalls wird über mehr solcher Aktivitäten berichtet. Amerika hat einen verhältnismäßig größeren Anteil ziviler UFO-Gruppen als irgendein anderes Land der Welt, was dazu führt, daß nahtloser über Vorfälle berichtet wird als anderswo. Möglicherweise gibt es da etwas in der amerikanischen Psyche, das es den Menschen ermöglicht, die Hypothese der Außerirdischen bereitwilliger zu akzeptieren, als dies Bürger anderer Länder tun. Alle Phasen der Ufologie nahmen ihren Ausgang in Amerika: Kenneth Arnolds Sichtung zog die Vorstellung von »Untertassen« nach sich; George Adamski war die erste Kontaktperson, und Betty und Barney Hill waren die ersten Entführten, die über ihr Erlebnis berichteten. Es ist fast, wie John Spencer in *The UFO Encyclopaedia* sagt, als ob die Welt auf einen amerikanischen Vorstoß warte, bevor sich ähnliche Vorfälle anderswo ereignen. Selbst an der berühmtesten Begegnung Großbritanniens, jener von Rendlesham Forest, waren Amerikaner beteiligt.

Die amerikanische Regierung hat eine Reihe offizieller UFO-Studien durchgeführt. Die dahinterstehenden Motive wurden allerdings in Frage gestellt. Für einige ist es einfach eine Sache von Neugier und Unsicherheit angesichts der vielen Berichte über Geisterflugzeuge, Foo Fighter und fliegende Untertassen. Für andere entstand, insbesondere nach dem Vorfall von Roswell, das offizielle Interesse aus dem sicheren Wissen heraus, daß UFOs real seien, daß es sich um außerirdische Flugobjekte handle und daß dieses Phänomen dringend und gründlich untersucht werden müsse. Wenn auch das Motiv keine Rolle spielt, so sind es in gewissem Sinn die Methodik und die Ergebnisse solcher Studien, die von entscheidender Bedeutung sind.

Die Luftwaffe der Vereinigten Staaten begann mit ihrer Studie wahrscheinlich nur zwei Monate nach dem Vorfall von Roswell, im September 1947. Diese Aktion entwickelte sich zu Project Sign, zum damaligen Zeitpunkt mit dem Spitznamen Project Saucer bedacht. Die Zentrale des Projekts befand sich in der Wright-Patterson-Luftwaffenbasis in Dayton, Ohio (das angebliche »Endlager« für das, was immer da in der Nähe von Roswell heruntergekommen ist). Project Sign gab das kritikwürdige Muster vor, das den UFO-Studien noch viele Jahre anhaften sollte, und wurde so kontrovers diskutiert, daß sich schließlich drei Lager herausbildeten. Eine Gruppe war davon überzeugt, daß es sich bei UFOs um außerirdische Flugobjekte oder um Erkennungsvorrichtungen handle, wahrscheinlich aus der UdSSR; schließlich war Churchills »Eiserner Vorhang« erst ein Jahr alt. Die zweite Gruppe wies diese Vorstellung zurück, so wie es das britische Luftfahrtministerium 1952 in Reaktion auf das Memo des Premierministers tun sollte, und stimmte den üblichen Chorgesang von Vögeln, Wolken, Wetterballons und Streichemachern an. Die dritte Gruppe gelangte zu der Überzeugung, daß es sich bei UFOs tatsächlich um außerirdische Flugobjekte handle. Diese Fraktion legte ein Papier mit dem Titel »Einschätzung der Situation« vor, das sie die gesamte Kommandokette hinauf bis zur Pentagonspitze weiterleitete. Der Bericht gelangte zu General Hoyt S. Vandenberg, angeblich Mitglied der Majestic-12-Gruppe, der 1948 bereits Stabschef der U.S. Air Force geworden war. Er klassifizierte das Dokument als »Top Secret«.

»Einschätzung der Situation« wurde vom Pentagon zurückgewiesen, und bald wurde klar, daß Project Sign ebenfalls durch internes Hickhack so in Mitleidenschaft gezogen worden war, daß es sinnlos war weiterzumachen. In einem letzten Versuch, sich aus der Handlungsunfähigkeit zu befreien, holte die Luftwaffe die Meinung der breiteren wissenschaftlichen Gemeinde ein. Eine der Schlüsselfiguren hier war Dr. Donald

Menzel, Professor für Astronomie an der Universität von Harvard, der sich in Übereinstimmung mit der überwältigenden Mehrheit der weltweiten Astronomen strikt gegen die Hypothese der Existenz von Außerirdischen wandte. Für Menzel waren UFO-Berichte entweder dumme Witze, psychologische Täuschungen oder Mirage-Flugzeuge. Diese Argumentation erwies sich als verhängnisvoll unpassend, aber der Einfluß eines Harvard-Professors war eben enorm, und so vollzog die orthodoxe wissenschaftliche Gemeinde einen Schulterschluß gegen alle, die exotischere Theorien verfochten. Darüber hinaus sollte nicht vergessen werden, daß Menzel selbst angeblich Mitglied des Majestic-12-Teams war, und heute ist bekannt, daß er seit langem in Verbindung mit der CIA und der National Security Agency stand. Bevor Project Sign im Februar 1947 aufgelöst wurde, gab es einen letzten Bericht heraus, in dem behauptet wurde, daß 20 Prozent der gemeldeten Fälle nicht geklärt werden konnten. Die verbleibenden Mitglieder verlangten nach einer umfassenden und eingehenden Untersuchung des UFO-Phänomens.
Was sie statt dessen bekamen, war etwas vollkommen anderes: Project Grudge (etwa »Projekt Widerwille«). Der Name selbst spricht Bände über die Einstellung seiner Mitglieder, und tatsächlich war unter den Mitarbeitern des Projekts ein eindeutiger Mangel an Begeisterung festzustellen. Es gab nicht die Spur jener Kontroversen, die Project Sign die Arbeit schwergemacht hatten, aber der Grund dafür lag darin, daß die vereinigte Front nun die eines blanken Skeptizismus war. Scheuklappen und Vorurteile begleiteten die tägliche Arbeit, und die Berichte des Militärpersonals wurden jenen von Bürgern oder Wissenschaftsautodidakten vorgezogen. Trotz der Tatsache, daß Grudge um 23 Prozent mehr Berichte über UFOs erhielt als Sign, lautete seine abschließende Empfehlung, dem Studium des UFO-Phänomens Zeit, Personal und Geld zu

entziehen. Alle nicht zu erkärenden Berichte wurden unter der abschätzigen Überschrift »Psychologisches« zusammengefaßt. Die Verschwörungstheoretiker fanden den Wandel der offiziellen Einstellung, der sich zwischen Sign und Grudge - Projekten, die nicht einmal ein Jahr auseinanderlagen - vollzog, unerklärlich. Es könnte natürlich auch sein, daß Grudge nichts weiter war als eine Attrappe und daß hinter den Kulissen ein hektisches Pentagon bemüht war, mit dem zu Rande zu kommen, was letzten Endes tatsächliche Sichtungen Außerirdischer waren. Wie immer die Wahrheit aussehen mag, die Untersuchung durch die Luftwaffe der Vereinigten Staaten trat 1952 unter dem Codenamen Project Blue Book in ihre dritte Phase ein. Im Gegensatz zu seinen Vorgängern dauerte dieses Projekt endlos (es wurde erst 1969 abgeschlossen), und im Gegensatz zu Sign und Grudge war es hochkarätig besetzt. Sein erster Leiter war Edward Ruppelt vom Nachrichtendienst der Luftwaffe, der, wie es schien, noch nicht zu den überheblichen Konventionalisten übergelaufen war. Statt dessen führte er, während er immer noch in der Wright-Patterson-Luftwaffenbasis arbeitete, neue wissenschaftliche Techniken ein und ernannte den aufgeschlossenen Dr. J. Allen Hynek zum leitenden wissenschaftlichen Berater. Hynek hatte an Project Sign mitgearbeitet, spielte aber bei Project Grudge keine wirkliche Rolle.

Es war jedoch seine eifrige Tatkraft, die den Hauptanstoß zur Kritik an Blue Book gab. Viele hatten den Eindruck, als würden vollkommen uninteressante Fälle penibel verfolgt und nachbereitet mit Zeugeninterviews und ähnlichem, während weit bizarrere Vorfälle einfach unter dem Titel »Unidentifiziert« oder »Unzureichende Daten« abgelegt wurden. Dabei waren es genau diese Fälle, die Blue Book eigentlich klären und deswegen mit größter Sorgfalt hätte untersuchen sollen.

In Anhang 8 dieses Buches finden Sie eine Liste der offiziellen

Sichtungen, die der Luftwaffe der Vereinigten Staaten zwischen 1947 und 1965 gemeldet wurden. Die enorme Zunahme der Sichtungen im Jahr 1952 (ihre Zahl schnellte von 169 auf 1501 Fälle hinauf) kennzeichnet Ruppelts Zeit als Koordinator von Blue Book. Interessant daran ist aber, daß die Zahl der unidentifizierten Fälle rapide sank, nämlich von 20 Prozent im Jahr 1952 auf 1,4 Prozent 1957. Der Durchschnitt für diesen Zeitraum betrug 6,4 Prozent, eine Zahl, die grob mit der heutigen britischen Schätzung übereinstimmt. Ich mißtraue den Blue-Book-Statistiken etwas, denn ich glaube nicht, daß die Fälle in späteren Jahren mit genügend Gründlichkeit und Unvoreingenommenheit untersucht wurden, aber grundsätzlich ist folgendes zu sagen: die amerikanische Luftwaffe gab zu, daß insgesamt 646 Sichtungen mit rationalen Mitteln nicht erklärt werden konnten (man bedenke, daß es sich dabei sicher nur um die Spitze eines Eisbergs handelt).

Ruppelt verließ die Air Force im Jahr 1953 und veröffentlichte in der Folge 1956 in seinem Buch *The Report on Unidentified Flying Objects* einige außergewöhnliche Informationen. Möglicherweise aufgrund des Drucks von Streitkräften oder Regierungskreisen »legte er sich später mit dem Feind ins Bett« und modifizierte seine früheren Erkenntnisse. Er starb 1960 an einem Herzinfarkt.

Ende der fünfziger und Anfang der sechziger Jahre wurde Blue Book immer engstirniger und Project Grudge immer ähnlicher. Seine Diffamierungsaktivitäten waren nun so effektiv, daß die erleuchteten Mitglieder des Teams wie Hynek weder die NASA noch eine andere Forschungsorganisation dazu bewegen konnten, die von Blue Book angehäuften Daten zu übernehmen. Das wissenschaftliche Establishment wollte nichts darüber wissen. Im Jahr 1965 führte eine neue Welle von Sichtungen jedoch zu der Bildung eines unabhängigen Forscherteams, das im Februar 1966 unter der Leitung von Dr. Brian

O'Brien das erste Mal zusammentrat. Erstmals wurde Fahrt gemacht. Gerald Ford, der damalige Kongreßabgeordnete und spätere Präsident der Vereinigten Staaten, versicherte, daß O'Briens Empfehlung, das UFO-Phänomen an den Universitäten zu erforschen, angenommen werden würde. Ford übte auch Druck aus, die Blue-Book-Akte zu veröffentlichen, aber diese Idee stieß auf Ablehnung.

Die Luftwaffe lud ein Team von der University of Colorado ein, eine zweijährige Studie des Phänomens durchzuführen. Das Team wurde von Dr. Edward Condon geleitet, einem Kernphysiker von internationalem Ruf, der an der Entwicklung des Radars, der Atombombe und der Konstruktion der Raumkapseln mitgearbeitet hatte. Bedauerlicherweise stand er der Ufologie mit großer Skepsis gegenüber und gab die exotischeren Fälle offen der Lächerlichkeit preis. Da war es kein Trost, daß Condons Stellvertreter Robert Low war, der im August 1966 ein Memo verfaßte, das Condons Bericht, den er zwei Jahre zuvor geschrieben hatte, bedeutungslos machte:

> Der Trick würde meiner Meinung nach darin bestehen, das Projekt so zu beschreiben, daß es der Öffentlichkeit als vollkommen objektive Studie erscheinen, der wissenschaftlichen Gemeinde jedoch das Bild einer Gruppe von Ungläubigen vermitteln würde, die zwar ihr Bestes tun, um objektiv zu sein, aber so gut wie keine Hoffnung haben, je auf eine Untertasse zu stoßen.

Einige mögen Lows Privatkorrespondenz vielleicht als Beispiel einer gesunden Skepsis betrachten; ich selbst würde von Scheuklappen und Bigotterie sprechen. Nach zwei Jahren waren zwei Mitglieder des Teams entlassen worden, und der Verwaltungsassistent hatte resigniert.

Der Condon-Bericht oder die »Wissenschaftliche Studie unbekannter Flugobjekte« wurde Ende 1968 vorgelegt. Condon schloß, daß »das UFO-Studium in den letzten 21 Jahren nur wenige, wenn überhaupt irgendwelche Erkenntnisse gebracht hat, die etwas zum wissenschaftlichen Wissen beigetragen hätten«.

Das war wohl Musik in den Ohren der Air Force, und Project Blue wurde dementsprechend vom Minister der Air Force, Robert Seamans Jr., offiziell beendet. In seiner Pressemitteilung hieß es: »Die Fortsetzung von Project Blue kann weder mit dem Argument der nationalen Sicherheit noch im Interesse der Wissenschaft gerechtfertigt werden.« Und weiter:

> Es weist nichts darauf hin, daß irgendein UFO, das je gemeldet, untersucht und von der Air Force ausgewertet wurde, eine Bedrohung unserer nationalen Sicherheit hätte darstellen können. Die Air Force hat keine Beweise vorgelegt oder verdeckt, denen zufolge Sichtungen, die als unidentifizierbar klassifiziert wurden, technologische Entwicklungen oder Prinzipien repräsentieren, die jenseits unseres heutigen technischen Wissensstandes liegen. Es gibt keinerlei Hinweise darauf, daß es sich bei Sichtungen, die als unidentifizierbar klassifiziert wurden, um außerirdische Objekte handelte.

Es wurde der Verdacht geäußert, daß der Condon-Bericht eine abgekartete Sache gewesen sei, um der Air Force eine Möglichkeit zu geben, sich einer Sache zu entziehen, die zu einem immer unangenehmeren Problem geworden war, da sie immer mehr unbeantwortbare Fragen aufwarf. Aus Robert Lows Memo geht eindeutig hervor, daß die Schlüsse und Empfehlungen des Berichts bereits im voraus geplant waren. Tatsächlich ließ das Condon-Komitee viele der faszinierendsten Fälle von Project Blue vollkommen außer acht. Von den 90 Fällen der letzten Zeit, die von dem Komitee untersucht wurden,

blieben selbst nach den Nachforschungen von Condon fast 30 Prozent ungeklärt.
Das Positivste, das von diesem Papierkrieg blieb, war zweifellos die Rolle, die J. Allen Hynek spielte. Er war Astronom von Beruf, und so begann er seine Arbeit bei Sign mit einer gewissen Skepsis, aber als Wissenschaftler, der wahrscheinlich einen besseren Zugang zu UFO-Berichten und Zeugen hatte als andere, konnte er sich bald davon überzeugen, daß es da einen harten Kern qualitativ guter Sichtungen gab, bei denen es sich weder um Irrtümer noch um üble Streiche handeln konnte. Da er mit den Vorurteilen jener, deren Aufgabe es eigentlich gewesen wäre, sich unvoreingenommen mit dem UFO-Phänomen auseinanderzusetzen, immer schlechter zurechtkam, distanzierte er sich von Condon und Low und kritisierte Project Blue Book mehrmals in der Öffentlichkeit. Als das Projekt 1969 eingestellt wurde, entschloß er sich, auf eigene Faust weiterzumachen.
Das Ergebnis dieser Bemühungen war das Center for UFO Studies (CUFOS), das 1973 gegründet wurde. Es hat seinen Sitz in Illinois und arbeitet auch heute noch wissenschaftlich und objektiv. Nach Hyneks Tod im Jahr 1986 wurde es in »J. Allen Hynek Center for UFO Studies« umbenannt.
Eine weitere Projektserie, die sich der seriösen Forschung verschrieben hat, ist gemeinschaftlich unter dem Namen Search for Extraterrestrial Intelligence (SETI) bekannt. SETI vertritt in bezug auf UFOs einen außergewöhnlichen Standpunkt. Während akzeptiert wird, daß auf anderen Planeten intelligentes Leben existieren könnte, wird nicht akzeptiert, daß diese Lebewesen über die nötige Technologie verfügen, um die Erde erreichen zu können. SETI befaßt sich größtenteils damit, mit Hilfe von Funkfrequenzen Botschaften in den Weltraum zu schicken und auf Signale zu lauschen, die künstlichen Ursprungs sein könnten. Diese von der NASA

koordinierten Programme werden großzügig finanziert. Das letzte Projekt, das 1992 begonnen wurde, hatte ein Budget von fast 100 Millionen Dollar, obwohl man inzwischen zur Privatfinanzierung übergegangen ist. SETI führt derzeit zwei parallele Suchprogramme durch – eine allgemeine Himmelsuche, die nach Signalen forscht, und eine gezielte Durchsuchung der 100 unserer eigenen Sonne am nächsten gelegenen Sterne. Die Untersuchungen verliefen bisher ergebnislos, und es wurden keine wirklichen Beweise für die Existenz künstlich geschaffener Signale gefunden, auch wenn manchmal außergewöhnliche Echos verzeichnet wurden.
Und wir stehen immer noch da, wie wir es seit Jahrhunderten tun, und stellen die uralte Frage: »Ist dort draußen jemand?«

10
Vertuschung?

Der Groom Lake in Nevada wird vom *UFO Magazine* als »einer der unwirtlichsten Orte der Erde« beschrieben. Der See liegt 120 Meilen nordwestlich von Las Vegas in der Wüste von Emigrant Valley. Der Groom Lake ist auf keiner modernen amerikanischen Landkarte verzeichnet. In den älteren Karten heißt das Gebiet »Area 51«. Es kann keinen abgeschiedeneren Ort auf der Welt geben.

In Kapitel 1 haben wir uns mit der realistischen Möglichkeit befaßt, daß es sich bei der Sichtungswelle in den neunziger Jahren des letzten Jahrhunderts und vor dem Ersten Weltkrieg um Luftschiffe und Flugzeuge handelte, die im Zuge einer Entwicklung gebaut wurden, die wir heute als ersten Rüstungswettlauf der Welt bezeichnen könnten. Wir wissen, daß Deutschland und Großbritannien miteinander wetteiferten und versuchten, jeweils als erster die größten, schnellsten und tödlichsten Kriegsschiffe zu bauen – warum nicht auch Flugzeuge? Diese These ist wahrscheinlich auch die Erklärung für einige UFO-Sichtungen der heutigen Zeit, und Area 51 ist wahrscheinlich die Heimat einiger der unkonventionellsten Flugzeuge, die es heute gibt.

Wir wissen, daß die Prototypen von Flugzeugen wie den Stealth-Jagdbombern jahrelang vor dem Zeitpunkt gebaut und getestet werden, an dem sie von der Luftwaffe offiziell eingesetzt werden. Diese Tests werden aus einleuchtenden Gründen der Geheimhaltung meist in der Nacht durchgeführt. Ein Pilot in den siebziger Jahren, der das schwarze Dreieck eines Stealth-Jagdflugzeugs sah, das mit hoher Geschwindigkeit vorbeizischte, mochte durchaus die Sichtung eines UFOs gemeldet haben. Denn ein so revolutionäres Flugzeug war dem Großteil der Militärs unbekannt, und von seiner Existenz wußten ausschließlich jene, die unbedingt eingeweiht sein mußten. Falls der Zeugenbericht in einem UFO-Magazin und nicht in seriösen Journalen wie *Flight International* oder *Jane's Defence Weekly* erscheint, bleibt die Vertraulichkeit um so besser gewahrt. Und wenn die großen Medien überhaupt Notiz davon nehmen, dann meist auf die übliche, ironische Weise, und das Geheimnis des Prototypen bleibt intakt.

Führen wir diese Argumentation eine Stufe weiter. Könnte es in Anbetracht der Tatsache, daß Prototypflugzeuge wahrscheinlich als UFOs gemeldet und in der Folge von den meisten Leuten ignoriert werden, nicht sein, daß ein gewitzter Konstrukteur auf die Idee kommt, ein Flugzeug zu bauen, das aussieht wie eine fliegende Untertasse? Sehen wir uns einige der Konstruktionen in *Jane's All the World's Aircraft* an. Ein Beispiel möge genügen: das Chance-Vought »Flying Flapjack«, auch als Navy-Flunder bekannt. Dieses Flugzeug, das zu einer Zeit gebaut wurde, als es noch keine Jets gab, hatte eine unregelmäßige Form und konnte fast vertikal abheben. Es konnte mit 55 Kilometer pro Stunde sehr langsam fliegen, aber es konnte auch auf 650 Kilometer pro Stunde beschleunigen. Anders ausgedrückt hatte es, was Flugverhalten und Erscheinungsbild anbelangte, alle Attribute eines klassischen UFOs.

Wenn man diese Idee zu ihrem logischen Schluß führt, kann es durchaus sein, daß jemand eines Tages auf die Idee gekommen ist, einen runden Flugkörper mit einem Band rotierender, farbiger Lichter zu bauen, wie in Spielbergs Film *Unheimliche Begegnung der dritten Art*. Stellen wir uns vor, daß dieser Flugkörper mit Hilfe eines Lasergeräts zur Markierung des Ziels Bomben durch die Dachluken eines bestimmten Gebäudes abwerfen kann – eine Technik, die im Golfkrieg mit verheerender Wirkung eingesetzt worden ist. Ein untertassenförmiges Flugobjekt mit rotierenden farbigen Lichtern, das einen Lichtstrahl auf den Boden feuert? Ein Flugkörper, der unsichtbar ist – das heißt, daß es fast unmöglich ist, ihn mit Radarsystemen zu erfassen? Stellen wir uns vor, daß eine solche Maschine im Krieg verwendet wird: ein nicht zu entdeckendes Kampfflugzeug, das, falls es doch gesehen wird, von Militärs und Wissenschaftlern wieder als eines dieser UFOs abgetan wird. Man löscht einige Schlüsselmilitärbasen damit aus; man trifft Kommando- und Kontrollzentren, Radarstationen und Kommunikationszentren. Das wäre doch ein entscheidender Erstschlag in einem Krieg, ohne daß Nuklearwaffen eingesetzt werden müßten. Eine Idee, deren Entwicklung sich lohnen würde? Zweifellos. Wurde es bereits getan? Ich weiß es nicht. Es hängt davon ab, was man von Aurora hält.

Bei der Aurora-Frage gesellen sich Luftfahrtjournalisten und »Groupies« zu den Ufologen. Die Geschichte nahm ihren Anfang im Jahr 1985, als das amerikanische Verteidigungsministerium ein Budgetdokument herausgab, das die Finanzierung verschiedener Projekte enthielt. Die meisten dieser Projekte waren gut bekannt und enthielten für die Journalisten, die daran gewöhnt sind, in Regierungskreisen Augen und Ohren offenzuhalten, keinerlei Überraschungen. Außer einer. Unter dem Kapitel mit dem Titel »Strategische Erkundung« fand sich ein Hinweis auf ein Projekt namens Aurora. Nicht genug, daß nie jemand von einem solchen Projekt gehört hatte, es war auch kein Angehöriger der Regierung bereit, Fragen darüber zu beantworten. War die Aufnahme in das Budgetdokument ein Irrtum gewesen, ein Fehler, der von einem fahrlässigen Computermann übersehen worden war, als das Dokument für die Presse freigegeben wurde? Was immer es war, es schien sich um ein Geheimnis oder um ein »schwarzes« Projekt zu handeln, und um ein teures noch dazu. Die zitierte Summe betrug allein für die darauffolgenden zwei Jahre zwei Milliarden Dollar.

Das Spionageflugzeug Lockheed SR-71, selbst Nachfolgemodell der A-12 der CIA, wurde 1990 ofiziell aus dem Verkehr gezogen, obwohl man sich heute erinnert, daß danach noch einige Flugzeuge im aktiven Dienst standen. Luftfahrtexperten sind sich darüber einig, daß dieses Flugzeug, das in fast 30000 Metern Höhe fliegen konnte, nicht aus dem Dienst gezogen werden konnte, wenn es da nicht etwas Besseres gab. Hoffnungslose Optimisten könnten argumentieren, daß es heute, da der Kalte Krieg vorüber ist, für Spionageflugzeuge keine Verwendung mehr gebe und daß diese Maschinen gemeinsam mit dem Vorgängermodell U-2 und der kubanischen Raketenkrise der Jahre 1962/63 endgültig der Geschichte angehörten. Techniker könnten argumentieren, daß Flugzeuge im Zeitalter der Satelliten überhaupt überflüssig geworden seien. Aber die Umlaufbahnen der Satelliten sind bekannt, und folglich ist es möglich, sensible Aktivitäten rund um sie zu gruppieren. Selbst Wolkendecken führen zu Problemen, trotz der Infrarotkameras, mit denen die meisten Satelliten heute routinemäßig ausgestattet sind.

In den späten achtziger Jahren kursierten Spekulationen über einen Ersatz der SR-71. Dabei handelt es sich um ein Hyperschallflugzeug, was bedeutete, daß es, wenn es existierte, mit mehrfacher Schallgeschwindigkeit fliegen konnte. Ein solches Flugzeug konnte nur »schwarz« sein, und es mußte zwangsläufig viel Geld kosten.

Die Rolle, die der Groom Lake als geheime Luftbasis spielte, hatte ihre Wurzeln im Jahr 1954. Die CIA vergab den Auftrag, ein Spionageflugzeug zu entwickeln, das in größeren Höhen als irgendein bis dahin bekanntes Flugzeug fliegen könnte, an den Luftfahrtriesen Lockheed Aircraft Corporation, und sie stellte ihm dafür dieses vollkommen abgeschiedene Gelände zur Verfügung. Im Jahr 1984 erwarb die Regierung weitere 35000 Hektar, und 1993 gab es einen zusätzlichen Erweiterungsversuch. Der Zugang zu der Basis ist der Öffentlichkeit streng verboten. Überall sind Warnschilder aufgestellt, einige mit der Drohung »Autorisierter Einsatz tödlicher Waffen«. Es ist immer noch möglich, von drei lokalen Aussichtspunkten – White Sides Mountain, Freedom Ridge und Tikaboo Peak – in die Basis hineinzusehen. Der lokale Computerprogrammierer Glenn Campbell aus Rachel, einer nahe gelegenen kleinen Ortschaft, hat einen Besucherführer zusammengestellt, der auch Informationen über die Rundgänge der Sicherheitspatrouillen – der »Cammo Dudes« – enthält und sogar Ratschläge erteilt, was zu tun ist, wenn sie einen doch erwischen.

Touristen beobachten bei Nacht regelmäßig mysteriöse Lichter über Area 51 und werden ihrerseits von Militärpersonal in unbeschrifteten schwarzen Helikoptern beobachtet. Es war im Jahr 1989, als die Lichter und die polternden Geräusche, die oft mit UFO-Sichtungen einhergehen, zum ersten Mal beobachtet wurden. Zeugen berichten, ein pulsierendes Geräusch gehört und ringförmige Kondensstreifen gesehen zu haben – Berichte, die Anlaß zu der Spekulation gaben, ein radikal neuer Motortyp mit dem Arbeitstitel »Pulsed Detonation« befinde sich in Erprobung. Der Ingenieur Bob Lazar behauptet, im S-4-Bereich von Area 51, 15 bis 25 Kilometer südlich des Groom Lake neben dem Papoose Dry Lake, Ende 1980 an der Zerlegung und Prüfung außerirdischer Flugobjekte gearbeitet zu haben. Es ist unmöglich zu beweisen, daß Lazar die Wahrheit sagt, aber auf der anderen Seite ist es auch unmöglich, das Gegenteil zu beweisen.

Es gibt noch andere Hinweise darauf, daß Aurora, falls sie existiert, über Großbritannien im Einsatz war. Ein Bericht, der an das Verteidigungsministerium geschickt wurde, erzählt von zwei Männern, die in Calvine, einem entlegenen Gebiet 20

Meilen nördlich von Pitlochry in der Nähe von Blair Atholl in Tayside, spazierengingen. Die beiden Männer bemerkten ein tiefes, summendes Geräusch. Als sie sich umdrehten, erblickten sie ein großes, diamantenfarbenes Objekt, das etwa zehn Minuten lang über dem Boden schwebte, bevor es mit großer Geschwindigkeit davonflog. Das eigentlich Interessante daran war, daß auch ein Harrier Jet mehrmals in geringer Höhe vorbeiflog – als ob der Pilot das Objekt gesehen hätte und näher heranfliegen wollte, um es genauer betrachten zu können. Einer der Männer am Boden hatte eine Kamera bei sich. Die Bilder schickte er sowohl an das Ministerium als auch an den *Scottish Daily Record*. Der Harrier war nicht ausfindig zu machen, das Objekt bleibt unidentifiziert. Ich hatte eine Vergrößerung eines seiner Fotos an meiner Bürowand hängen, bis mein Abteilungsleiter es eines Tages bemerkte und abnahm.
Expertenanalysen hatten ergeben, daß es sich bei den Fotos um keine Fälschungen handelt, aber weder die Experten noch ich akzeptierten die Aurora-Theorie. Und selbst wenn Aurora existiert, ist es äußerst unwahrscheinlich, daß sie sich so verhalten würde wie bei der beschriebenen Begegnung. Es schien mir die perfekte Möglichkeit für UFO-Skeptiker zu sein, eine schwierige Sichtung wegzudiskutieren. Der Calvine-Bericht bleibt einer der faszinierendsten Fälle in den Akten des Verteidigungsministeriums. Die Schlußfolgerungen, die daraus gezogen wurden, sind allerdings deprimierend: Objekt ungeklärt, Fall abgeschlossen, keine weiteren Maßnahmen.
Calvine war nicht die einzige mögliche Aurora-Sichtung. Am 5. November 1990 flog eine Patrouille von RAF-Tornados über der Nordsee, als sie von einem schnell fliegenden Objekt überholt wurden, das die Piloten nur als großes Flugzeug irgendeiner Bauart beschreiben konnten.
1991 häuften sich die eigenartigsten Berichte. In den Geologischen Aufzeichnungen der Vereinigten Staaten wurde mit

Hilfe einer Ausrüstung zur Erdbebenüberwachung eine Serie eigenartiger Überschall-Knallgeräusche gemessen. Man konnte anhand der verfügbaren Daten berechnen, daß ein Flugobjekt mit einer Geschwindigkeit von mindestens Mach 3 vorbeigeflogen war. Anders ausgedrückt bewegte es sich mit dreifacher Schallgeschwindigkeit, also mit etwa 3300 Kilometer pro Stunde. Das Objekt flog in Richtung Nellis Air Force Base im Zentrum von Area 51. Etwa um die gleiche Zeit meldete ein Mitglied der RAF-Luftüberwachung, in der Nähe von RAF Machrihanish auf der entlegenen Halbinsel Kintyre an der schottischen Westküste die Spur eines Objekts aufgenommen zu haben, das sich mit einer ähnlichen erstaunlichen Geschwindigkeit fortbewegte. Andere Zeugen behaupteten, in dem Gebiet das eine oder andere Flugzeug gesehen zu haben, das aussah wie ein Papierpfeil. Es kursierte das Gerücht, daß Aurora nicht nur existierte, sondern daß sie auch Testflüge zwischen den Vereinigten Saaten und Großbritannien unternahm und dabei über Nacht in der RAF Machrihanish Station machte. Die entlegene Basis war für einen solchen Zweck auf jeden Fall geeignet: Das Gebiet ist auf seine Weise ebenso unwirtlich wie Area 51, mit Wachtürmen und Kilometern von Stacheldrahtzaun. Es sieht aus wie ein Gefangenenlager.
Die amerikanischen Behörden haben die Existenz von Aurora immer entschieden bestritten. Dann erklärte der Sekretär der Luftwaffe, Donald Rice, kategorisch, daß die Vereinigten Staaten über kein Flugzeug verfügten, das auch nur entfernte Ähnlichkeit mit der Beschreibung von Aurora hätte. Wenn es wirklich keine Aurora gibt, womit haben wir es dann zu tun? Im Parlament wurden Fragen zu diesem Thema gestellt. Wußte die Regierung, daß Aurora oder ein anderes Flugobjekt heimlich in unserem Luftraum verkehrte? Es folgen die Frage des Abgeordneten und die Antwort des Verteidigungsministers:

Mr. Llew Smith: Ich richte die Frage an den Verteidigungsminister, wie viele Prototypen des Flugzeugs Aurora der Luftwaffe der Vereinigten Staaten in der Machrihanish Air Force Base in Argyll stationiert sind und für welchen Zeitraum die Genehmigung erteilt wurde, diese Flugzeuge im Vereinigten Königreich zu stationieren.

Mr. Soames: In RAF Machrihanish sind keine Prototypen der Luftwaffe der Vereinigten Staaten stationiert, und die Regierung Ihrer Majestät hat weder der United States Air Force noch einer anderen amerikanischen Regierungskörperschaft eine Genehmigung erteilt, solche Flugzeuge innerhalb des Vereinigten Königreichs oder von dessen Staatsgebiet aus zu betreiben.

Die Frage war etwas frech formuliert, weil sie es als gegeben hinstellte, daß Aurora existierte.
Ein weiterer Abgeordneter versuchte es hinten herum, ohne Aurora überhaupt zu erwähnen. Mr. Soames' Antwort lautete wie folgt: »Es wurden keine neuen, hochfliegenden Langstrecken-Erkundungsflugzeugtypen im Vereinigten Königreich stationiert, und es wird auch keine solche Stationierung in Betracht gezogen.«
Es wurden auch formelle Anfragen an die amerikanische Botschaft in London und an alle in Betracht kommenden amerikanischen Militärdienststellen gerichtet. Alle wurden unter Druck gesetzt, uns mitzuteilen, ob ein solches Flugzeug existierte, und es wurde uns einstimmig versichert, daß dies nicht der Fall sei.
Sollte dies eine Lüge gewesen sein, wären die Folgen für die anglo-amerikanischen Beziehungen gravierend. Es wäre extrem unklug, eine so starke Allianz wegen eines Flugzeugs aufs

Spiel zu setzen, und wenn es technisch noch so faszinierend wäre. Als die Anfragen an die Amerikaner gerichtet wurden, teilten diese mit, daß sie sich selbst fragten, ob es sich nicht bei einigen ihrer eigenen UFO-Sichtungen in Wirklichkeit um britische Flugzeugexperimente handelte. Das war entweder der brillanteste aller Doppelbluffs, oder die Amerikaner – oder zumindest diejenigen, mit denen ich sprach – haben gar keine Aurora.

Das ist die amüsante Seite der Kontroverse um Aurora. Ein amerikanischer Spielzeughersteller hat ein Modell produziert, das seiner Behauptung nach eine getreue Darstellung des Phantomflugzeugs ist. Es hat die Form eines Pfeils und trägt an der Oberseite ein kleines, pilotiertes Flugzeug, etwa so, wie das Space Shuttle beim ersten Testprogramm auf einen Jumbo-Jet montiert war. Als die Spekulationen über das Stealth-Jagdflugzeug kursierten, verbreiteten sich ähnliche Gerüchte. Spielzeug wurde produziert, Flugzeugexperten schrieben Kritiken und zeichneten Skizzen. Als das Stealth-Jagdflugzeug schließlich der Öffentlichkeit vorgestellt wurde, zeigte sich, daß einige recht gehabt hatten, andere nicht. Wir werden abwarten müssen, ob die Spielzeug-Aurora unseren Erwartungen entspricht – natürlich vorausgesetzt, daß es überhaupt eine Aurora gibt!

Nun stellt sich die ernsthafte Frage, wem Aurora gehört, wenn sie existiert und kein amerikanisches Flugzeug ist. Überfliegt sie ungehindert britischen Luftraum? Wenn Aurora nicht existiert und nie existiert hat, was wurde dann an unserem Himmel beobachtet? Mein Abteilungsleiter müßte noch einmal ernsthaft über das Foto nachdenken, das er von meiner Wand genommen hat. Wenn die Militärplaner das UFO-Phänomen zur Maskierung der Entwicklung eines hypermodernen Flugzeugs verwenden, sind diese Maschinen dann, wie Bob Lazar und andere behaupten, tatsächlich das Produkt der Erforschung echter außerirdischer Flugobjekte? Oder, was ebenso bedrohlich wäre, könnten außerirdische Intelligenzen unsere »schwarzen« Projekte als Deckung verwenden, indem sie sich darauf verlassen, daß Wissenschaftler, Militär und Regierungsangehörige ein unerklärliches Dreieck am Himmel einfach als einen dieser geheimen Prototypen abschreiben, über die sie nichts wissen? Wer spielt da mit wem Katz und Maus?

Gelegentlich kamen auf Parties Leute mit dem Glas in der Hand auf mich zu und fragten: »Was machen Sie beruflich?« Die Antwort: »Ich erforsche UFOs für die Regierung« sorgte unweigerlich für ungläubige Gesichter. Trotzdem gab mir die Tatsache, daß ich von einem Kreis faszinierter Leute umgeben war, die Möglichkeit herauszufinden, wie es um die öffentliche Meinung in dieser Angelegenheit stand. Einige rümpften natürlich verächtlich die Nase, aber die meisten waren fasziniert und fragten mir Löcher in den Bauch. Vor allem eine Frage wurde mir immer wieder gestellt: »Wird von offizieller Seite etwas vertuscht?« Meine Antwort war immer: »Nicht in Großbritannien.«

Alles, was ich sagen kann, ist, daß ich die Wahrheit sage. Ich hoffe, daß die Ufologen, mit denen ich zusammengearbeitet habe und die mich kennen, mir zustimmen, wenn ich sage, daß ich über dieses Thema nie gelogen habe und niemals lügen werde. Ganz abgesehen von meinem persönlichen Ehrenkodex würde bereits eine einzige Lüge meine Position vollkommen unterminieren. Es wäre, als ob man aus einem Kartenhaus eine Karte entfernte – man lügt einmal, und das ganze Gebäude stürzt in sich zusammen. Dieses ganze Buch wäre sinnlos, wenn es auch nur von einem Leser einen Augenblick lang als Fiktion betrachtet würde.

Natürlich gibt es einige, die seinen Inhalt nicht akzeptieren.

Manche Verschwörungstheoretiker werden mich für schuldig halten, weil ich, wie sie es sehen, der Sprecher einer schuldigen Regierung bin. Andere wieder werden fähig sein, diese beiden Dinge auseinanderzuhalten. Vielleicht könnten sie meine Ehrlichkeit akzeptieren, würden aber behaupten, ich sei das unschuldige Opfer skrupelloser Drahtzieher. Diese Gruppe ist davon überzeugt, daß permanent geheime Studien und Projekte durchgeführt werden, aus welchen finsteren Gründen auch immer, und daß man mich einfach nicht darüber informierte. Natürlich ist es auch möglich, daß es eine kleine Gruppe von Leuten im Staatsdienst gibt, eine Art Prätorianergarde, die die Wahrheit kennt und auch benennt, und wir anderen sind lediglich Statisten in ihren alles durchdringenden Machtspielen. Aber solche Argumente führen nur zu jener Art von Distanziertheit, die ich in den drei Jahren, die ich in dem Job verbrachte, nach Möglichkeit zu vermeiden suchte.

Wenn man mich in bezug auf das UFO-Phänomen tatsächlich im dunkeln hätte tappen lassen, so wäre die Situation praktisch betrachtet nicht zu bewältigen gewesen. Ich war der einzige Beamte, dessen Aufgabe es war, UFO-Berichte zu überprüfen. Jeder, der diese Informationen hätte manipulieren wollen, hätte sich bis zu mir durchkämpfen müssen, um sich die relevanten Daten zu beschaffen und herauszufinden, wer in der Welt der Ufologie was wußte. Solche Versuche wurden niemals unternommen.

Kurz gesagt: Ich habe zehn Jahre lang im Staatsdienst gearbeitet, und ich bin davon überzeugt, daß die britische Regierung in keiner Weise an einer Vertuschung des UFO-Phänomens beteiligt ist.

Warum hält sich dann die Verschwörungstheorie so hartnäckig? Der wichtigste Grund, so befürchte ich, besteht darin, daß die Amerikaner negativ auf sich aufmerksam gemacht haben. Ground Saucer Watch (GSW), eine amerikanische

UFO-Gruppe mit Sitz in Arizona, war so von der Verschwörung der amerikanischen Regierung überzeugt, daß sie die CIA wegen Nichtbeachtung des Informationsfreiheitsgesetzes verklagten. Sie haben eine eindrucksvolle Menge an Beweisen zusammengetragen und katalogisiert, wie zum Beispiel Zeugenmanipulation durch Agenten (bei denen es sich um die berüchtigten »Männer in Schwarz« handeln kann oder nicht), den »Verlust« fotografischen Beweismaterials und das Zuschütten von Bodenvertiefungen.

Als Blue Book im Jahr 1969 aufgelöst wurde, könnte Brigadegeneral C.H. Bolender sein Gedächtnis für einen Augenblick im Stich gelassen haben, als er sagte: »Berichte über unbekannte Flugobjekte, welche die nationale Sicherheit gefährden könnten, werden gemäß JANAP 146 oder Air Force Manual 55-11 erstellt und sind nicht Teil des Blue-Book-Systems.« Mit anderen Worten, Blue Book hätte die Front für eine verdeckte Operation gewesen sein können, die das UFO-Phänomen anderswo erforschte. Todd Zechel von GSW schrieb: »Blue Book die volle Unterstützung zuteil werden zu lassen wäre eine Verschwendung gewesen, weil es bedeutet hätte, Forschungsaktivitäten zu verdoppeln, die von der CIA bereits durchgeführt worden waren. Aus diesem Grund und größtenteils unbeabsichtigt ermöglichte es die Fassade von Blue Book der CIA, den größten Propagandabetrug in der Geschichte abzuziehen.«

Wenn es diese angebliche Vertuschung tatsächlich gab, was war ihr Motiv? Vielleicht findet sich die Antwort in einem Memo von Edward Tauss, dem Chef der Waffen- und Ausrüstungsabteilung des OSI (Office of Scientific Intelligence) vom August 1952. »Es wird jedoch dringend darum gebeten, daß gegenüber der Presse oder der Öffentlichkeit in keiner Weise ein Interesse oder eine Besorgnis der CIA angedeutet werden, weil ein solches Interesse sicher als ›Bestätigung‹ dafür gewertet würde, daß die U.S.-Regierung tatsächlich über solche unveröffentlichten Fakten verfügt.«

Anders ausgedrückt herrscht Panik, obwohl eine solche Reaktion, jedenfalls meines Wissens, von keinerlei modernen psychologischen Forschungen untermauert wird. Diese Dinge gehören sicher zum Stoff amerikanischer Filme, ob die Außerirdischen nun hysterisch vor King Kong oder vor Aliens fliehen wie in *Earth versus the Flying Saucers*. Manche Leute erinnern an die berühmte Radiosendung von Orson Welles im Jahr 1938 über H.G. Wells' *Krieg der Welten* als Beweis der Leichtgläubigkeit des amerikanischen Publikums. Welles machte nicht von Anfang an klar, daß es sich um eine frei erfundene Geschichte handelte (er verlegte sie nach Amerika, um ihr »Authentizität« zu verleihen), und es klang für alle Welt so, als ob tatsächlich feindselige Außerirdische unter uns seien. »Meine Damen und Herren, ich muß Ihnen eine große Ankündigung machen. So unglaublich es auch erscheinen mag – die eigenartigen Wesen, die heute nacht in New Jersey gelandet sind, sind die Vorboten einer Invasionsarmee vom Mars.« Die Panik, die diese Ankündigung auslöste, wurde stark übertrieben und entwickelte sich zu einem urbanen modernen Mythos, ähnlich wie die große Zahl von Menschen, die sich, als 1929 Wall Street zusammenbrach, in ganz New York von den Wolkenkratzern gestürzt haben sollen.

Bei der Radiosendung handelte es sich um eine Live-Sendung, und im Sendungsverlauf wurde nicht weniger als vier Mal durchgesagt, daß es sich um Science-fiction handle und daß sich die Hörer keine Sorgen zu machen brauchten. Der Haupteffekt der Sendung bestand darin, daß Welles schon in jungen Jahren weithin bekannt wurde. Wenn es Panik gab, dann war sie lokal begrenzt, und die nationalen Medien bliesen die Story über jedes vernünftige Maß hinaus auf.

Viele Jahre später strahlte die BBC *Ghostwatch* aus, wie Wells'

Krieg der Welten genau an Halloween. Bei der Sendung handelte es sich angeblich um die Live-Untersuchung aus einem Haus, in dem es spukte. Natürlich gab es Beschwerden seitens der Öffentlichkeit, aber nur eine winzige Minderheit ließ sich davon täuschen, so eindrucksvoll und »realistisch« die Geister auch dargestellt wurden.

Es mag sein, daß die Theorie von der Panik in den Straßen der fünfziger Jahre etwas für sich hatte. Es war die frühe Phase des Kalten Krieges, in der hinter jedem Busch ein »Roter« vermutet wurde und in den Kinos überall schlecht gemachte Abschreckungsfilme liefen. Heute bezweifle ich, daß jemand ernsthaft glaubt, die Gesellschaft würde sich so verhalten. Wir sind an die Vorstellung gewöhnt, daß irgendwo andere Lebensformen existieren und begegnen dieser Idee eher mit Faszination und Neugier als mit Angst.

Der vor kurzem erschienene Film *Roswell* erzählt die Geschichte des Absturzes von Außerirdischen in New Mexico in Rückblenden. Als Grund dafür, daß die »hohen Tiere« die ganze Sache geheimhalten wollten, wird die Gefahr genannt, daß die Weltreligionen unterminiert werden könnten, wenn die Neuigkeiten durchsickerten. Dieselbe Angst umgab die Arbeit von Evolutionsforschern wie Charles Darwin und Thomas Huxley im neunzehnten Jahrhundert. Ihnen und Geologen wie Sir Charles Lyell gelang es zu zeigen, daß die Geschichte vom Garten Eden und der Erschaffung des Menschen nicht auf den Buchstaben genau so stimmte, wie sie in der Genesis erzählt wird. Daraufhin befürchtete die Kirche, daß das Fundament des Christentums ins Wanken geraten könnte, wenn ein Teil der Bibel widerlegt würde. Ein Augenblick des Nachdenkens jedoch, und die hartgesottenen Bibelverfechter hätten die Idee der Evolutionsforscher in die Schöpfungsgeschichte einbauen können. Sind nicht Evolution und natürliche Auslese ein unendlich ausgefeilteres und allmächtigeres Mittel der Schöpfung als, sagen wir, Eva aus der Rippe Adams zu erschaffen? Dazu kommt, daß heute viele Leute die Genesis-Version als Parabel akzeptieren, was ihrem religiösen Glauben keinen Abbruch tut.

Die Theorie des Urknalls, die sich mit Problemen auseinandersetzt, an die Darwin und Huxley nicht im Traum gedacht hätten, wurde einst als Theorie angefeindet, die die Vorstellung zerstörte, daß es Gott war, der die Welt schuf. Aber heute ist auch dieses Konzept in die religiöse Vorstellung von einem Gott eingeflossen, der jenseits der Grenzen von Zeit und Raum agiert. Dasselbe sollte für die mögliche Existenz außerirdischer Lebensformen irgendwo im Universum gelten. Neuere Entdeckungen auf den Gebieten der Kosmologie und der Quantenmechanik haben, wenn überhaupt etwas, nur die Eigenartigkeit des Universums bewiesen. Man könnte argumentieren, daß, je eigenartiger das Universum ist, desto mehr neue Beweise vorliegen, die der orthodoxen Wissenschaft widersprechen, und desto wahrscheinlicher (und nicht unwahrscheinlicher) die Existenz eines kreativen Gottes wird. Und wenn es einen Gott gibt, warum sollte er/sie nicht ein Gott des Universums (oder Multiversums) sein anstatt lediglich ein Gott der Erde?

Es wurde tatsächlich über nahe Begegnungen berichtet, die stark religiös geprägt waren. Im Jahr 1965 behauptete Sid Padrick, in Kalifornien auf ein gelandetes UFO und dessen Crew gestoßen zu sein. Die Außerirdischen konnten mit ihm in seiner Sprache kommunizieren, und sie machten ihm ein einzigartiges Angebot: »Möchtest du«, so ihre Frage, »dem Höchsten Gott deine Ehrerbietung erweisen?« Wir haben bereits über einige biblische Heimsuchungen gesprochen, und die Parallele zwischen Heimsuchungen durch Engel und Begegnungen mit Außerirdischen liegt auf der Hand. Manche Glaubensrichtungen ziehen heute die Idee extraterrestrischen

Lebens ernsthaft in Betracht. Sie behaupten nicht länger, daß die Existenz anderer Wesen im Widerspruch zu ihrer religiösen Doktrin steht. Der Vatikan hat vor kurzem ein Observatorium finanziert, und der Geistliche, der das Projekt leitet, Father Coyne, sieht keinen Grund dafür, daß Außerirdische, falls sie existieren, nicht getauft und in der Katholischen Kirche willkommen geheißen werden sollten. Schließlich nahmen Missionarsgruppen wie die Jesuiten schon vor Jahrhunderten alle möglichen Gefahren auf sich, um Menschen verschiedener Rassen und Kulturen, die ihnen ebenso fremd erscheinen mußten wie uns heute die Greys, zum Katholizismus zu bekehren.

Ein weiterer plausibler Grund, an eine Vertuschung zu glauben, besteht darin, daß es in der Vergangenheit so viele Vertuschungsaktionen gegeben hat. Es herrscht die weitverbreitete Ansicht, daß Politiker gewohnheitsmäßige Lügner seien, daß dies einfach eine Berufskrankheit sei. Benjamin Disraeli, selbst kein unbeschriebenes Blatt, was Unaufrichtigkeit anbelangt, war zu Recht argwöhnisch, wenn er es mit Regierungsvertretern zu tun hatte. »Nichts als Lügen, verdammte Lügen und Statistiken«, sagte er. Zu Beginn des neunzehnten Jahrhunderts im napoleonischen Frankreich waren die regelmäßigen politischen Erklärungen (heute etwa unseren Weißbüchern vergleichbar) so notorisch verlogen, daß die Phrase »lügen wie ein Bulletin« jahrelang gebräuchlich war. In den westlichen Demokratien ist das Lügen allerdings unüblich, auch wenn Politiker Meister darin sind, Fragen zu umgehen, das Thema zu wechseln oder die Antwort überhaupt zu verweigern. Sobald nachgewiesen ist, daß ein Politiker gelogen hat, muß er zurücktreten, und oft stürzt in der Folge auch die Regierung. Im Jahr 1963 täuschte der Kriegsminister John Profumo absichtlich das House of Commons und das ganze Land, indem er sagte, daß seiner Beziehung zu dem Callgirl Christine

Keeler »keinerlei Ungehörigkeit« anhafte. Zehn Wochen später mußte er die Lüge zugeben und zurücktreten. Harold Macmillans Regierung überlebte die nächste Wahl nicht.
In den seltenen Fällen, in denen britische und amerikanische Politiker gezwungen sind, sich über UFOs auszulassen, erklären sie unweigerlich, daß ihnen keine Beweise bekannt sind, welche die Existenz außerirdischen Lebens stützen würden. Das schließt die mögliche Existenz des früher besprochenen »inneren Kreises« nicht aus, der vollkommen »im Bilde« und bereit ist, die Wahrheit vor den anderen zu verbergen. Aber selbst das – im Wortsinn – explosivste Militärgeheimnis aller Zeiten, die Atombombe, konnte nur eine relativ kurze Zeitlang geheimgehalten werden. Das Gegenargument lautet, daß sie überhaupt *nicht* geheimgehalten wurde und daß Roswell, Rendlesham Forest und vielleicht auch Area 51 allesamt Beweise dafür sind.
Wenn bewiesen werden könnte, daß die Regierungen in der UFO-Frage in der Vergangenheit gelogen haben, befänden sich die gegenwärtigen Regierungen in ernsthaften Schwierigkeiten. Die meisten Anschuldigungen richten sich an die Vereinigten Staaten, aber wie sieht es mit Großbritannien aus?
In einem Auszug aus »The Age of the UFO« der Serie *The Unexplained File* zeichnet der Redakteur ein interessantes Porträt meiner Abteilung in den achtziger Jahren, das ich mit meinem eigenen Lügendetektortest überprüft habe.

> Das britische Verteidigungsministerium (MOD) sammelt schon seit den sechziger Jahren UFO-Berichte [falsch: Die Aufzeichnungen reichen mindestens auf das Jahr 1959 zurück] und tut dies weiterhin [richtig]. Die Büros in Whitehall ... beherbergen Akten, die, wenn sie jemals an die Öffentlichkeit gelangten [einige der früheren taten das – andere werden zum ersten Mal in diesem Buch erwähnt], sich als extrem interessant für Ufolo-

> gen erweisen würden [richtig]. Die Zahl der UFO-Berichte allein aus dem Jahr 1981 – wie im House of Lords zitiert ... im März 1982 – zeigen, daß das MOD in diesem Jahr mehr als fünfmal so viele Fälle wie die führende britische UFO-Gesellschaft BUFORA sammelte [ein gesundes Zeichen dafür, daß wir »offen fürs Geschäft« sind].
> Das MOD meint, daß die UFO-Berichte in das Aufgabengebiet einer Abteilung fallen, die für niedrig fliegende Flugzeuge zuständig ist. [Ja und nein. Das ist Sec(AS)2b, gegenüber von meinem Büro in Sec(AS)2a.]

Der Rest des Artikels befaßt sich mit den Versuchen der UFO-Forscherin Jenny Randles im Jahr 1983, sich Zugang zu ministeriellen Akten zu beschaffen und eine politische Erklärung des MOD zu erzwingen. Die Reaktion war die übliche: »Das einzige Interesse des Verteidigungsministeriums an UFO-Berichten besteht darin festzustellen, ob in ihnen irgend etwas enthalten ist, das von verteidigungspolitischem Interesse sein könnte.« Die Erklärung fuhr wie folgt fort: »Es gibt innerhalb des Ministeriums keine Abteilung, die sich ausschließlich dem UFO-Studium widmet [das stimmt immer noch], und es gibt keine Mitarbeiter, die sich diesem Thema auf Vollzeitbasis widmen [auch das war richtig – ich hatte noch andere Pflichten].«
In einem Artikel für die Januar/Februar-Ausgabe 1994 des Magazins *International UFO-Reporter* revidierte Jenny Randles ihre Ansicht über das Verteidigungsministerium. Nachdem sie ihre leidvollen, über zwanzig Jahre gesammelten Erfahrungen mit dem Ministerium aufgezählt hatte, stellte sie fest, daß sich 1992 ein Wandel vollzogen hatte. »Wir hatten nun«, so schrieb sie, »unseren eigenen Edward Ruppelt ... einen Mann namens Nick Pope.« Ich hoffe aufrichtig, daß sie dabei an den frühen Ruppelt dachte, bevor sich jener Druck

auszuwirken begann, der ihn dazu veranlaßte, seine Einstellung zu UFOs zu überdenken.
Die Verschwörungstheoretiker vermuten überall eine Verschwörung, »lächelnde Gesichter mit Messern zwischen den Zähnen«. Das Verteidigungsministerium vernichtet routinemäßig Akten. Die Gründe dafür haben wir in Kapitel 9 erfahren. Radartechniker löschen aus wirtschaftlichen Gründen immer wieder Bänder. Die Extremisten wollen keine dieser praktisch begründeten Situationen akzeptieren. Für sie ist die Vernichtung von Akten und Bändern nur ein weiterer Beweis für eine Vertuschung. Sec (AS) befragt routinemäßig andere Sektionen, um die verschiedenen Untersuchungen zu unterstützen. Auch ich tat das regelmäßig. Wir geben nicht bekannt, um welche Abteilungen es sich handelt, und die Vertuschungsfanatiker riechen auch hier wieder Lunte. Wir *müssen* da einfach etwas verbergen. Eine ständig vorgebrachte Kritik am Ministerium lautet, daß wir die bewegendsten aller Akten geheimhalten: jene über nahe Begegnungen. Bedauerlicherweise wird von einem meiner Vorgänger der Ausspruch überliefert, daß solche Akten nicht existieren, aber ich glaube, dies kommt daher, daß er mit den Akten nicht wirklich vertraut war.
Ich werde von Ufologen oft gefragt, ob es hierzulande Pläne für ein Informationsfreiheitsgesetz nach amerikanischem Vorbild gibt. Das ist eine politische Entscheidung, die nicht vom Verteidigungsministerium getroffen werden kann. Zu der Zeit, als ich dieses Buch schrieb, hatte die konservative Regierung keinen solchen Plan, obwohl John Majors Citizens Charter eine offene Regierungsinitiative ist. Die Labour Party erklärt, daß sie, falls sie die Wahl gewinnt, ein Informationsfreiheitsgesetz anregen wird. Ein solcher Schritt würde von vielen Gruppen begrüßt werden.
Infolge des amerikanischen Informationsfreiheitsgesetzes

wurden bereits unglaubliche 30000 UFO-Dokumente freigegeben, die zuvor alle geheimgehalten worden waren. Sie kommen von der DIA und der NSA, der United States Air Force und dem FBI, und manche sogar von der CIA, die, ebenso wie das FBI, früher immer leugnete, solche Dokumente zu besitzen! Es gibt jedoch viele UFO-Papiere, deren Freigabe die amerikanische Regierung immer noch verweigert. Der einzig mögliche Grund dafür ist, daß es um die nationale Sicherheit geht. Und hier haben wir ein klassisches Paradoxon: Wie kann die nationale Sicherheit betroffen sein, wenn, wie die amerikanische Regierung öffentlich erklärt, UFOs nicht außerirdischer Natur sind und von ihnen keine Bedrohung ausgeht? Die U.S.-Botschaft in London war nicht eben erfreut, als ich diese Frage stellte. Ich traf mich zwar mit einem Marineoberst, der sich als höchst kooperativ erwies, mir aber keine Hilfe war.

Die Vorstellung, daß die Regierung hier etwas vertuschen könnte, ist wahrhaft beängstigend. Denken Sie nur an die Szene aus der Filmversion von Budd Hopkins' *Intruders*, in der eine Figur einen General dafür kritisiert, daß er der Öffentlichkeit die Existenz von Außerirdischen verheimlicht. Der General fragt allen Ernstes, ob es sich der Präsident der Vereinigten Staaten leisten könne, aufzustehen und vor der ganzen Welt zu erklären, daß regelmäßig außerirdische Flugobjekte in unseren Luftverteidigungsraum eindringen und genetische Experimente an unseren Leuten durchführen, ohne daß Regierung oder Militär in der Lage wären, diesem Treiben Einhalt zu gebieten.

Meine Schlußfolgerung in der Vertuschungsfrage in Großbritannien ähnelt der von Jenny Randles und Lord Hill-Norton. Wir verfügen nicht über riesige Mengen geheimer Informationen über Außerirdische; wir verstecken keine abgestürzten fliegenden Untertassen, und wir zerlegen keine von Außerirdischen verwendete Technologie; wir haben keine kleinen

Gräber, in denen Greys liegen, und wir haben keine Verträge mit ihnen unterzeichnet, um irgendeine Art von dubiosem Waffenstillstand aufrechtzuerhalten. Wir wissen zu wenig über ein Phänomen, das so real ist wie Frühstückstoast. Und solange wir Angst davor haben, uns lächerlich zu machen, werden die UFOs auch weiterhin ignoriert werden.
Vielleicht wird diese Ignoranz unser Verderben sein.

11
Gefahr am Himmel

Ob UFOs außerirdischer Natur sind oder nicht, ob Menschen von Außerirdischen entführt werden oder nicht – eines steht fest: Menschen *werden* von UFOs in Gefahr gebracht, sie werden verletzt und sogar getötet. Das sind keine Spekulationen, sondern Tatsachen.

Es war am 7. Januar 1948 in der Godman Air Force Base im amerikanischen Bundesstaat Kentucky. Seit Kenneth Arnolds Premiere einer UFO-Sichtung waren erst ein paar Monate vergangen, und überall kursierten die wildesten Gerüchte. Aus ganz Amerika wurde eine Welle ähnlicher Sichtungen gemeldet, und jemand rief in der Basis an und berichtete, daß in der Nähe ein eigenartiges, helles Licht in der Luft schwebe. Vier P-51-Mustang-Flugzeuge der Nationalgarde erhielten den Befehl, ihren Routineflug abzubrechen und der Sache auf den Grund zu gehen. Drei Piloten – Hammond, Clements und Mantell – stiegen in ihren Maschinen auf, um das Objekt zu verfolgen, aber in 6000 bis 6700 Metern Höhe war die Luft so dünn, daß Hammond und Clements wegen Sauerstoffmangel aufgeben mußten. So setzten sie ihren Routineflug nach Standford Field fort. Ein vierter Pilot namens Hendricks war von vornherein nicht in der Lage, dem Befehl nachzukommen, wahrscheinlich deshalb, weil er zu wenig Treibstoff hatte. Er flog direkt nach Standford und kam dort vierzig Minuten vor den anderen an.

Captain Thomas Mantell befand sich nun also allein am Himmel, so hoch, wie es mit seinem Flugzeug nur irgendwie möglich war, und jagte einem unerklärlichen Objekt nach. Er funkte den Kontrollturm in Godman an. »Es scheint sich um

ein metallisches Objekt von riesigen Ausmaßen zu handeln, direkt vor uns, schräg oberhalb. Ich versuche, näher heranzukommen, damit ich es besser sehen kann.«
Minuten später fand man die Teile von Mantells P-51 über ein weites Gebiet in der Nähe von Franklyn, Kentucky, verstreut. Der Pilot war tot. Der offizielle Untersuchungsausschuß gelangte zu dem Schluß, daß der Absturz durch einen Sauerstoffmangel verursacht worden war. Mantell, so hieß es, habe ein Blackout gehabt und die Kontrolle über sein Flugzeug verloren. In der Hysterie, die in den ersten, hitzigen Tagen von Project Sign rund um Arnolds Sichtung entstanden war, begannen alle möglichen Gerüchte zu kursieren. Mantell wurde in einem geschlossenen Sarg beerdigt, weil seine Leiche in Wirklichkeit angeblich gar nicht darin lag. Sie sei von den Mitgliedern der außerirdischen Crew des Objekts, dem er hinterhergejagt war, aus der P-51 entfernt worden. Anderen Geschichten zufolge wies Mantells Körper unerklärliche Wunden auf. Ein Großteil dieser Gerüchte war unsinnig. Man braucht nicht viel Phantasie, um sich vorzustellen, weshalb das Opfer eines Flugzeugabsturzes in einem geschlossenen Sarg beigesetzt wird, auch wenn dies den amerikanischen Gepflogenheiten zuwiderläuft.
Aber was hatte Mantell in seinem Flugzeug zu verfolgen versucht? Sogar einige der engagierteren UFO-Bücher der heutigen Zeit behaupten, daß es ein Wetterballon gewesen sei. Wie im Vorfall von Roswell im Jahr davor können wir davon ausgehen, daß Thomas Mantell ebenso wie Jesse Marcel wußte, wie ein Wetterballon aussieht. Anderen Erzählungen zufolge war es wahrscheinlich die Venus, der der Erde nächstgelegene Planet, mit ihrem leuchtenden blau-weißen Licht. Aber Mantells letzte Funknachricht – »ein metallisches Objekt von riesigen Ausmaßen« schließt beide dieser Möglichkeiten aus, obwohl die Skeptiker das natürlich nicht akzeptieren wollen.

Die enorme Größe, so sagen sie, war nichts anderes als eine halluzinatorische Verzerrung, verursacht durch Sauerstoffmangel. Mantell war jedoch ein erfahrener Pilot. Er wußte, was Sauerstoffmangel bewirken konnte, und es ist sehr unwahrscheinlich, daß er sein Leben riskierte, um hinter etwas herzujagen, für das er eine perfekte Erklärung hatte. Wie auch immer – Captain Thomas Mantell wurde der erste bekannte »Märtyrer« der Ufologie.

Die Bass-Straße, der schmale Kanal, der zwischen Australien und Tasmanien liegt, wurde oft mit dem berüchtigten Bermuda-Dreieck verglichen. In diesem UFO-Konzentrationsgebiet gingen während des Zweiten Weltkriegs nicht weniger als 17 Flugzeuge verloren. Eigenartig daran ist die Tatsache, daß es in diesem Krieg über der Bass-Straße keinerlei feindliche Aktivitäten gab.
Im Oktober 1978 startete Frederick Valentich, ein Zivilpilot, vom Flughafen Moorabbin in Melbourne. Er war etwa 45 Minuten in der Luft, als er die Melbourne Flight Service Unit anfunkte und meldete, daß ein Flugzeug an ihm »vorbeigesaust« sei, das er nicht identifizieren konnte. Melbourne wußte nichts von anderen Flugzeugen im Bereich der Bass-Straße und bat Valentich, es zu beschreiben. Der Pilot sagte, es sei groß, hell und metallisch gewesen und habe ein grünes Licht ausgestrahlt. Es sei etwa 300 Meter über ihm vorübergeflogen, habe dann abgedreht und sei verschwunden, um gleich danach wieder über ihm aufzutauchen. Es habe in gefährlicher Nähe zu seinem Flugzeug geschwebt. Worum es sich bei dem Flugobjekt auch immer handelte – es war klar, daß es ein Spiel mit ihm spielte. Valentichs letzte Funknachricht an den Radarüberwacher Steve Robey lautete: »Ich habe die Absicht … äh … nach King Island … ah … nach Melbourne zu fliegen … dieses eigenartige Flugzeug schwebt

schon wieder über mir … es schwebt in der Luft, und es ist gar kein Flugzeug …«

Robey war von der steigenden Panik in Valentichs Stimme alarmiert, aber alle Versuche, ihn wieder zum Sprechen zu bringen, schlugen fehl. Der Funkkanal war frei. Es war klar, daß Valentich nicht antworten wollte oder konnte.

Nachdem Valentich nicht in King Island ankam, leitete die zuständige Such- und Rettungsorganisation eine Suche in der Luft, auf See und zu Land ein. Fünf Tage lang durchkämmten die Suchteams das Gebiet, aber es wurden nie Spuren des Flugzeugs oder des Piloten gefunden. Frederick Valentich war ein weiteres UFO-Opfer geworden.

Dieses Jahr, 1978, war eine Art Spitzenjahr, was UFO-Sichtungen anbelangt. Über der Bass-Straße waren grüne Lichter gesehen worden, und nur zwanzig Minuten vor Valentichs Verschwinden hatte ein weiterer Zeuge, Roy Manifold, etwas Eigenartiges fotografiert. Man entwickelte den Film und erkannte auf den Fotos ein riesiges, dunkles und dichtes Objekt, das über dem Meer zu hängen und das Wasser aufzuwirbeln schien. Der australische Ufologe Bill Chalker widerlegte die Behauptung der australischen Luftwaffe, daß es sich hierbei um eine Wolke gehandelt habe. Wolken, die schnell genug erschienen wären, um der zeitlichen Abfolge der Aufnahmen zu entsprechen, müßten mit einer Geschwindigkeit von über 320 Kilometern pro Stunde dahingezogen sein.

Ich wurde in eine Diskussion über einen ähnlichen Fall verwickelt, der sich angeblich im Herbst 1970 ereignet hatte. Auf den Radarschirmen in der RAF Binbrook in der Nähe von Market Rasen in Lincolnshire war am 8. September ein unerklärlicher Leuchtfleck erschienen. Es wurden Flugzeuge von mehreren Basen zusammengezogen. Captain William Schaffner, ein amerikanischer Austauschoffizier, der in Binbrook stationiert war, flog mit seiner Lightning bei Grimsby über die

Nordsee hinaus, um etwas nachzujagen, dessen Geschwindigkeit laut Radarschirm zwischen knapp 800 und unglaublichen 27000 Kilometern pro Stunde schwankte. Schaffner beschrieb ein unglaublich intensives blaues Licht und berichtete, daß er, als er näher kam, erkennen konnte, daß das Objekt wie ein Kegel geformt war und einen kugelförmigen Teil hatte, der aus Glas zu sein schien. Einmal sauste das Flugobjekt - oder waren es mehrere? - auf ihn zu, und er mußte scharf abdrehen, um einen Zusammenstoß zu vermeiden. Auf dem Radarschirm geschah etwas Außergewöhnliches. Die Leuchtflecken, die die Lightning und das UFO darstellten, vereinigten sich plötzlich, um dann vollkommen zu verschwinden. Eine Sekunde später brauste das UFO mit einer geschätzten Geschwindigkeit von über 30000 Kilometern pro Stunde davon.

Der Funkkontakt mit Schaffner wurde wieder hergestellt, aber der Offizier klang benommen und desorientiert, und sein Kompaß funktionierte nicht. Man wies ihn an, auf dem Wasser notzulanden. Die Lightning sackte innerhalb weniger Minuten ab. Aus irgendeinem Grund war es Schaffner nicht gelungen, den Schleudersitz zu betätigen und in sein Rettungsboot zu steigen. Trotzdem war das Cockpit leer, und seine Leiche wurde nie gefunden. Es war eine erstaunliche Geschichte, aber sie war wahr. Warum ist sie erst jetzt, so viele Jahre danach, ans Tageslicht gekommen?

Die lokale Berichterstattung über dieses Ereignis wurde von Pat Otter vom *Grimsby Evening Telegraph* übernommen. Tony Dodd, ein ehemaliger Polizist und UFO-Forscher der Spitzenklasse, nahm den Fall für Quest International auf. Da ich begann, Fragen von Journalisten und Ufologen zu sammeln, ließ ich mir die Akte über das verlorene Flugzeug aus den Archiven zusenden, um mir genauer anzusehen, was da passiert war.

Die Lightning war in einer Routineübung unterwegs gewesen,

bei der sie das Abfangen und Begleiten niedrigfliegender Ziele üben sollte, eine Operation, wie sie in den Jahren des Kalten Krieges oft durchgeführt wurde, als sowjetische Bomber regelmäßig in den britischen Luftraum eindrangen, um die Verteidigung dort auf die Probe zu stellen. Bei diesem Übungsflug war das Ziel eine Shackleton der RAF. Aus der Akte ging hervor, daß Schaffner einfach ins Meer geflogen war, als er versuchte, die Maschine abzufangen, und daß er vermißt sei, wahrscheinlich ertrunken. Lichter, über die er berichtet hatte, waren einfach die der Shackleton.

Ich fand keine Beweise für irgendwelche außergewöhnlichen Umstände rund um den Absturz, aber ich hatte trotzdem ein unangenehmes Gefühl. Warum um alles in der Welt sollte jemand zwanzig Jahre nach dem Vorfall eine solche Geschichte erfinden? Niemand hatte dabei etwas zu gewinnen, und eine Reihe von Personen schienen zumindest einen Teil der Geschichte bezeugen zu können. Mehr sagte die Akte nicht aus. Alles, was ich tun konnte, war, die Augen offenzuhalten und die Verluste von Militärflugzeugen (von denen es tragischerweise jedes Jahr mehrere gibt) vorbehaltlos zu beobachten.

Das Bermuda-Dreieck, über das in Tausenden Büchern und Artikeln geschrieben worden ist, bleibt die geheimnisvolle Falle für Flugzeuge, Schiffe und Menschen. Es ist keineswegs außergewöhnlich, daß in diesem Gebiet etwas im Meer (oder im Himmel über dem Meer) verschwindet. Da die Gebiete, um die es hier geht, so riesig sind, ist es fast immer schwierig, das Wrack eines winzigen Flugzeugs zu finden: Es ist buchstäblich, als suchte man eine Stecknadel im Heuhaufen. Daher überrascht es nicht, daß es da eine Theorie gibt (unter vielen anderen natürlichen und übernatürlichen), der zufolge das Verschwinden so vieler Menschen, Flugzeuge und Schiffe im Bermuda-Dreieck etwas mit UFOs zu tun hat und Außerirdische sich schon seit Jahren ganze Flugzeuge vom Himmel und

Schiffe aus dem Meer greifen – zu welchem Zweck, darüber können wir nur Spekulationen anstellen.

Was die Sichtungen von Mantell und Valentich so bemerkenswert macht, sind die Funkberichte, die sie vor ihrem Absturz noch übermitteln konnten. Wie viele andere mögen gestorben sein, ohne die Möglichkeit zu haben, eine letzte, vielsagende Botschaft zu übermitteln?

Begegnungen am Himmel, die um ein Haar fatale Folgen gehabt hätten, kommen also sehr oft vor, und wenn sich in der Welt gerade nichts Aufregendes tut oder wenn aufgeregte, geschwätzige oder wütende Flugpassagiere über einen solchen Beinahe-Zusammenstoß berichten, bringen die Schreiberlinge eine Horror-Story darüber, es werden eingehende Untersuchungen verlangt und so weiter. Es steht außer Zweifel, daß an einigen dieser Beinahe-Katastrophen UFOs beteiligt waren. Die zivile Luftfahrtbehörde verlangt, daß die Piloten alle derartigen Ereignisse aufzeichnen, unabhängig davon, worum es sich bei dem anderen Flugobjekt handelt. Hier kommt jedoch der Faktor der Lächerlichkeit ins Spiel. Manche Piloten melden Beinahe-Zusammenstöße mit einem UFO nicht, um sich nicht den hämischen Bemerkungen ihrer Kollegen auszusetzen. Aber wenn die Passagiere etwas sehen und ein Leuchtfleck auf dem Radarschirm ihre Wahrnehmung bestätigt, sind die Piloten zu einer Meldung gezwungen. Unter diesen Umständen ist es allerdings wahrscheinlicher, daß sie einen Standardbericht über einen Beinahe-Zusammenstoß abgeben, als daß sie die Sichtung eines UFOs melden.

Ich hatte während meiner Zeit als UFO-Beauftragter Gelegenheit, zwei derartige Vorfälle zu untersuchen, obwohl sich der erste einige Monate vor meinem Amtsantritt ereignet hatte. Dieser fand am 21. April 1991 über Lydd in der Nähe von Romney in Kent statt. Der Pilot einer italienischen MD80 berichtete, daß ein graues, raketenartiges Objekt in 6700

Metern Höhe an seiner Maschine vorbeigezischt sei. Ein Leuchtfleck auf dem Radarschirm bestätigte die Sichtung. Als erstes fragte ich bei der Raketenabschußrampe der Armee in Lydd nach, aber ich war nicht überrascht zu erfahren, daß keine Rakete abgeschossen worden war. Raketen werden nicht einfach aufs Geratewohl abgefeuert, vor allem nicht in der Nähe eines vielbenutzten zivilen Luftwegs. Außerdem verfügte man in Lydd über keine Rakete, die eine derartige Höhe hätte erreichen können. Ein Passagierflugzeug wäre um ein Haar vom Himmel gefegt worden, aber der Vorfall wurde nie aufgeklärt. Keine Bedeutung für die Verteidigung?

Am 15. Juni desselben Jahres gab es ebenfalls einen Beinahe-Zusammenstoß, auch dieses Mal über Kent. In einer Höhe von 4500 Metern sah der Pilot einer Boeing 737 ein schwarzes, »rautenförmiges« Objekt ganz knapp an der Flügelspitze der Verkehrsmaschine vorbeifliegen. Er meldete die Angelegenheit, und sie wurde eingehend untersucht. Das unbefriedigende Ergebnis dieser Bemühungen war, daß es ein Kollisionsrisiko zwischen der Boeing und einem »unbekannten Objekt« gegeben habe. Keine Bedeutung für die Verteidigung?

Über die Vorschriften für Beinahe-Zusammenstöße hinaus sind Piloten nicht gerade erpicht darauf, über UFOs zu diskutieren. Ich sprach mit einem erfahrenen Zivilpiloten, der mir erzählte, er habe von seinem Cockpit aus bereits mehrere UFOs gesehen. Seine Arbeitgeber waren nicht begeistert darüber, daß er über diese Erlebnisse mit jemandem sprach. Er hält jeden Tag das Leben Hunderter Menschen in seiner Hand. Die kleinste Unsicherheit – »der Pilot sieht irgendwelche Dinge backbord voraus!« – und der Schaden für seine Karriere wäre nicht wiedergutzumachen.

Es gibt auch eine Reihe von Fällen, in denen nahe Begegnungen am Boden zu Schäden geführt haben. Allerdings gibt es keine konkreten Beweise dafür, daß die betreffenden UFOs

außerirdischer Herkunft waren, und noch weniger dafür, daß die entstandenen Leiden mit Absicht zugefügt worden waren.
Falcon Lake in Ontario, 120 Kilometer östlich von Winnipeg, ist der Schauplatz der berühmtesten »nahen Begegnung« Kanadas. Am 20. Mai 1967, etwa um die Mittagszeit, bearbeitete der Amateurgeologe Stephen Michalak, der mit einem Schutzanzug einschließlich Handschuhen und Brille bekleidet war, mit der Hacke eine Gesteinsschicht. Da sah er plötzlich, wie sich zwei rote, zigarrenförmige UFOs anschickten, neben ihm zu landen. Eines schwebte zuerst über seinem Kopf, um dann schnell wegzufliegen und in den Wolken zu verschwinden. Das zweite landete tatsächlich und schien abzukühlen, wobei seine Farbe von einem glühenden Rot in Gold überging. Michalak schätzte die Abmessungen des Objekts auf etwa dreieinhalb Meter Höhe und elf Meter Durchmesser. Mit erstaunlicher Geistesgegenwart zeichnete er eine Skizze des Bildes, das sich ihm bot, und machte Notizen über das Erscheinungsbild des Objektes. Im Unterteil eines kuppelförmigen Vorsprungs an der Spitze sah er schmale Schlitze. Bei diesen Öffnungen, die auf beiden Seiten des Rumpfes angebracht waren, handelte es sich seiner Meinung nach um Lüftungsschlitze oder möglicherweise auch um einen Auspuff. Aus ihnen drang ein violetter Lichtschein, und er hörte das Geräusch eines Motors und nahm den starken Geruch von Schwefel wahr.
Plötzlich öffnete sich eine Tür auf der linken Seite des Flugobjekts. Was er für einen Auspuff gehalten hatte, war in Wirklichkeit eine Einstiegsluke. Er hörte Stimmen im Inneren des Flugobjekts und ging auf sie zu. Er rief in englischer, französischer und russischer Sprache und versuchte es auch mit Brocken anderer Sprachen, die er im Laufe der Jahre aufgeschnappt hatte. Niemand reagierte, und die Einstiegsluke schloß sich wieder. Michalak konnte die Hitze an der Oberfläche des Flugobjekts spüren. Als er seine Hand ausstreck-

te, um sie berühren, schmolz sein Handschuh. Ohne Vorwarnung schoß plötzlich ein heißer Luftstrahl aus dem Abluftrohr auf der rechten Seite. Michalak fiel auf den Rücken, sein Mantel und Hemd begannen zu brennen, und das Flugobjekt hob ab.
Die instinktive Reaktion der meisten von uns wäre wohl, diese Erzählung als Hirngespinst abzutun. Aber Michalaks Gesundheitszustand verschlechterte sich plötzlich, und er wurde ins Krankenhaus eingeliefert. Auf seinem Bauch fand man einen Abdruck, der genau zu dem Gittermuster der Abluftrohre paßte – eine Serie von dreißig kreisförmigen Verbrennungen. Er litt noch lange Zeit, nachdem die Verbrennungen verheilt waren, unter Hautinfektionen, Schwäche, Gewichtsverlust, Benommenheit, Durchfall, Blackouts und Erbrechen. Fast zwei Dutzend Spezialisten, die ihn untersuchten, gelangten zu dem Schluß, daß er unter Strahlenverbrennungen litt und daß ein noch längerer Strahlenkontakt tödlich gewesen wäre.
Ein noch beunruhigenderes Erlebnis hatte Betty Cash aus Dayton, Texas. Am 29. Dezember 1980 machte die 51jährige Betty, die ein Lebensmittelgeschäft und ein Restaurant führte, einen Ausflug mit der 57jährigen Vickie Landrum und deren Enkel Colby, der damals siebzehn Jahre alt war. Sie hatten sich in Bettys Oldsmobile Cutlass auf die Suche nach einem Bingospiel begeben, aber die Spielhallen hatten wegen der Vorbereitung auf die Neujahrsfeiern geschlossen. Also aßen sie in New Carey zu Abend und machten sich dann auf die Heimfahrt nach Dayton. Es war etwa neun Uhr, und Betty fuhr auf dem Highway FM1485 durch das Sumpfgebiet, in dem der Lake Houston und seine zahlreichen Nebenflüsse nach Süden zur Galveston Bay fließen. Es war kalt, die Autofenster waren geschlossen und die Heizung eingeschaltet. Der nächtliche Himmel war nach einem Tag, an dem es immer wieder geregnet hatte, klar und der Mond fast voll. Das Gebiet lag von den

Straßenlichtern der 30 Meilen entfernt gelegenen Stadt Houston hell erleuchtet da.
Colby sah es als erster – ein helles, glühendes Objekt, das über ihren Köpfen über die Kronen der Eichen und Pinien, die die Straße säumten, hinwegraste. Es schien sich etwa drei Meilen vor ihnen zu befinden, aber anstatt an Größe zu verlieren, wie es bei einem vorbeifliegenden Flugzeug der Fall gewesen wäre, wurde es immer größer und schien sich in Richtung der vor ihnen liegenden Straße zu bewegen. Bettys Instinkt riet ihr davonzufahren, aber ihr Oldsmobile war nicht schnell genug. Als das Objekt auf sie zukam und vor ihnen etwa fünfeinhalb Meter mitten über der Straße schwebte, mußte sie scharf bremsen. Nach den Beschreibungen der drei Zeugen – bei denen sie konsequent geblieben sind – handelte es sich, wie Vickie sagte, um ein Objekt, das aussah wie »ein Diamant aus Feuer«. Es schien aus Aluminium zu bestehen, und die vier Punkte des Diamanten waren abgerundet. In der Mitte hatte es eine Reihe blauer Lichter und sandte von Zeit zu Zeit Piepstöne aus.
Vickie, eine gläubige Christin, war fest davon überzeugt, daß nun der Tag des Jüngsten Gerichts gekommen sei. Sie hielt einen entsetzten Colby in den Armen, als das Objekt aufstieg und sich vor ihnen sanft auf Flammensäulen niederließ. Sie sagte zu Colby, er brauche keine Angst zu haben. »Wenn der große Mann der brennenden Wolke entsteigt, wird es Jesus sein.« Sie würden in Sicherheit sein.
Betty stieg aus dem Auto. Sie stellte sich vor das Objekt, wie gelähmt von dem Licht und offenbar ohne die große Hitze zu bemerken, die es ausstrahlte. Vickie und Colby schrien sie an, wieder ins Auto zu steigen, aber als sie es versuchte, war der Türgriff zu heiß, und sie mußte den ledernen Ärmel ihrer Jacke zu Hilfe nehmen. In dem Augenblick, in dem Betty wieder in ihrem Auto saß, kam aus dem Nichts ein Schwarm von

Helikoptern – in den nächsten Minuten zählten sie dreiundzwanzig –, der sich gemeinsam mit dem glühenden Objekt wieder entfernte.

Betty fuhr weiter, und alle drei konnten den Diamanten immer noch in einer Entfernung von etwa acht Kilometern am Himmel glühen sehen, wobei seine Lichter die Helikoptereskorte erleuchteten. Die drei waren übrigens nicht die einzigen Zeugen dieses Vorfalls. Ein Ölarbeiter in Dayton sah das UFO – »es hatte irgendwie die Form eines Diamanten, und aus zwei Doppelfackeln an der Rückseite schossen leuchtende blaue Flammen«. Ein Verkäufer in einer Bäckerei in Eastgate, 13 Kilometer westlich von Dayton, meldete ein helles Licht am Himmel über New Carey. Ein Polizist aus Dayton, der nicht im Dienst war, und seine Frau sahen die Helikopter ebenso wie ein Bewohner von Crosby. Sie flogen geradewegs über dessen Haus hinweg.

Betty, Vickie und Colby begannen die körperlichen Symptome fast sofort zu spüren. Als Betty die Landrums in dieser Nacht nach Hause brachte, klagte Vickie über Kopfschmerzen und Übelkeit. In den nächsten Tagen verspürten Großmutter und Enkelsohn ernsthafte Anzeichen eines akuten Sonnenbrands. Sie erbrachen und litten tagelang unter Durchfall. Vickie verlor ein Drittel ihrer Haare, und Colby fielen sie ebenfalls aus, wenn auch weniger. Beide hatten Augenschmerzen, und ihr Sehvermögen verschlechterte sich. Vickie befürchtet immer noch, vollkommen zu erblinden, und macht sich Sorgen um Colby, der, wie ihr die Ärzte mitteilten, Leukämie bekommen könnte, wenn er, wie vermutet wird, tatsächlich verstrahlt wurde.

Betty mußte Schlimmeres befürchten. Sie litt unter hämmernden Kopfschmerzen und hatte das Gefühl, sterben zu müssen. Riesige Blasen erschienen auf ihrer Haut, die sie so entstellten, daß Freunde, die sie im Krankenhaus besuchten, sie nicht erkannten. Sie entwickelte eine Aversion gegen alles, was heiß war – gegen die Sonne, sogar gegen warmes Wasser. Einen Monat später hatte sie die Hälfte ihrer Haare verloren und litt unter dem ständigen Ausbruch von Hautgeschwüren. Kürzlich bekam sie Krebs und mußte sich eine Brust entfernen lassen. Das Mal, das die Begegnung hinterließ, ist auch emotionaler Natur. Beide Frauen, die zuvor heiter und lebhaft gewesen waren, sind nun zurückgezogen und nervös. Beide gehen im Krankenhaus ein und aus, und keine von ihnen konnte ihren Beruf wieder aufnehmen.

Was geschah auf diesem Highway in Texas in den letzten Tagen des Jahres 1980? Die Präsenz von Helikoptern (und das ist nicht der einzige Fall, in dem irdische Flugkörper als Begleitung von UFOs gesehen wurden) geben Anlaß zu der Theorie, daß es sich bei dem »Feuerdiamanten« um einen ungeschützten Kernreaktor gehandelt haben könnte, den die Helikopter nach irgendeiner Art von Unfall irgendwohin zur Entsorgung brachten – ein amerikanisches Tschernobyl. Weder Betty Cash noch die Landrums konnten in ihrer Zeugenaussage erschüttert werden. Unter den Helikoptern, die sie sahen, waren einige große, CH-47-Doppelrotor-Chinooks, die in der Luft die unverwechselbare Form eines Telefonhörers haben; bei anderen handelte es sich um kleinere Einzelrotorhelikopter des Bell Huey-Typs. Andere Zeugen waren sich darüber einig, daß das, was sie neben dem UFO gesehen hatten, Chinooks waren. Betty und Vickie verklagten die Regierung der Vereinigten Staaten wegen körperlicher und emotionaler Schäden und wegen Verdienstausfalls, aber der Fall wurde abgewiesen, nachdem Vertreter der U.S.-Armee, der Navy und der Air Force und Vertreter der NASA ausgesagt hatten, daß sie ein solches Flugobjekt weder besaßen noch betrieben. Aber natürlich haben Ufologen darauf hingewiesen, daß es auch andere Institutionen gibt, die an diesem Tag nicht im Gerichtssaal vertreten waren und die keine solchen Zusicherungen abgaben. Der Armeebasis bei Fort Hood in der Nähe von Killeen war niemand bekannt, der so viele Helikopter in die Luft schicken konnte. Die Aviation Administration der Houston Intercontinental Airport Federation erklärte, daß im Gebiet von Houston fast 400 Helikopter im kommerziellen Einsatz stünden, daß jedoch keiner davon ein Chinook sei.

Diese Begegnung ist ein außergewöhnliches Beispiel. Es gibt zu viele Zeugen, als daß man sie kollektiv der »Halluzination« beschuldigen könnte, und die körperlichen Symptome waren unübersehbar stark. Außerdem haben die Landrums und Betty Cash zu sehr gelitten, als daß man ihnen Publicitygeilheit oder finanzielle Gier vorwerfen könnte. Der Pressesprecher der amerikanischen Armee, Major Tony Geishauser, erklärte gegenüber der lokalen Zeitung: »Ich weiß nicht, was das sein kann ... es sei denn, es handelt sich um ein Super-Top Geheimnis, in das ich nicht eingeweiht bin.«

Hier befinden wir uns schon wieder im Land der Verschwörung. Entweder log die amerikanische Regierung immer schon und auch in bezug auf das UFO-Phänomen, und ihre Helikopter eskortierten ein echtes UFO aus dem amerikanischen Luftraum hinaus, oder sie verdeckte einen nuklearen Beinahe-Unfall, und es war ein Wunder, daß nur drei Menschen körperliche Verletzungen davontrugen. Sicher sind einige Mitglieder der UFO-Lobby der Ansicht, daß es sich um ein außerirdisches Flugobjekt handelte, mit dem amerikanische Militärpiloten einen Testflug aus Area 51 hinaus durchführten. Es wäre vermessen, wenn ich behauptete, ich hätte die Antwort. Was ich tun kann, ist, das Datum zu notieren: den 29. Dezember 1980. An demselben Abend regte sich etwas in den Wäldern von Suffolk, Tausende Kilometer entfernt, an einem Ort namens Rendlesham Forest.

12
Ist da draußen jemand?

Die extraterrestrische Hypothese (ETH) ist wahrscheinlich die populärste Theorie der Ufologie. Dieser Hypothese zufolge sind UFOs außerirdische Raumschiffe, deren Besatzungen »nicht von dieser Welt« sind. Ist das möglich? Könnten solche Lebensformen existieren, und wenn ja, können sie dann die riesigen Entfernungen zwischen ihrer Welt und der unseren überwinden? Schließlich ist die nächstgelegene Galaxie 170000 Lichtjahre von der unseren entfernt, und der uns nächstgelegene Stern, Proxima Centauri, liegt in einer Distanz von 40 Milliarden Kilometern (die Reise in einem Jumbo-Jet dorthin würde fünf Millionen Jahre dauern).

Die Erde ist einer von neun Planeten, die um die Sonne kreisen. Der Merkur, eine verschrumpelte, zerfurchte Welt, die seit Jahrtausenden unverändert geblieben ist, hat die geringste Entfernung zur Sonne. Als nächstes kommt die Venus mit ihrer großen Hitze, ihrer erstickenden Atmosphäre und ihrem sauren Regen, als drittes die Erde. Der vierte Planet, der Mars, ist der beliebteste unter den Science-fiction-Planeten. Durch ein Teleskop betrachtet sieht er rot aus, und die Raumsonde Viking, die ihn 1976 untersuchte, konnte keine Anzeichen von Leben auf seiner Oberfläche entdecken. An fünfter Stelle und weit von der Sonnenumlaufbahn entfernt, kreist der Jupiter, ein stürmischer, wilder Planet, der größer ist als alle anderen Planeten zusammen. Der sechste ist der Saturn mit seinen 1000 Ringen aus glitzerndem Eis. Er hat achtzehn bekannte Monde, in Wirklichkeit wahrscheinlich mehr. An siebter Stelle kommt der Uranus, ein weiterer Gasplanet mit elf Ringen und fünf Monden. Der Neptun ist der achte Planet, der mit dem Pluto um den am weitesten von der Sonne entfernten Platz wetteifert. Er hat acht Monde und vier Ringe. Auf ihm toben wilde, heftige Stürme. Der Pluto ist der kleinste dieser Planeten. Sein Mond, Charon, ist halb so groß wie er selbst.

Das Sonnensystem enthält auch einen Asteroidengürtel, Ansammlungen winziger Planeten (in Wirklichkeit Gesteinsbrocken), manche von nur wenigen Metern Durchmesser, und Kometen wie den Halleyschen, der wie Millionen anderer Kometen um die Sonne kreist. Die Sonne selbst ist nichts anderes als eine riesige Wasserstoffbombe.

Es wird allgemein angenommen, daß es auf den anderen Planeten des Sonnensystems kein Leben gibt. Dies ist aber lediglich die arrogante Ansicht der orthodoxen Wissenschaft, die auf der Tatsache basiert, daß das Leben auf der Erde von Kohlenstoff, Wasserstoff, Stickstoff und Sauerstoff abhängt. Da andere Planeten diese Elemente nicht in denselben Proportionen besitzen, kann es, so die Schlußfolgerung, auf anderen Planeten kein Leben geben. Ich nehme nicht an, daß viele etablierte Wissenschaftler *Raumschiff Enterprise* gesehen haben. Das ist schade, denn der oft zitierte Kommentar von Mr. Spock, als er auf seiner Konsole an Bord der *Enterprise* die Anwesenheit Außerirdischer abliest, ist weniger großspurig: »Es ist Leben, Jim, aber nicht in der Form, in der wir es kennen.« Vielleicht muß man selbst ein halber Außerirdischer sein, um diese Möglichkeit in Betracht zu ziehen. Aber warum sollte es keine Lebensformen geben, die ohne Kohlenstoff, Wasserstoff, Stickstoff und Sauerstoff auskommen? Wenn wir den über 3000 Stundenkilometer schnellen Winden auf dem Pluto ausgesetzt wären, würden wir höchstens ein paar Sekunden überleben, aber muß das bedeuten, daß nichts diesen Winden standhalten kann? Unsere Gehirne haben einfach nicht die Kapazität, sich vorzustellen, was dort draußen wirklich sein könnte.

Es ist richtig, daß Raumsonden wie die Viking an Planeten vorübergeflogen und manchmal auch auf ihnen gelandet sind, vor allem auf der Venus und auf dem Mars, und dabei keine Anzeichen von Leben vorgefunden haben. Aber dazu muß auch gesagt werden, daß die NASA-Ausrüstung an Bord der in einer Erdumlaufbahn befindlichen Sonde nur 1600 Kilometer über uns auf der Erde peinlicherweise ebenfalls keine Lebenszeichen erkennen konnte! Wenn sich irgendwo im Sonnensystem außer auf der Erde Leben entwickelt haben sollte, dann höchstwahrscheinlich auf dem Mars (obwohl es auf einigen der Monde, die um den Jupiter kreisen – vor allem auf »Europa« – ebenfalls möglich wäre). Seine Ähnlichkeit mit der Erde ist frappierend. Seine »Tage« haben fast die gleiche Länge wie unsere (41 Minuten länger), es gibt auf ihm Jahreszeiten, und seine krustige Oberfläche ist durch Berge, Canyons, Wüsten und sogar polare Eiskappen strukturiert. Obwohl die durch die Teleskope im letzten Jahrhundert sichtbar gewordenen »Kanäle«, die man für mögliche Hinweise auf außerirdisches Leben hielt, optische Täuschungen waren, ist es trotzdem wahrscheinlich, daß es auf dem Mars irgendwann in seiner Geschichte einmal fließendes Wasser gegeben hat. Nur das könnte die tief eingegrabenen Täler und ähnliche geologische Formationen erklären. Nachdem das Landefahrzeug der Viking I 1976 auf dem Mars gelandet war, führte es drei verschiedene Arten von Experimenten durch, um nach Anzeichen von Leben (wenn auch nur auf mikroskopischer Ebene) zu suchen. Die erste Untersuchung von Bodenproben ergab das Vorhandensein lebender Zellen, wenn die NASA später auch verkündete, daß diese eine nichtorganische Ursache gehabt hätten. Jedenfalls basierten die Experimente allesamt auf Annahmen über Leben, die möglicherweise nicht korrekt waren.

Die Viking-Sonden schickten jahrelang faszinierende Bilder zur Erde. Zwei davon, die 1976 aufgenommen wurden, sind besonders interessant, wenn man an die Existenz intelligenten Lebens auf dem Mars glaubt, zumindest als historische Tatsache. Die Bilder scheinen künstliche Strukturen auf der Oberfläche des Planeten zu zeigen. Die erste ist eine Pyramide, nicht unähnlich jenen der alten Ägypter sowie der Mayas, Azteken und Inkas in Zentral- und Südamerika. Die zweite und noch erstaunlichere ist eine 1,6 Kilometer lange geologische Form, die eine unglaubliche Ähnlichkeit mit einem menschlichen Gesicht hat. Die Aufnahme wurde von Viking I gemacht, als sie aus einer Höhe von 1800 Metern über dem Boden nach einem möglichen Landeplatz für Viking II suchte. Das Bild wurde natürlich von vielen als zufälliges Licht- und Schattenspiel abgetan, das die menschliche Phantasie anregt, aber die Ähnlichkeit mit einem Gesicht ist trotzdem auffallend.

Auffallend ist auch die Tatsache, daß in der Nähe der Marsoberfläche mehrere Sonden ausfielen oder einfach verlorengingen. Im Jahr 1993 verlor die NASA den Kontakt mit der Sonde Mars Observer, die fast eine Milliarde Dollar gekostet hatte. Manche sind davon überzeugt, daß es auf dem Mars Leben gibt – und zwar unterirdisches. Wenn dieses Leben existiert, unsichtbar für unsere neugierigen Sonden, dann betrachtet es uns Eindringlinge vielleicht nicht mit Wohlwollen.

Die Sonne bedeutet Leben für uns. Ohne sie würden wir sterben. Aber die Sonne ist nur ein Stern in einer Galaxie aus geschätzten 200 Milliarden Sternen, die wir die Milchstraße nennen. Und die Milchstraße selbst ist ihrerseits nur eine von Millionen von Galaxien. Die Zahlen werden rasch schwindelerregend groß. Wir wissen nicht, wie viele Sterne es im Universum gibt, aber die meisten Schätzungen pendeln sich bei etwa 10000 Milliarden Milliarden ein. Wenn diese Sterne ihre eigenen Planeten entwickelt haben und sie umkreisen, wie die Erde die Sonne umkreist, dann ist es durchaus möglich, daß manche dieser Planeten aus ähnlichen chemischen Bausteinen bestehen wie die der Erde. Und die komplexe Reaktionskette, die zur Entstehung von Leben auf der Erde führte, könnte sich auch anderswo ereignen oder ereignet haben. In Anbetracht der schieren Zahl der beteiligten Sterne scheint die Wahrscheinlichkeit, daß sich auch anderswo Leben entwickelt hat, überaus groß. Kurz gefragt – warum ausgerechnet wir?

Solche Spekulationen sind alles, worauf wir uns stützen können, bis eine Regierung oder jemand mit hohem wissenschaftlichem Ansehen beginnt, das Thema ernsthaft zu erforschen.

Das Leben auf der Erde hat sich durch Anpassung an eine sich verändernde Umgebung gebildet. Das »Überleben der Geeignetsten« ist wahrscheinlich kein Phänomen, das nur auf die Erde beschränkt ist. Es könnte auch für jede andere Lebensform auf jedem anderen Planeten insofern gelten, als erfolgreiche Lebewesen ihre Gene an die nachfolgenden Generationen weitergeben. Zufällige genetische Mutationen würden den Rest erledigen.

Wenn wir unsere Vorstellungskraft erweitern und die Möglichkeit in Betracht ziehen, daß Leben nicht nur auf der Erde existiert, wie steht es dann mit der Intelligenz? In analoger Weise gibt es keinen logischen Grund, aus dem Menschen die einzigen intelligenten Wesen des Universums sein sollten. Ein bestimmtes Maß an Intelligenz kommt natürlich auch bei allen Tieren ab einer gewissen Stufe vor. Wir wissen zum Beispiel, daß Schimpansen ebenso wie unsere primitiven Vorfahren, der *homo erectus* und der *homo habilis*, Werkzeuge benutzen. Mehreren Schimpansen konnte die amerikanische Zeichensprache beigebracht werden, und die Tiere verfügten schließlich über ein umfangreiches Vokabular, konnten Emotionen ausdrücken und ihr Wissen an die Jungen weitergeben. Seeotter lassen sich an der Wasseroberfläche auf dem Rücken treiben und halten dabei Steine auf der Brust, mit denen sie

Seeigel und Muscheln öffnen. Insbesondere Delphine weisen eine hohe Intelligenz auf und scheinen eine komplexe Sprache entwickelt zu haben. Dabei wenden sie offensichtlich Nachdenkprozesse an, die über den reinen Instinkt hinausgehen. Die Intelligenz selbst ist wahrscheinlich ein Glied in der Evolutionskette, das der Sicherung des Überlebens bestimmter Spezies dienen soll. Der Mensch ist langsam und schwach; wir können es beim Laufen nicht mit der Gazelle aufnehmen, und wir haben weder die Zähne noch die Klauen, um sie zu Fall zu bringen. Was wir aber haben, ist der den anderen Fingern gegenüberliegende Daumen, der es uns ermöglicht, Dinge aufzuheben. Wir haben die nahe beieinanderliegenden Augen des Jägers, um unsere Beute zu beobachten, und wir haben die Intelligenz, mit der wir logisch denken können. Diese Intelligenz ermöglicht es uns, eine Gazelle zu fangen, indem wir sie mit einem Pfeil niederstrecken, ihr Fleisch zu zerschneiden, um es zu essen, und ihre Haut abzuziehen, um uns warm zu halten. Kein anderes Tier unserer Welt ist so einfallsreich wie der Mensch oder so tödlich wie er.

Wenn diese Vorgänge hier stattfinden, können sie unter den entsprechenden Bedingungen überall vor sich gehen. Die Gesetze des Zufalls lassen es ebenso wahrscheinlich erscheinen, daß sich Leben entwickelt, wie daß sich keines entwickelt – der kosmische Joker, der nach Lust und Laune die Karten verteilt. Da gibt es jene, die argumentieren, daß sich Leben im Umkreis eines binären Sternensystems (das heißt in einem Sonnensystem mit zwei »Sonnen«) überhaupt nicht entwickeln kann, und auch nicht im Umkreis eines Sterns, der zu heiß, zu kalt, zu alt, zu jung, zu groß oder zu klein sei. Vielleicht hätte sich *unsere* Lebensform unter solch ungünstigen Bedingungen nicht entwickeln können, aber das schließt die Entwicklung und Entstehung anderer Formen nicht aus. Und auch wenn wir wie die orthodoxe Wissenschaft darauf bestehen, daß diese essentiellen Formen nur an einem der Erde ähnlichen Ort entstehen können – wer sagt, daß es in anderen Galaxien nicht eine Milliarde anderer Erden gibt? Immer mehr Wissenschaftler neigen heute zu der Ansicht, daß es im Universum vor Leben nur so brodelt.

Nehmen wir einen Augenblick lang an, daß dem so ist und daß einige dieser Lebewesen intelligent sind. Könnten sie uns erreichen? Das Haupthindernis für den interstellaren Verkehr sind die riesigen Entfernungen, verglichen mit der Geschwindigkeit, in der wir uns fortbewegen können. Die Erde ist etwa 149 Millionen Kilometer von der Sonne entfernt, aber das ist gemessen an den Entfernungen zwischen anderen Planeten ein Katzensprung. Größere Entfernungen müssen mit einem anderen Maß gemessen werden: dem Lichtjahr. Licht bewegt sich mit einer Geschwindigkeit von etwa 300000 Kilometern pro Sekunde. Licht vom Mond braucht knapp über eine Sekunde, um die Erde zu erreichen. Licht von der Sonne braucht etwa acht Minuten. Wenn das Licht in acht Minuten 149 Millionen Kilometer zurücklegt, wie weit kommt es dann in einem Jahr? Der unserer Sonne am nächsten gelegene Stern ist über vier Lichtjahre entfernt, und auch das ist nur ein winziger Bestandteil des Durchmessers unserer Galaxie (etwa 60000 Lichtjahre); die Entfernung zwischen unserer nahe gelegenen Galaxie und der Andromeda beträgt zwei Millionen Lichtjahre. Könnte ein Raumschiff eine solche Entfernung zurücklegen?

Albert Einstein postulierte in seiner Relativitätstheorie, daß es nicht möglich sei, schneller als mit Lichtgeschwindigkeit zu reisen. Wenn sich ein Objekt beschleunigt, erhöht sich seine Masse. Wenn es auf eine sehr hohe Geschwindigkeit beschleunigt, nahe der Lichtgeschwindigkeit, beginnt sich die Zeit für dieses Objekt zu verlangsamen. Das klingt bizarr, ist aber eine wissenschaftlich bewiesene Tatsache. In einem berühmten Experiment wurden zwei Uhren synchronisiert. Eine blieb auf der Erde, die andere umkreiste die Erde in einer mit großer Geschwindigkeit fliegenden Rakete. Als die Rakete zur Erde zurückkehrte, lief die Uhr an Bord etwas langsamer als die auf der Erde zurückgebliebene. Wenn sich ein Objekt schnell genug beschleunigt, wird seine Masse theoretisch unendlich, und die Zeit kommt zum Stillstand. Daraus folgt, daß es unmöglich wäre, ein konventionelles Raumschiff zu bauen und es auf Lichtgeschwindigkeit zu beschleunigen.

In der Praxis jedoch hat der Raumflugverkehr bereits begonnen. Unbemannte Sonden verlassen regelmäßig unser Sonnensystem – das einzige, was sie noch nicht können, ist, schnell genug zu fliegen. Die Sonden fliegen nur mit einem Bruchteil der Lichtgeschwindigkeit und würden in Tausenden Jahren noch nicht einmal den nächstgelegenen Stern erreichen. Aber es gibt durchaus Möglichkeiten, dieses Problem zu überwinden. Wir verfügen über die Technologie, ein interstellares Raumschiff im All zu bauen, vielleicht in der Weltraumstation Mir oder in der geplanten Internationalen Raumstation. Wenn ein solcher Flugkörper auch nur die Hälfte der Lichtgeschwindigkeit erreichen könnte, würde er in, sagen wir, fünfzig Jahren etliche Sterne erreichen. Das Material könnte an Bord von Space Shuttles in den Weltraum geliefert werden. Der Vorteil dieser Vorgehensweise besteht darin, daß der Großteil des Raketentreibstoffs für den Start benötigt wird. Baut man die Rakete außerhalb der Erdatmosphäre, verliert dieses Problem an Bedeutung. Im Raum herrscht ein Vakuum, es gibt keinen Luftwiderstand. Das bedeutet, daß ein Objekt, das auf eine gegebene Geschwindigkeit beschleunigt, so lange mit dieser Geschwindigkeit weiterfliegt, bis es von irgendeiner Kraft gestoppt wird. Der Treibstoff wird daher nur für die anfängliche Beschleunigung und allfällige darauffolgende Manöver benötigt, nicht für die Reise selbst. Der Schleudereffekt käme ebenfalls zum Tragen. Er wurde bei einer Reihe bestehender Sonden eingesetzt: Sie flogen auf einen Planeten zu, beschleunigten auf einer Bahn um den Planeten herum, um dann mit einer viel größeren Geschwindigkeit aus der Umlaufbahn hinausgeschleudert zu werden.

Das Problem am Bau eines interstellaren Raumschiffs liegt nicht in der technischen Unmöglichkeit, sondern darin, daß er so teuer wäre. Die Kosten wären astronomisch, die gesamte Weltwirtschaft würde darunter leiden. Und die Prioritäten richten sich eben nach dem Zustand unserer eigenen Welt. In den sechziger Jahren zum Beispiel herrschte eine Stimmung der Expansion, der Erforschung. Insbesondere die amerikanische Regierung begeisterte sich für das Weltraumprogramm, weil sie das Wettrennen als eine Erweiterung des Kalten Krieges betrachtete und hoffte, die Russen darin zu schlagen. Der »enorme Schritt für die Menschheit« des Jahres 1969 war der logische Höhepunkt dieser Begeisterung, aber so brillant die Leistung auch war, Menschen auf den Mond zu bringen, erfüllte sie die Hoffnung nicht, die Geheimnisse des dahinterliegenden Universums zu erleuchten. Seitdem ist die Stimmung verhaltener geworden. Der Zusammenbruch der Sowjetunion hat dem russischen Weltraumprogramm stark zugesetzt. Und auch der Westen ist vorsichtig und zieht es in den neunziger Jahren vor, sein Geld für andere Dinge zu verwenden.

Welche langfristigen Auswirkungen das Leben im Weltraum auf die Menschen hat, ist derzeit noch nicht bekannt. In den dreißiger Jahren des vergangenen Jahrhunderts sprachen sich manche gegen die Eisenbahn aus, weil sie davon überzeugt waren, daß der menschliche Körper bei einer Geschwindigkeit von mehr als 25 Kilometern pro Stunde zerfallen würde. Inzwischen haben wir bewiesen, daß diese Ängste gegenstandslos waren, aber die Raumfahrt ist ein komplexeres Thema. Astronauten, die sich in Erdumlaufbahnen befinden, fühlen sich schwerelos. Das führt zu der sogenannten »Raumkrankheit«, die sich in Benommenheit und Übelkeit äußert. Der Grund dafür ist, daß unsere Körper für diese Situation weder geschaffen noch an sie gewöhnt sind. Längerfristig ändert sich der Strom der Körperflüssigkeiten. Das führt dazu, daß Astronauten, wenn auch nur vorübergehend, jünger aussehen. Welche Auswirkungen diese Situation aber langfristig auf Leber und Herz hat, vermag niemand zu sagen. Unter den beengten Bedingungen der heutigen Raumkapseln können Muskeln verkümmern, und es kann notwendig werden, daß die Astronauten aktiv etwas dagegen tun. Der Kalziumverlust führt auf jeden Fall zu einer Schwächung der Knochen. Auch die psychologischen Auswirkungen eines jahrelangen Aufenthalts im Weltall müssen erst untersucht werden. In der Science-fiction wird dieses Problem tunlichst vermieden. Die Kosmonauten setzen Kältetechnik ein, die bewirkt, daß die Mannschaft des Raumschiffs die Zeit bis zur Ankunft auf ihrem Zielplaneten in einer Art Schwebezustand »verschlafen« kann. In Wirklichkeit haben wir hierfür jedoch noch keine Technologie. Eine Reise in eine andere Galaxie wäre im wesentlichen also eine Einbahnstraße, und die ursprüngliche Besatzung würde lange vor der Ankunft an Altersschwäche sterben. Wir bräuchten eine Art »Weltraumarche«, wobei die entfernten Nachkommen der ursprünglichen Besatzung die Mission vollendeten.

Echter interstellarer Verkehr liegt derzeit zwar nicht theoretisch, sehr wohl aber praktisch jenseits unserer technischen Fähigkeiten. Dieser Zustand könnte jedoch überwunden werden. Die Theorie ist vorhanden, und alles hängt von der Kraft ab, über die wir am wenigsten wissen: von der Schwerkraft. Im Universum gibt es vier fundamentale Kräfte: elektromagnetische, stark radioaktive, schwach radioaktive und Gravitationskräfte. Die Schwerkraft ist ein Produkt der Masse, was erklärt, warum die Anziehungskraft der Sonne so stark ist, daß sie die Planeten in ihrer Umlaufbahn hält. Einstein betrachtete Zeit und Raum als Einheit, für die er den Namen Raumzeit prägte. Jedes Objekt verzerrt die Raumzeit in einem gewissen Maß, aber diese Verzerrung ist stärker in der Umgebung von massiven Objekten wie beispielsweise den roten Riesensternen, wo die Raumzeit so unregelmäßige Wellen wirft wie ein Wasserbett, wenn man eine Bowlingkugel darauf legt. Im Jahr 1919, während einer Sonnenfinsternis, konnte man erkennen, wie sich Lichtstrahlen von einem entfernten Stern um die Sonne krümmten. Es war nicht das Licht, das sich da krümmte, sondern, bedingt durch die Anziehungskraft der Sonne, die Raumzeit selbst.

Wenn man ein Blatt Papier nimmt und darauf zwei Punkte A und B einzeichnet, welches wäre dann der kürzeste Abstand zwischen ihnen? Die unvermeidliche gerade Linie? Nein. Wenn man das Papier so faltet, daß Punkt A über Punkt B liegt, ist ihre Entfernung null. Geschwindelt? Vielleicht, aber wenn wir eine Möglichkeit fänden, die Raumzeit auf sich selbst »zurückzufalten«, indem wir zum Beispiel die Schwerkraft verstärkten, hätten wir das grundlegende Problem der Überwindung enormer Raumdistanzen vielleicht schon gelöst. Wir sind dazu nicht in der Lage, aber es ist möglich, daß uns die Natur diese Aufgabe abnimmt, indem sie die Raumzeit rund um ein riesiges Objekt wie ein schwarzes Loch (die komprimierten Überreste eines zerfallenen Sterns) biegt.

All das ist theoretische Physik, aber die Wissenschaftler beginnen ernsthaft mit der Erforschung des Gravitations- oder Anti-Gravitations-Antriebs. Und Bob Lazar, so umstritten seine Behauptungen auch sein mögen, besteht darauf, in Sektion S-4, südlich von Area 51 auf der Nellis Range, Flugobjekte auseinandergenommen zu haben, die Systeme verwendeten, die den von mir eben beschriebenen nicht unähnlich waren.

Kurz gesagt gibt es also weder theoretische Gründe dafür, daß anderswo im Universum kein intelligentes Leben existieren sollte, noch dafür, daß kein interstellarer Verkehr möglich sein sollte. Die Tatsache, daß Wissenschaftler und Regierungen bereit sind, Geld und Zeit für die in Kapitel 9 beschriebenen SETI-Programme aufzuwenden, bedeutet, daß sie zumindest die Existenz solcher Möglichkeiten ins Auge fassen. So wurde zum Beispiel im Jahr 1974 von der 305 Meter großen Schüssel des größten Teleskops der Welt in Arecibo in Puerto Rico eine gezielte Botschaft, die Arecibo-Botschaft, an eventuelle empfangswillige außerirdische Nachbarn ausgestrahlt. Sie bestand aus 1679 Ein-Aus- oder binären Befehlen, die sich mathematisch in Bilder umwandeln ließen. Die Botschaft wurde an M13 gerichtet, einen Cluster von Planeten am Rand unserer eigenen Galaxie, der Milchstraße. Wenn es dort draußen intelligentes Leben gibt, können wir in 50000 Jahren auf eine Antwort hoffen.
Wenn wir die beiden besprochenen Annahmen – die Existenz intelligenten Lebens und die Krümmung der Raumzeit – kombinieren, liegt die extraterrestrische Hypothese in einer Nußschale vor uns. Der Mensch, die höchste Form intelligenten Lebens auf der Erde, besitzt das Geschenk – manche sagen auch den Fluch – einer unstillbaren Neugier. So wie ein kleines Kind seinen irritierten Eltern immer wieder Fragen stellt – »warum ist das Gras grün?«–, grübeln Erwachsene seit Jahrhunderten immer wieder über das Unergründliche nach. Wenn wir in andere Galaxien fliegen könnten, würden wir es dann nicht tun? Und ist es nicht vernünftig anzunehmen, daß intelligente Außerirdische dasselbe tun würden? Wenn eine solche Rasse ein paar tausend oder auch nur ein paar hundert Jahre fortgeschrittener wäre, als wir es sind, ist es dann nicht wahrscheinlich, daß sie ihre Hände ins Universum ausstrecken würde, um es zu erforschen?

Wenn wir bei der ETH bleiben und davon ausgehen, daß die Außerirdischen ebenso neugierig sind wie wir, dann stellt sich die Frage, welche Mission die UFOs haben und worin ihre Auswirkungen auf uns bestehen. Auch wenn wir für 95 Prozent der UFO-Sichtungen rationale Erklärungen finden, bleiben weltweit immer noch Hunderttausende unerklärte Sichtungen. In diesem Buch haben wir uns mit einigen von ihnen eingehender befaßt: dem Roswell-Vorfall mit seinem unzerstörbaren Metall; einer Welle von Sichtungen über Belgien und den zugehörigen Radardaten; der Begegnung von Rendlesham Forest und der sagenhaften Verstrahlung der Wälder; dem Verlust von Flugzeugen nach Begegnungen mit UFOs; den zahllosen Aussagen von Zeugen, Kontaktpersonen und Entführten, die sich unabhängig voneinander an dieselben Dinge erinnerten, noch lange bevor sie öffentlich bekannt wurden; den unerklärlichen Fotos und Videos. All diese Beweise können aber lediglich an der Oberfläche kratzen.

Die Zeit steht nicht still, was immer wir auch unternehmen, um sie zu dehnen. Seit ich mit dem Schreiben dieses Buches begonnen habe, sind infolge der Dreißig-Jahre-Vorschrift und des Informationsfreiheitsgesetzes weitere Fälle aus den sechziger Jahren ans Tageslicht gekommen, und es hat weitere Sichtungen gegeben, von denen ein Teil gemeldet worden ist. Einzeln betrachtet deuten manche dieser Fälle darauf hin, daß bestimmte UFOs extraterrestrischer Herkunft sind. Insgesamt betrachtet geben sie mir die Sicherheit, daß wir es hier mit wirklichen Phänomenen zu tun haben.

Es kursieren jede Menge komplexe Theorien. Die Greys seien Wesen einer anderen Dimension; sie seien Zeitreisende (oder anders ausgedrückt jene Wesen, zu denen sich die Menschen der Zukunft auf der Reise in ihre Vergangenheit – unsere Gegenwart – entwickeln werden). Aber Wilhelm von Ockham war ein kluger Mann. Die einfachste Theorie ist die beste und gleichzeitig die wahrscheinlichste: UFOs sind die Raumschiffe außerirdischer Erdbesucher. Das wird so lange nicht bewiesen sein, als kein direkter und eindeutiger Kontakt hergestellt ist. Erst dann werden die Zweifel verschwinden, und Patrick Moore und Carl Sagan und die Millionen von Zweiflern auf der Welt werden den Kopf schütteln und sagen: »Zum Teufel, sie haben recht gehabt!« Wenn das alles so ist, so fragen die Zweifler, warum landen die Aliens nicht einfach auf dem Rasen des Weißen Hauses? Schließlich bräuchten sie in Anbetracht ihrer so fortgeschrittenen Intelligenz kaum zu verlangen, was den Besuchern der Science-fiction-Filme in den fünfziger Jahren so gefiel: »Bringen Sie mich zu Ihrem Anführer.« Sie würden wissen, wer die führenden Menschen sind, und den Weg zu ihnen finden.

Auf diese Frage sind viele Antworten möglich. Außerirdische wissen vielleicht sehr gut, daß das Weiße Haus von kontrolliertem Luftraum umgeben ist. Jedes eindringende Objekt würde als feindlich betrachtet und vom Himmel geholt werden. Selbst wenn das Sicherheitsnetz in spektakulärer Weise versagte, wie im September 1994, als ein Kleinflugzeug auf dem berühmten Rasen abstürzte, wäre das Netz von Geheimdienstagenten mit ihrer Kampfpotenz ungeheuer. In jedem Fall würde der Pilot dieses Raumschiffs getötet werden. Ich glaube kaum, daß Außerirdische so fahrlässig wären.

Dann gibt es noch die Sorge um eine drohende biologische Gefahr. Irdische Bakterien könnten für außerirdische Rassen fatal sein, ebenso wie ihre Mikroorganismen für uns den Todeskuß bedeuten könnten. Die Geschichte der Menschheit ist voll von solchen Beispielen. Die schreckliche Beulenpest, die Mitte des vierzehnten Jahrhunderts aus China nach Europa getragen wurde, löschte zwischen einem Drittel und der Hälfte der europäischen Bevölkerung aus. In Nord- und Südamerika starben Hunderttausende »echter« Amerikaner – Indianer –

auf der Flucht vor europäischen Siedlern. Aber es war nicht das Mehrlader-Gewehr, das die meisten von ihnen zur Strecke brachte, sondern es waren Influenza, Typhus und Pocken. Die Einheimischen hatten keine Immunstoffe gegen diese Krankheiten entwickelt - und dies trotz der Tatsache, daß Menschen aller Rassen identische genetische Muster haben. Es kann gut sein, daß der unkontrollierte Austausch völlig verschiedener Mikroorganismen bei einer Kollision der Welten dazu führen würde, daß die eine oder die andere Spezies unrettbar verloren wäre.

Vielleicht wollen die Außerirdischen gar keinen Kontakt zur Erdbevölkerung herstellen. Vielleicht beobachten sie uns schon länger, als uns bewußt ist, und sind zu dem Schluß gekommen, daß die Menschen weder ihren Planeten noch sich gegenseitig mit Rücksicht behandeln. Galaktisch ausgedrückt sind wir vielleicht die heruntergekommenen Nachbarn, mit denen niemand etwas zu tun haben will. Wir wissen nichts von der Kultur der Außerirdischen - wie können wir also wissen, welche moralische Haltung - wenn sie eine haben - sie einnehmen? Wir lassen jedes Jahr Tausende Menschen verhungern, während wir auf der anderen Seite Butterberge aufbauen und gedankenverloren in Weinseen herumplätschern. Finden sie das abstoßend, oder ängstigt es sie? Ist in Wirklichkeit die Angst der Schlüssel zu dem Geheimnis? Warum gab es kurze Zeit nach dem Zweiten Weltkrieg diese plötzliche Zunahme von UFO-Sichtungen, in einer Zeit, als wir neue, vernichtende Waffensysteme entwickelten und ausprobierten? Lag es daran, daß wir mit unseren Atomwaffen und unserer neuen Raketentechnologie nun Welten jenseits unserer eigenen bedrohen konnten und daher beobachtet werden mußten?

Und was ist mit der Gentheorie, mit der eine mögliche Erklärung für die Tierverstümmelungen und die Menschenentführungen gesucht wird? Bei ersterem handelt es sich um eine bewiesene Tatsache, wenn auch die Gründe weiterhin im dunkeln liegen; letzteres Phänomen ist so universell beschrieben worden, daß es einfach ein Körnchen Wahrheit enthalten *muß*. Sind die Außerirdischen, wie manche behaupten, eine aussterbende Rasse, die verzweifelt versucht, sich mit neuem Leben aufzufrischen? Sind diese blassen Kinder, die Entführten gezeigt werden, wirklich die hybride Rettung von Zivilisationen, die am Rande der Ausrottung stehen? Und wenn das UFO-Phänomen tatsächlich erst am Anfang steht, wie einige Ufologen behaupten, welche kleinen Experimente stehen uns dann als nächste ins Haus?

Oder vielleicht kommen die Außerirdischen, wie die frühe Science-fiction vermutete, einfach als Invasion, um uns unsere natürlichen Ressourcen zu stehlen und unsere Leute zu versklaven? In diesem Fall ist das ganze UFO-Phänomen möglicherweise nichts anderes als eine prolongierte Aufklärungsaktion, bei der sie über uns hinwegfliegen, Ley-Lines oder modernen Autobahnen oder Eisenbahnschienen folgen, unsere Luftabwehr testen, nächtens Muster in unsere Felder prägen, unser Vieh abschlachten und uns auf einsamen Straßen entführen. Testen die Außerirdischen nur die Menschen und ihre Technologie, so wie ein Boxer seinen Gegner testet, bevor er zum entscheidenden Schlag ausholt?

Der ganze Vorgang könnte natürlich auch friedlicher sein. Wenn die Außerirdischen Angst vor uns haben und unsere Genozid-Tendenzen fürchten, ist es vielleicht ihre Mission, uns zu verändern und unsere negativsten Charakterzüge auf genetischem Weg zu eliminieren oder wegzuzüchten. Vielleicht ist es kein Zufall, daß Entführte nach ihrem Abenteuer das Gefühl haben, »gewachsen« zu sein. Viele von ihnen engagieren sich in der Folge in Umweltfragen und entwickeln ein wachsendes spirituelles Bewußtsein. Liegt das daran, daß sie nun wissen, daß wir nicht allein im Universum sind, oder wurde in ihnen – außer den physischen Implantaten, die in den Körpern mancher Entführungsopfer angeblich gefunden wurden – bewußt etwas in Gang gesetzt?

Und was ist mit den Behauptungen von Larry Warren in Rendlesham, denen zufolge er sah, wie hohe Offiziere offensichtlich mit Außerirdischen kommunizierten? Mit Betty Cash und den Landrums, die sahen, wie ein UFO von Helikoptern eskortiert wurde? Oder mit Bob Lazar, der mithalf, ein UFO auseinanderzunehmen und wieder zusammenzubauen? Mit der Krankenschwester von Roswell, die Zeugin von Autopsien wurde, die an verschrumpelten kleinen Kreaturen durchgeführt wurden, die später in Kindersärgen beerdigt wurden? Wenn eine solche Verbindung tatsächlich besteht, handelt es sich womöglich nur um eine Handelsbeziehung? Tauschen wir Dinge mit den Kreaturen vom Himmel? Machen wir Geschäfte mit den Greys?

Indem wir diese Hypothesen erwägen, begehen wir vielleicht den grundlegenden Fehler zu versuchen, mit menschlicher Logik an die Frage heranzugehen. Im Wörterbuch findet sich unter »außerirdisch«: »Fremd, eigenartig, sonderbar, eigentümlich, bizarr, absonderlich, abnormal, unvertraut.« Die Gründe dafür, daß Außerirdische uns besuchen, könnten vollkommen jenseits unseres Verständnisses liegen, und was für uns logisch ist, könnte für sie überhaupt keinen Sinn machen. Wir können nur vorsichtig darauf schließen, daß das heimliche, verstohlene Erscheinen von UFOs ein Hinweis darauf ist, daß ein offener, direkter Kontakt von den Außerirdischen nicht erwünscht ist. Wenn es je anders sein sollte, müßten die Ufologen ihre Klassifikationstabelle um eine Kategorie erweitern – eine nahe Begegnung, bei der sich außerirdische Lebensformen endlich offenbaren und uns erzählen, was sie hier auf der Erde vorhaben.

Unsere eigene Geschichte verheißt nichts Gutes. Es gibt keine bekannten Fälle, in denen eine weniger fortgeschrittene Zivilisation den Kontakt mit einer höher entwickelten Zivilisation überlebt hätte. Wer überlegen ist, beutet aus, versklavt und zerstört letzten Endes. Wir können nur hoffen, daß unsere außerirdischen Besucher eine bessere und edlere Rasse sind als wir.

Was sollen wir also tun? Die UFO-Lobby argumentiert, daß eine umfassende Studie des UFO-Phänomens vonnöten sei, die um vieles weiter gehen müsse als Blue Book. In sämtlichen vorhergehenden, größtenteils amerikanischen Studien, so wird argumentiert, werden die Fakten mehr oder weniger beschönigt. Sie wurden als Übungen in Public Relations gefeiert, bei denen wohlwollende Leute wie J. Allen Hynek und (in seiner Frühphase) Edward Ruppelt gegen die allgemeine Apathie und Skepsis ihrer Kollegen ankämpften. Sie sind davon überzeugt, daß wir eine internationale Körperschaft brauchen, möglicherweise unter der Ägide der Vereinten Nationen, die über das Geld, die Muskeln und alles andere verfügt, was notwendig ist, um die Arbeit gründlich und effektiv zu erledigen. Ihre Aufgabe wäre es, alle bisher gesammelten Daten zu zentralisieren und zu evaluieren und als weltweiter Koordinations- und Sammelpunkt für UFOs und UFO-artige Phänomene zu fungieren. Sie würde mit dem Militär und mit wissenschaftlichen und staatlichen Behörden zusammenarbeiten und flexible Teams geschulter Experten einsetzen, die umgehend an einen Sichtungsort reisen könnten. Sie würden Radar-Leuchtpunkte, Fotos und Bodenproben analysieren, Zeugen interviewen und die Barrieren der Geheimniskrämerei und der Bigotterie niederreißen, die das Thema viel zu lange abgeschirmt haben. Vor allem würden sie eine vollkommen offene Organisation bilden, die Berichte über ihre Erkenntnisse veröffentlichen und das Beweismaterial der Allgemeinheit zur Verfügung stellen würde.

Das kostet natürlich Geld, aber im Vergleich zu einem Raumfahrtprojekt oder zu den enormen Kosten des Verteidigungsbudgets wäre die notwendige Summe wohl relativ gering. Die Lobbyisten, die sich für eine solche Organisation einsetzen, argumentieren, daß zu viel für uns auf dem Spiel steht, als daß wir darauf verzichten könnten. Selbst wenn UFOs, wie auch immer sie beschrieben werden – als Engel, Feen oder Grimassen schneidende Teufel –, schon seit Jahrtausenden unsere Begleiter sein sollten, steht außer Frage, daß die Kreise in letzter Zeit enger geworden sind. Die Sichtungen nehmen zu, die Interaktivität der Kontakte verstärkt sich, und es besteht kein Grund zu der Annahme, daß das alles plötzlich vorbei sein wird.

Eines steht jedenfalls fest: Falls es dort draußen Wesen gibt, die in einen direkten Kontakt mit uns treten möchten, wäre dies das bedeutendste Ereignis in der Geschichte der Menschheit.

13
Erde gegen fliegende Untertassen

Viele Ufologen sind davon überzeugt, daß das von ihnen studierte Phänomen auf die Existenz wohlwollender »Brüder im Weltraum« hinweist – der »Fühl Dich gut«-Faktor, der am Ende des Films *Unheimliche Begegnung der dritten Art* auftritt. Ich urteile nach der tatsächlichen Beweislage, nach der Situation, wie sie sich derzeit darstellt. Und die Beweise, die ich in diesem Buch in geballter Form präsentiert habe – ob aus den Akten des Verteidigungsministeriums oder aus anderen Quellen –, sind, wie ich meine, alles andere als beruhigend.

Wir haben von Flugzeugen gehört, die zum Absturz gebracht wurden oder die unter mysteriösen Umständen verschwanden, und von Menschen, die gegen ihren Willen aus unbekannten Gründen einer Hypnose und gräßlichen pseudomedizinischen Untersuchungen unterzogen wurden. Wir haben von niedergemetzelten Rindern gehört, die verstümmelt auf unseren Feldern lagen, und von Menschen, die mit allen Anzeichen einer Verstrahlung ernsthafte gesundheitliche Schäden davongetragen haben. Wenn nachgewiesen werden könnte, daß all diese Vorfälle auf menschliches Tun zurückzuführen sind, würden die Urheber verhaftet und zu langen Gefängnisstrafen verurteilt werden. In manchen Teilen der Welt müßten sie mit der Todesstrafe rechnen. Und trotzdem wurden nur in wenigen Fällen ernsthafte Untersuchungen durchgeführt. Wer die Worte »UFO« und »Außerirdische« in den Mund nimmt, kann sicher sein, lächerlich gemacht zu werden. Sobald die Sprache auf dieses Thema kommt, werden augenblicklich die Rolläden der Bigotterie und der Unvernunft heruntergelassen. Einzig die

UFO-Lobby versucht weiterhin hartnäckig, mit den ihr zur Verfügung stehenden zeitlichen und finanziellen Mitteln das Menschenmögliche zu erforschen. Sie gilt - milde ausgedrückt - immer noch als exzentrisch.

Ich bin davon überzeugt, daß wir uns inmitten eines Krieges befinden, eines einseitigen Krieges, der so diskret vonstatten geht, daß wir von seiner Existenz nicht einmal Notiz nehmen. Wenn auch nur ein einziger dieser Vorfälle der Präsenz Außerirdischer zugeschrieben werden kann, dann begehen diese Außerirdischen etwas, was nur als Verbrechen gegen die Menschheit beschrieben werden kann. Sollte es eines Tages gelingen, die internationale Untersuchungsorganisation zu gründen, die mir vorschwebt, und sollte diese Organisation tatsächlich die Präsenz Außerirdischer feststellen, könnten wir in einen Dialog mit ihnen treten. Wir könnten sie mit Hilfe der konventionellen diplomatischen Vorgehensweisen, die wir auf der Erde verwenden, ersuchen, ihre feindseligen Aktivitäten einzustellen. Ein höfliches offizielles Ersuchen wird, wenn es ignoriert wird, zu einer Aufforderung; wenn eine Aufforderung ignoriert wird, wird sie zum Ultimatum. Wenn aber ein Ultimatum ignoriert wird, entsteht Krieg. »Krieg«, so sagte der aus dem neunzehnten Jahrhundert stammende Militärtheoretiker von Clausewitz, »ist die Fortsetzung der Politik mit anderen Mitteln.« Könnten wir einen Krieg gegen eine außerirdische Macht gewinnen?

Wenn Außeriridische unter uns sind, dann besteht ihr Hauptvorteil derzeit darin, daß ihre Präsenz nur wenigen Menschen bewußt ist und daß niemand in der Lage zu sein scheint, sie zu beweisen. Wenn dieser Mantel der Geheimhaltung einmal zerrissen ist, könnten wir der Waffengleichheit näher sein, als die meisten vermuten. In diesem unvorstellbaren Armageddon würden wir in einem »Heimspiel« kämpfen und uns dabei etwas zunutze machen, was Strategen interne Kommunikationswege nennen. Darüber hinaus würden wir uns gegen eine Macht verteidigen, die fremder ist als alle Kräfte, die uns bisher begegnet sind. Gegen solche Kräfte entwickeln die Menschen eine besonders starke Kampfkraft. Das Motto der britischen Yeomen-Regimenter in den neunziger Jahren des achtzehnten Jahrhunderts, die sich gegen eine mögliche französische Invasion erhoben hatten, lautete: *Pro Aris et Focis* – für Heim und Herd. Und gegen *diesen* gemeinsamen Feind würden wir uns nicht zusammenschließen? Würden wir nicht nationale Grenzen niederreißen, tiefliegende Animositäten begraben und alte Streitigkeiten vergessen?

Aber trotzdem ist die Siegerin eines Krieges niemals die gute Sache und auch nicht die Moral der Soldaten, so wichtig diese Dinge auch sein mögen. Die Siegerin der kriegerischen Auseinandersetzung ist die Technologie. Im Jahr 1870, als Preußen im Eisenbahnkrieg gegen ein großspuriges und allzu selbstzufriedenes Frankreich zu Felde zog, verfügte es über 26 Eisenbahnlinien. Frankreich hatte eine einzige. Das Ergebnis war die Kapitulation der französischen Hauptarmee in Sedan, der Aufstieg Deutschlands und die unbeständige, stürmische Welt des zwanzigsten Jahrhunderts. Obwohl die Technologie der Außerirdischen für uns heute noch eine unbekannte Größe ist, sollte sie der unseren nicht dermaßen überlegen sein. Als die Luftschiffe der neunziger Jahre des vergangenen Jahrhunderts für UFOs gehalten wurden, flogen sie nicht viel schneller als die Flugzeuge, über die wir alles wußten. So wie unsere irdischen Luftfahrzeuge schneller geworden sind, sind es auch die UFOs geworden. Die Entführten aus den sechziger Jahren erzählten von Kontrollpaneelen, Schaltern und Magnetophonen. Sie erwähnten erst dann Flüssigkristallanzeigen, als wir selbst sie erfunden hatten. Das könnte einfach bedeuten, daß die Menschen nur das registrieren, was sie kennen, und daß sie Dinge, die ihnen unbekannt sind, ignorieren. Es könnte aber auch bedeuten, daß die Technologie der Außerirdischen der unseren nur um einen Schritt voraus ist und daß sie zu einer schnellen Weiterentwicklung gezwungen sind, um diesen Vorsprung zu halten.

Denken Sie an unsere Radarsysteme – erd- oder luftgestützte, hochsensible Mehrfrequenzsysteme. Manche UFOs werden von diesen Systemen erfaßt, andere nicht. Aber auch unsere eigenen Stealth-Flugzeuge sind vom Radar so gut wie nicht erfaßbar. Das ist also nichts Außergewöhnliches. Wenn die Radar-Operators ihre derzeitige Gepflogenheit, langsame oder stationäre »Störflecken« außer acht zu lassen, fallenließen, wenn sie ihre Leuchtflecken mit den visuellen Berichten verglichen, wie sie es 1990 in Belgien taten, könnten wir ein bißchen mehr über die Fähigkeiten der Eindringlinge erfahren. Wenn wir unsere Alarmsysteme benutzten, unsere Flugzeuge zusammenzögen und die gesichteten Objekte jagten und abfingen, könnte sich zeigen, daß wir der Waffengleichheit überraschend nahe sind.

Wir verfügen inzwischen über eine Palette eindrucksvoller Waffen: Luft-Luft- und Boden-Luft-Raketen, die eine mehrfache Schallgeschwindigkeit erreichen; Raketen, die sich an Wärmequellen orientieren oder an Objekten, die Radarwellen emittieren. Wir verfügen über Laser und andere High-Tech-Waffen. Diese Waffen werden heute geplant, konstruiert und getestet – ob in Area 51 oder in unserem Hinterhof, spielt letzten Endes keine Rolle. Die tagtägliche Science-fiction wird Wirklichkeit.

Zu welchen Dingen, die jenseits unserer Möglichkeiten liegen, sind Außerirdische sonst noch imstande? Die Entführungsgeschichten sind vielleicht die beängstigendsten, aber auch wir arbeiten für medizinische Zwecke mit Hypnose, und unsere Laser- und Betäubungswaffen haben eine ähnliche Wirkung wie die paralysierenden Lichtstrahlen, über die uns berichtet

wird. Die medizinische Sonde durch den Nabel hat bei den Menschen eine Entsprechung in der Laparoskopie, einer Technik, die sich inzwischen in der Medizin durchgesetzt hat. Und was ist mit der Rückkehr der Entführten, die sich kaum oder gar nicht an den Vorfall erinnern können? Daran könnten Medikamente oder auch die Hypnose schuld sein. Wir wissen aus der konventionellen Psychiatrie, daß wir uns weigern, uns an allzu schreckliche Vorfälle zu erinnern – sie sind zu bizarr, als daß wir sie glauben könnten. Unser Bewußtsein ist selbst ein Fluß des Vergessens. Die Entführung von Menschen durch Außerirdische ist, wenn es sie gibt, sicher beängstigend, aber sie ist nicht unerklärlich.
Natürlich wäre es verrückt, gegen Außerirdische in den Krieg zu ziehen, solange es vermeidbar ist. Ungeachtet des starken, unerschütterlichen Muts und des Überlebenswillens der menschlichen Rasse sowie ihrer Fähigkeiten wäre es ein Krieg, den wir nicht gewinnen könnten. Wenn uns Außerirdische ein Leid zufügen, sind wir möglicherweise selbst daran schuld. In der Paranoia des Kalten Krieges hatten die amerikanischen Piloten auf jeden Fall und die russischen vermutlich den Befehl, sämtliche nicht identifizierten Flugobjekte abzufangen und falls nötig abzuschießen, da es sich mit großer Wahrscheinlichkeit um feindliche Flugobjekte handelte. Was, wenn einige davon in Wirklichkeit außerirdische Flugobjekte waren? Wenn Außerirdische unter uns sind, müssen wir ihnen zumindest zeigen, daß wir im Bilde sind. Aus diesem Grund sollten die Regierungen die Sache ernst nehmen, Sichtungen untersuchen und ihre Erkenntnisse bekanntgeben, wie bizarr und beunruhigend sie auch sein mögen. Wie bereits gesagt, die Hauptstärke der Außerirdischen scheint in der verdeckten Natur ihrer Aktivitäten zu liegen. Hängen wir sie an die große Glocke, können wir vielleicht einen Dialog erzwingen, der für beide Seiten von Vorteil wäre. Zumindest sollten die Regie-

rungen Notfallpläne erstellen, wie sie es für andere Fälle terrestrischer Kriegsführung ebenfalls tun. Soweit mir bekannt ist, ist bisher noch nichts in dieser Richtung geschehen. Ich habe die Idee verschiedenen Mitgliedern des Ministeriums vorgetragen, und es war klar, daß mein Vorschlag dort auf taube Ohren stieß. Das Schweigen sagte alles. Wenn also morgen ein UFO auf dem Rasen des Weißen Hauses landet, gibt es kein spezifisches System, um sich damit auseinanderzusetzen.

Entweder sind wir allein im Universum, oder wir sind es nicht. Vielleicht sind beide Möglichkeiten gleich plausibel und gleich beängstigend. Ich habe versucht, mich dem Thema leidenschaftslos und ausgewogen anzunähern – aber ich komme immer wieder zu meiner extraterrestrischen These zurück, derzufolge wir von Außerirdischen besucht werden. Ich bin davon überzeugt, daß es Beweismaterial für intelligentes Leben dort draußen gibt und daß sich durch die Leere des Raums eine außerirdische Hand nach uns ausstreckt. Ob diese Hand in freundschaftlicher oder in feindseliger Absicht ausgestreckt wird, entzieht sich derzeit noch unserer Kenntnis.
Als Winston Churchill im März 1946 zu den Einwohnern von Fulton, Missouri, sprach, meinte er eine andere Bedrohung, einen anderen Feind, aber seine Worte klingen uns nach all den Jahren immer noch drohend in den Ohren: »Die düsteren Zeiten könnten auf den glänzenden Schwingen der Wissenschaft zurückkehren. Seien wir auf der Hut, sage ich. Wir haben vielleicht nicht viel Zeit.«

14
Das Filmmaterial von Roswell

Der Streit darüber, ob Außerirdische unter uns sind oder nicht, tobt weiter. Ufologen arbeiten wie besessen daran, die Authentizität der letzten Sichtungsberichte, Dokumente und Fotos zu beweisen; sie raufen sich die Haare vor Frustration. Warum wollen die Leute nicht verstehen, was da vor sich geht? Wie viele Beweise sollen wir noch vorlegen? Die Wissenschaftler schütteln bedauernd den Kopf, in der Hoffnung, daß sich das Ganze irgendwann von selbst erledigen wird. Ihr sklavisches Festhalten an der Konvention der empirischen Wiederholbarkeit bedeutet, daß sie die paranormalen Phänomene und Rätsel, die meist flüchtiger und spontaner Natur sind, einfach ignorieren. Wenn sie sie nicht in einem Laboratorium wiederholen können, interessieren sie sich nicht für sie. Vor allem die UFO-Forscher sind ihnen suspekt, wahrscheinlich, weil sie sich anmaßten, das Wort »Ufologie« zu prägen, das dem ganzen Thema eine pseudowissenschaftliche Respektabilität verleiht.

Wissenschaftler wollen Beweise; die Ufologen sind davon überzeugt, Beweise zu haben. Die Wissenschaftler fordern absolut »wasserdichte« Beweise. Nun betritt ein Mann namens Ray Santilli die Bühne. Er besitzt Filmmaterial, das angeblich die Autopsie außerirdischer Wesen zeigt. Es folgen der heftigste Streit, der je die Welt der Ufologie erschütterte, und eine Diskussion, die sich letzten Endes nicht nur auf Wissenschaftler und Ufologen, sondern auf die Weltmedien und die allgemeine Öffentlichkeit erstreckt, die mit Verspätung an ein Thema herangeführt wurde, das einige Köpfe schon seit fünfzig Jahren beschäftigt.

Ray Santilli ist geschäftsführender Direktor eines Londoner Unternehmens namens Merlin Communications Ltd, ein Unternehmen der Merlin-Gruppe. Vor einigen Jahren recherchierte Santilli einen Dokumentarfilm über Elvis Presley und hörte dabei von einem amerikanischen Kameramann, der behauptete, der erste Mensch gewesen zu sein, der Elvis auf der Bühne erlebt habe. Santilli flog in die USA, um den Mann, der inzwischen schon über 80 Jahre alt war, zu treffen. Santilli kaufte etliches Filmmaterial von diesem Kameramann, der ihm daraufhin 16-mm-Filmrollen anbot, auf denen angeblich die Autopsie jener Außerirdischer festgehalten war, die bei dem angeblichen UFO-Absturz von Roswell zu Tode gekommen waren. Santilli kaufte das Filmmaterial und bezahlte dafür angeblich mehrere 100000 Dollar. Die Identität des Kameramannes wurde nicht preisgegeben, obwohl man ihn unter dem Pseudonym Jack Barnett kannte. Behauptungen zufolge diente er 1947 in der U.S. Army und wurde damit beauftragt, die Folgen des Absturzes von Roswell zu dokumentieren, einschließlich des Unglücksortes und der Autopsien. Irgendwie gelang es ihm, einen Teil des Filmmaterials verschwinden zu lassen und es fast 50 Jahre lang aufzubewahren, bevor er sich entschloß, es zu verkaufen.
Bereits seit 1993 kursierten unter den Ufologen Gerüchte über die Existenz dieses Films, aber erst im Frühling 1995 wurde die Sache bekannt. Im April hatte ich einen Anruf von Philip Mantle, Untersuchungsleiter von BUFORA, erhalten, der mich über den Film informierte und mir mitteilte, daß in einigen Wochen an einem noch nicht bekannten Ort eine geheime Vorführung eines Teils des Filmmaterials stattfinden sollte.
Inzwischen war ich zwar nicht mehr UFO-Beauftragter des Verteidigungsministeriums, aber ich hatte mein Ohr immer noch am Puls der Ereignisse und führte einen Teil meiner Forschungen privat weiter. Ich befand mich wirklich in einer

höchst eigenartigen Position, irgendwo zwischen dem offiziellen Lager und dem der Ufologen. Für manche Ufologen werde ich nie ein anderer sein als der Mann aus dem Ministerium, und die Abteilung wandte sich bei jeder Sichtung oder Anfrage an mich. Unter den Ufologen hatte ich jedoch in den drei Jahren meiner Amtszeit viele Freunde gewonnen. Philip war eine der Schlüsselpersonen, mit denen ich in Kontakt blieb.

Einige Wochen später rief mich Philip wieder an, um mir mitzuteilen, daß der Film am Freitag, den 5. Mai, im Vortragssaal unter dem Museum of London gezeigt werden sollte. Ich traf kurz nach Mittag dort ein und wurde, nachdem man mich gründlich nach versteckten Kameras durchsucht hatte, in das Auditorium geführt. Darin befanden sich etwa 200 Menschen, eine Mischung aus Ufologen und Journalisten aus der ganzen Welt.

Kurz nach 13 Uhr wurden die Lichter gelöscht, und es wurde ein bearbeiteter Teil des Films gezeigt, der etwa 18 Minuten dauerte. Er handelte von einer der Autopsien. (Philip Mantle hatte zwei andere Teile des Filmmaterials gesehen, von denen einer angeblich die Vor-Ort-Untersuchung eines Außerirdischen zeigte, die in einem provisorischen Gebilde wie einem Zelt stattfand, und der andere eine zweite Autopsie.) Die Journalisten waren in einer aufgekratzten Stimmung, zweifellos erfreut darüber, den Freitag nachmittag einer UFO-Geschichte widmen zu können, die sie wohl auf die übliche sarkastische Weise zu schreiben gedachten. Vor der Vorführung lachten manche und alberten herum, aber sobald der Film zu laufen begann, waren nur noch Laute des Erstaunens und des Schreckens zu vernehmen.

Da lag etwas auf dem Autopsietisch, und es war kein Mensch. Es ist schwer, die Größe des Wesens zu schätzen, aber es war wahrscheinlich um die 1,50 Meter groß, vielleicht etwas kleiner. Mit seinem wulstigen, haarlosen Kopf schien es im großen und ganzen humanoid. Seine Augen schienen etwas größer zu sein als die unseren, obwohl das möglicherweise eine Illusion war, die daher rührte, daß sie tiefschwarz waren. Nase und Mund waren im wesentlichen humanoid, obwohl die Nase geringfügig kleiner zu sein schien und der Mund in einem Ausdruck des Horrors erstarrt war. Die Ohren waren eindeutig eigenartig. Der Rumpf schien muskulös zu sein, vor allem die Oberarme und Oberschenkel. Das Wesen hatte einen vorspringenden Bauch, was einige zu der Annahme veranlaßte, es könnte sich um ein schwangeres weibliches Wesen gehandelt haben. Es hatte sechs Finger an den Händen und sechs Zehen an den Füßen. Der linke Oberschenkel schien eine schwere Verletzung aufzuweisen, und die linke Hand war am Gelenk fast abgetrennt. Diese Verletzungen rührten aller Wahrscheinlichkeit nach von dem Absturz her.

Zwei Personen, die einteilige Schutzanzüge mit Kapuzen trugen, untersuchten den Körper, und hinter einem Wandschirm war eine dritte, maskierte Gestalt auszumachen. Das Filmmaterial, das wir sahen, war bearbeitet. Es handelte sich eindeutig um kurze Auszüge einer längeren Operation. Der tatsächliche Vorgang dauerte (nach einer an der Wand des Operationssaales hängenden Uhr zu schließen) mehrere Stunden.

Nach Beendigung der Untersuchung entfernte man die schwarzen Membranen, die die Augen bedeckten. Nun wurden die Skalpelle hervorgeholt, und die Autopsie wurde zu einer Obduktion. Der Körper wurde vorne aufgeschnitten und verschiedene Organe herausgenommen. Ich habe keine speziellen medizinischen Kenntnisse und kann deshalb nur Mutmaßungen über die Natur dieser Organe anstellen. Bei jedem Schnitt sickerte eine kleine Menge einer dunklen, zähen Flüssigkeit aus der Wunde. Die Szene endete mit dem Bild einer Knochensäge, mit der der Kopf aufgeschnitten und das Gehirn entfernt wurde.

Zu diesem Zeitpunkt war im Publikum nervöses Hüsteln zu hören, und ein vager Schweißgeruch lag in der Luft. Die Leute rutschten unruhig auf ihren Stühlen hin und her. Viele hatten ihren Blick von der Leinwand abgewendet und beobachteten die Szene nur gelegentlich aus den Augenwinkeln. Ich hatte noch nie eine Autopsie gesehen, und obwohl ich nicht empfindlich bin, muß ich gestehen, daß mir das Ganze mehr als unangenehm war.

Als das Licht am Ende der Vorführung wieder eingeschaltet wurde, griffen die überfahrenen Medienleute den armen Santilli an. Sie waren wütend darüber, daß es keine Einführung gegeben hatte und daß keine Möglichkeit vorgesehen war, Fragen zu stellen. Er fand sich bald von einer Horde gereizter Reporter umringt und mußte von einem Aufseher aus dem Raum eskortiert werden.

Wir bahnten uns unseren Weg aus dem Auditorium und labten uns genüßlich an den Gratissandwiches und dem Wein (allerdings nicht, bevor einige aschfahle Personen in Richtung Toilette gewankt waren). Nun begann die Diskussion. Manche der anwesenden Ufologen begannen, ihre Meinung kundzutun, obwohl die meisten klugerweise abwarteten und einfach sagten, das Filmmaterial sei extrem interessant, aber es werfe eine Menge unbeantworteter Fragen auf.

Im Laufe der nächsten Monate baute sich das Interesse immer weiter auf, und wie vorherzusehen gewesen war, spalteten sich die Ufologen in zwei Lager. Zum Teil bot die Einladungsliste für die Vorführung vom 5. Mai eine Erklärung dafür. Santilli hatte eng mit Philip Mantle zusammengearbeitet, von dem man sagte, daß er einige seiner Ufologen-Rivalen bewußt heruntergemacht habe. Weder war Jenny Randles, die ehemalige Untersuchungsleiterin von BUFORA, eingeladen worden noch, so hatte es den Anschein, Leute wie Tony Dodd oder Graham Birdsall von der anderen großen britischen UFO-Forschungsgruppe, Quest International. Unabhängige Forscher wie Timothy Good erhielten ebenfalls keine Einladung. Auch die Abwesenheit der renommiertesten Roswell-Forscher wie Stanton Friedman, Kevin Randle und Don Schmitt fiel auf.

Graham Birdsall veröffentlichte im *UFO Magazine* von Quest eine heftige Attacke gegen die ganze Angelegenheit, während Kent Jeffrey von der amerikanischen Organisation Right to Know (die bei der Vorführung anwesend gewesen war) eine detaillierte Kritik für das *UFO Journal* des Mutual UFO Network verfaßte. Natürlich gab es einige wichtige Fragen: Warum war der Kameramann, der den Film ursprünglich gedreht hatte, nicht bereit, sich den Medien zu stellen und Fragen zu beantworten, damit die Einzelheiten seines militärischen Hintergrunds überprüft werden konnten? Warum hatte er den Film fast fünfzig Jahre lang unter Verschluß gehalten, bevor er ihn an die Öffentlichkeit trug? Und, was vielleicht am wichtigsten war: Warum entsprachen die gezeigten Außerirdischen nicht den Beschreibungen mancher, die behaupteten, die Originalleichen des Absturzes von Roswell gesehen zu haben?

Viele Menschen, die den Film sahen, zogen die Möglichkeit einer Fälschung in Betracht. Ich meine, daß in diesen Tagen der Spezialeffekte von Hollywood alles möglich ist. Die Leiche sah aber eindeutig echt aus, und an Spezialeffekten größeren Stils hätten Hunderte Experten mitgewirkt haben müssen, von denen mit Sicherheit der eine oder der andere nicht dichtgehalten hätte. An diesem Punkt begann das extrem unerfreuliche Gerücht zu kursieren, daß es sich bei der Leiche um eine menschliche Leiche gehandelt haben könne. Könnte es der Körper eines Menschen gewesen sein, der unter genetischer oder strahlungsinduzierter Deformation gelitten hatte, fragten sich die Leute, oder könnte eine normale Leiche so zugerichtet worden sein? In diesem Fall, so wurde gefordert, müßten die Verantwortlichen angeklagt werden. Das war nun nicht das einzige juristische Problem, mit dem Santilli konfrontiert war. Wenn die Filme, wie er behauptete, tatsächlich der U.S. Army gehörten und von ihr entwendet worden waren, mußte es sich um Diebstahl handeln. Und wenn sie echt waren, würde es der Army sicher schwerfallen, einen General vorzuschicken, um sie zurückzufordern.

Die Diskussion griff auf die Medien über, und bald wurde sie sowohl von niveauvollen Zeitungen als auch von den Boulevardgazetten verbreitet. Der *Guardian* brachte einen langen Beitrag über das Filmmaterial, und auch in der *Sunday Times* und im *Independent* erschienen Kommentare.

Im Sommer 1995 begann Santilli, das Filmmaterial auf seriöse Weise zu vermarkten. Er schnitt alle verfügbaren Teile auf einem Video zusammen, das er für 33 Pfund zum Verkauf anbot. Interessanterweise standen auf dem Bestellformular die folgenden einschränkenden Bemerkungen:

> *»Während das Filmmaterial nachweislich aus dem Jahr 1947 stammt, können wir derzeit nicht garantieren, daß der Inhalt 1947 gefilmt wurde.*
> *Obwohl unsere medizinischen Analysen darauf schließen lassen, daß es sich bei dem gezeigten Wesen nicht um einen Menschen handelt, kann dies nicht bewiesen werden.*
> *Obwohl wir darüber informiert wurden, daß der Film aus dem Vorfall von Roswell stammt, konnte dies bisher noch nicht bewiesen werden.«*

Am Montag, dem 28. August 1995, wurden in einer von John Purdie von Union Pictures stammenden Dokumentarsendung von Channel 4 Ausschnitte des Films gezeigt. Diese Ausschnitte wurden auch in den USA und in Japan ausgestrahlt. Danach erreichte die UFO-Diskussion eine neue Intensität. Viele behaupteten, dies sei der endgültige Beweis dafür, daß es außerirdisches Leben gebe, das uns auf der Erde besuche. Die Wissenschaftler sind sich immer noch nicht einig. Sie behaupten, daß es heutzutage möglich ist, so gut wie alles zu fälschen. Ich nehme an, daß sie recht haben, obwohl ich vermute, daß manche Wissenschaftler in bezug auf dieses Thema so engstirnig sind, daß sie die Existenz von Außerirdischen nicht einmal dann für bewiesen halten würden, wenn das sprichwörtliche UFO vor ihren Augen auf dem Rasen des Weißen Hauses landete.

Ich werde von Ufologen und Journalisten immer noch gefragt, was ich von dem Film halte. Ich sage meist einfach, daß ich ihn interessant finde, obwohl noch Fragen offen sind. Was seine Authentizität anbelangt, so bin ich offen, muß aber sagen, daß ich zu der Ansicht neige, daß es sich um eine besonders ausgefuchste Fälschung handelt. Selbst wenn das so ist, folgt daraus nicht notwendigerweise, daß in Roswell im Jahr 1947 nicht etwas Merkwürdiges und möglicherweise Außerirdisches zu Boden stürzte. Das Ärgerliche an dem Ganzen ist, daß, wenn sich der Film tatsächlich als Fälschung erweisen sollte, die Öffentlichkeit davon überzeugt sein wird, daß sich der Vorfall von Roswell in Wirklichkeit nie zugetragen hat. Vielleicht, so sagen die Verschwörungstheoretiker, war genau das beabsichtigt – eine zynische Desinformation dazu zu benutzen, die ganze Geschichte von Roswell in Mißkredit zu bringen. Wenn das stimmt, so sitzen dem nur sehr wenige Leute auf – mit Sicherheit nicht der lokale Kongreßabgeordnete Steven Schiff, der nicht aufhört zu behaupten, daß in Roswell etwas Merkwürdiges geschehen ist und daß es unter den höheren öffentlichen Funktionsträgern der USA Leute gibt, die genau wissen, was das war.

Vielleicht ist ein Zitat von Richard D'Amato, dem nationalen Sicherheitsberater von Senator Robert Byrd, ein passender

Abschluß für dieses Kapitel: »Wenn es tatsächlich so war, wenn es auch nur den geringsten glaubwürdigen Beweis dafür gibt, daß Außerirdische die Erde besucht haben, so änderte das alles. Es brauchte nur einmal zu passieren.«

Schluß

Auf meine Zeit als UFO-Experte der Regierung blicke ich mit gemischten Gefühlen zurück. Auf der einen Seite habe ich die drei Jahre im Secretariat (Air Staff) und meine Position genossen, als einziger Angehöriger des Ministeriums die Möglichkeit zu haben, das UFO-Phänomen, die Entführungen und die Bedrohung durch Außerirdische zu untersuchen – nicht zu reden von den Viehverstümmelungen, Getreidekreisen, Kometen, Geistern und all den anderen eigenartigen und wundervollen Dingen, mit denen ich zufällig konfrontiert wurde. Ich genoß es, der »echte Fox Mulder« zu sein, und ich fand es faszinierend, in den »echten X-Akten« zu wühlen und selbst welche anzulegen. Meine Freude über die Beförderung und meine Begeisterung darüber, mich neuen Gefielden zuzuwenden, mischten sich mit der Trauer, meine Arbeit zurückzulassen. Es war jedoch nicht nur die Trauer darüber, interessante Fälle zu versäumen, sondern eine tiefere Trauer, die von dem Gefühl herrührte, daß ich, auch wenn ich viel erreicht hatte, eine unvollendete Aufgabe zurückließ.

Natürlich änderten sich meine Ansichten, und zwar sowohl die des Bürgers Nick Pope als auch meine persönlichen. Je mehr Wissen ich ansammelte, desto klarer wurde mir, daß das UFO-Phänomen nicht zur Gänze durch die konventionelle Wissenschaft erklärt werden konnte. Ich hatte das UFO-Mysterium nicht gelöst, aber ich war davon überzeugt, daß ich einen wichtigen Schritt getan hatte, indem ich erkannte, daß das Thema einer eingehenden offiziellen Untersuchung bedurfte. Und nun mußte ich mich von meiner Arbeit abwenden, ohne zu wissen, welche Einstellung meine Nachfolgerin zu dem Thema hatte, und unsicher darüber, ob sie die von mir begonnenen Nachforschungen fortsetzen würde.

Wie ich bereits sagte, leistet das Thema »UFOs« der persönlichen Voreingenommenheit Vorschub. Es ist schwierig für karrierebewußte Staatsdiener, ihre Vorurteile über UFOs abzuschütteln, ihre Augen für die Situation und ihre Vorstellungen für die Möglichkeiten zu öffnen. Ich gebe freiheraus zu, daß ich nicht sofort erfaßte, welche ungeheuerlichen Dinge da vor sich gehen. Der Wandel in mir vollzog sich langsam, aber um so profunder. Es ist sicherlich außergewöhnlich, daß der UFO-Beauftragte des britischen Verteidigungsministeriums hingeht und sagt, daß manche UFOs wahrscheinlich extraterrestrischen Ursprungs sind. Ich bin weder verrückt geworden, noch habe ich einen blinden Sinneswandel vollzogen, sondern es waren einzig und allein die Beweise, die meine Meinung geändert haben.

Ich halte mich für einen intelligenten und rationalen Menschen. Als karrierebewußter Beamter mit zehnjähriger Erfahrung im Ministerium, der in die mittleren Managementränge aufgestiegen ist, hat man nicht an die Präsenz Außerirdischer zu glauben. Als ich meinen Job antrat, glaubte ich an Flugzeuglichter, doch zum Schluß glaubte ich an Außerirdische. Es überrascht nicht, daß sich die Journalisten meinen Gesinnungswandel »auf den Federn zergehen« ließen, und ich stellte fest, daß meine Ansichten weithin zitiert wurden. Gelegentlich erschwerte mir das meine Arbeit im Ministerium, und manchmal argwöhnte ich, daß meine nächste Beförderung in weiter Ferne liegen könnte. Trotzdem bin ich, wie wir gesehen haben, heute kein einsamer Rufer in der Wüste mehr.

Wenn Sie sich in diesen Tagen zufällig eine Fernsehdokumentation über UFOs ansehen, werden Sie feststellen, daß nicht alle interviewten Leute blauäugige Gläubige sind, die auf irgendwelchen Hügeln in Zelten nächtelang auf fliegende

Untertassen warten. Heute haben Sie es wahrscheinlich mit Harvard-Professoren, Staatssekretären von Verteidigungsministerien oder vielleicht sogar ehemaligen Generalstabschefs zu tun. Und wenn Leute dieses Kalibers sich auf die Seite der Gläubigen stellen, ist es vielleicht an der Zeit zu erkennen, daß sich die Dinge trotz einiger pessimistischer Bemerkungen, die ich hier über die Einstellungen bestimmter Leute verloren habe, langsam zum Besseren wenden. Was immer die Wichtigen und die Guten auch öffentlich sagen mögen, sie kommen nicht darum herum, aufmerksam zu sein, wenn so distinguierte Wissenschaftler, Beamte und Soldaten darauf bestehen, daß es hier kontinuierliche Vorfälle gibt, die ihnen Sorgen bereiten. Diese Sorgen sind es, die mich dazu veranlaßt haben, das vorliegende Buch zu schreiben. Ich bin davon überzeugt, daß ich zu dem Zeitpunkt, als ich meinen UFO-Schreibtisch räumte, die Einstellung vieler Ministeriumsangehöriger verändert hatte, einfach indem ich ihnen Beweise vorlegte. Darüber hinaus freue ich mich, daß mir dieses Buch die Möglichkeit gibt, meine Botschaft einem größeren Publikum nahezubringen. Und die Botschaft lautet: Ihr sollt wissen, daß es Leute gibt, die den Himmel beobachten, um die schlafenden Menschen zu schützen. Ihr sollt wissen, daß wir unseren Luftraum mit modernster Radartechnologie rund um die Uhr überwachen. Aber ihr solltet auch wissen, daß nicht alle potentiellen Eindringlinge in unseren Luftraum zwei Tragflächen, einen Rumpf und ein Heck haben und daß nicht alle von unseren Radarsystemen erfaßt werden. Diese außergewöhnlichen Eindringlinge sind nicht notwendigerweise aus einem der Gründe hier, die der Luftverteidigungsexperte der Royal Air Force vermuten würde. Die Vorstellung einer technologischen Bedrohung nicht menschlicher Natur mag wie Science-fiction klingen, ist es aber nicht. Es handelt sich vielmehr um Science-fact. Es *gibt* eine Bedrohung, was auch immer manche Leute sagen mögen.

Vielleicht würde es einige der Ungläubigen interessieren, mit den belgischen F-16-Piloten zu sprechen, die den Befehl erhielten, ein UFO abzufangen, das Ringe um ihr Flugzeug ziehen konnte und das auch tat. Vielleicht würde es sie interessieren, mit Stephen Michalak zu sprechen, den der Hitzestrahl eines gelandeten UFOs in die Brust traf, oder mit Betty Cash, die nach ihrer traumatisierenden nahen Begegnung schwer verstrahlt war. Oder vielleicht würde es diese Skeptiker interessieren, mit den Familien jener Menschen zu sprechen, die ihre UFO-Begegnungen nicht überlebten, wie Thomas Mantell und Frederick Valentich. Vielleicht würde es sie interessieren, Farmer zu treffen, deren Rinder wie durch einen Laserstrahl verstümmelt wurden. Oder vielleicht sollten sie sich - wie ich es tat - mit einigen der Tausenden von Menschen zusammensetzen, die behaupten, daß nicht menschliche Intelligenzen Experimente an ihnen durchführten - Menschen, die die Öffentlichkeit im allgemeinen scheuen und nur einige Antworten bekommen möchten. Menschen, deren Begegnungen von Experten aus der Psychiatrie in zunehmendem Maß für echt erklärt werden. Uns allen gefällt die Vorstellung, die Dinge unter Kontrolle zu haben. Aber was, wenn das nicht der Fall ist? Was passiert, wenn wir uns weigern zu akzeptieren, daß es da eine Bedrohung gibt, geschweige denn, daß wir etwas gegen sie unternehmen? Das ist das ultimative UFO-Dilemma, dem wir uns stellen müssen. Wir können nicht anfangen, nach Lösungen zu suchen, bevor wir uns nicht der Tatsache bewußt sind, daß da ein Problem ist.

Abkürzungen

BUFORA	British UFO Research Organisation
CUFOS	Center for UFO Studies
ETH	Extraterrestrische Hypothese
GSW	Ground Saucer Watch
OSI	Office of Scientific Intelligence
RAF	Royal Air Force
SETI	Search for Extraterrestrial Intelligence
USAF	United States Air Force

Anhang 1

Zahl der UFO-Berichte an das Verteidigungsministerium

1959: 22	1978: 750
1960: 31	1979: 550
1961: 71	1980: 350
1962: 46	1981: 600
1963: 51	1982: 250
1964: 74	1983: 390
1965: 56	1984: 214
1966: 95	1985: 177
1967: 362	1986: 120
1968: 280	1987: 150
1969: 228	1988: 397
1970: 181	1989: 258
1971: 379	1990: 209
1972: 201	1991: 117
1973: 233	1992: 147
1974: 177	1993: 258
1975: 208	1994: 250
1976: 200	1995: 373
1977: 435	

Anhang 2

Das für Berichte über UFO-Sichtungen verwendete Formblatt

Bericht über ein unbekanntes Flugobjekt

1. Datum, Zeitpunkt & Dauer der Sichtung	
2. Beschreibung des Objekts/der Objekte (Zahl der Objekte, Form, Größe, Farbe, Helligkeit, Geräusch)	
3. Genaue Position des Beobachters (drinnen/im Freien, stationär, in Bewegung)	
4. Art der Beobachtung (bloßes Auge, Fernglas, anderes optisches Gerät, Kamera oder Camcorder)	
5. Richtung, in der das Objekt das erste Mal gesehen wurde (ein Orientierungspunkt in der Landschaft ist möglicherweise geeigneter als eine grob geschätzte Peilung)	

7. Entfernung (bezogen auf einen bekannten Orientierungspunkt)	
8. Bewegungen (Veränderungen von 5, 6 und 7 sind möglicherweise aussagekräftiger als Kurs- und-Geschwindigkeitsschätzungen)	
9. Meteorologische Bedingungen während der Beobachtung (sich bewegende Wolken, Dunst, Nebel etc.)	
10. Nahe gelegene Objekte (Telefonleitung, Hochspannungsleitung, Stausee, See oder Damm, Sumpf- oder Marschgebiet, Fluß, hohes Gebäude, hoher Kamin, Kirch- oder Turmspitze, TV- oder Funkmasten, Flugplatz, Kraftwerk, Fabrik, Grube oder anderer durch Flutlicht oder nächtliche Beleuchtung erhellter Ort)	
11. An wen wurde Meldung erstattet (Polizei, Militär, Presse etc.)	
12. Name und Adresse des Informanten	
13. Hintergrund des Informanten (freiwillig)	
14. Andere Zeugen	
15. Datum und Zeitpunkt der Meldung	
16. Allfällige außergewöhnliche meteorologische Bedingungen	
17. Bemerkungen	

Anhang 3

Antwortschreiben des Verteidigungsministeriums an UFO-Zeugen

MINISTRY OF DEFENCE
From: Mr N G Pope, Secretariat(Air Staff)2a, Room 8245,
Main Building, Whitehall, London SW1A 2HB

Telephone (Direct Dialling) 0171 218 2140
(Switchboard) 0171 218 9000
(Fax) 0171 218 2680

Mr A Smith
1 Nonsuch Road
Anytown
County
AT1 0SP

Your reference

Our reference
D/Sec(AS)12/3

Date
26 July 1994

Dear Mr Smith,

Thank you for your letter dated 20 July in which you described the strange object that you saw in the sky recently.

I should begin by explaining that our only interest in the subject of UFOs relates to the issue of defence. Unless there is evidence to suggest that any sighting poses a threat to the defence of the UK, we do not investigate further.

Although there are clearly many strange things to be seen in the skies, we believe that most of them can be explained in terms of known objects or phenomena. Examples that spring to mind include aircraft lights, airships, satellites and meteors. Having said this, we do accept that a small proportion of UFOs appear to defy explanation, and we keep an open mind on these.

If you wish to take the matter further, might I suggest that you contact one of the civilian groups involved in UFO research, who will doubtless be very interested to hear from you, and may well have some ideas about what you saw. I would suggest the British UFO Research Association on 01924 444049 or Quest International on 01756 752216.

I hope this is helpful.

Yours sincerely,

Nick Pope

Ministry of Defence
Mr N G Pope, Secretariat (Air Staff)2a, Room 8245,
Main Building, Whitehall, London SW1A 2HB

Telefon (Direktwahl) 0171 218 2140
(Zentrale) 0171 218 9000
Fax: 0171 218 2680

Mr A Smith	Ihr Zeichen	Unser Zeichen
Zufallsstraße 1		D/Sec(AS)12/3
Irgendwo		Datum: 26. Juli 1994
AT1 0SP		

Sehr geehrter Herr Smith,
vielen Dank für Ihr Schreiben vom 20. Juli, in dem Sie das eigenartige Objekt beschrieben, das Sie vor kurzem am Himmel beobachteten.
Zu Beginn möchte ich festhalten, daß unser einziges Interesse am Thema UFO verteidigungsbezogen ist. Wenn es keine Anzeichen dafür gibt, daß eine Sichtung eine Bedrohung für die Verteidigung des Vereinigten Königreiches darstellt, stellen wir keine weiteren Nachforschungen an.
Obwohl wir wissen, daß viele eigenartige Dinge am Himmel zu beobachten sind, sind wir davon überzeugt, daß sich die meisten davon durch bekannte Phänomene oder Objekte erklären lassen. Zu den bekanntesten Beispielen zählen Flugzeuglichter, Luftschiffe, Satelliten und Meteore. Darüber hinaus akzeptieren wir, daß es einen kleinen Prozentsatz von UFOs gibt, der sich nicht erklären läßt, und diesen kleinen Prozentsatz untersuchen wir mit offener Einstellung.
Wenn Sie die Angelegenheit weiter verfolgen möchten, schlage ich Ihnen vor, sich mit einer der Bürgergruppen in Verbindung zu

setzen, die sich mit UFO-Forschung beschäftigen. Diese werden zweifellos sehr an Ihrem Bericht interessiert sein und vielleicht auch eine plausible Erklärung für das haben, was Sie gesehen haben. Ich möchte Ihnen vorschlagen, sich an den britischen UFO-Forschungsverband unter der Telefonnummer 01024/444049 oder an Quest International unter der Telefonnummer 01756/752216 zu wenden.
In der Hoffnung, daß Ihnen dieses Schreiben weiterhilft, verbleibe ich mit besten Grüßen

Nick Pope

Anhang 4

UFO-Organisationen, die sich mit der Erforschung des UFO-Phänomens oder Besuchen außerirdischer Intelligenzen in der Geschichte der Menschheit beschäftigen:

Ancient Astronaut Society (AAS)
Erich von Däniken
Postfach
CH-3803 Beatenberg

Deutschsprachige Gesellschaft für UFO-Forschung e.V. (DEGUFO)
Reinhard Nühlen
Postfach 2831
D-55516 Bad Kreuznach

Forschungsgesellschaft Kornkreise (FGK)
Harald Hoos
Hauptstraße 145
D-76829 LD-Godramstein

Gemeinschaft zur Erforschung außerirdischer Spuren e.V. (GEAS)
Oliver Koch
Schwalbenflucht 17
D-27751 Delmenhorst

Gesellschaft zur Erforschung des UFO-Phänomens (GEP)
Hans-Werner Peiniger
Postfach 2361
D-58473 Lüdenscheid

Giordano-Bruno-Gesellschaft
Nicolas Benzin
Döhlestraße 1
D-37269 Eschwege

Independent Alien Network
Wladislaw Raab
Morassistraße 16
D-80469 München

Interessengemeinschaft Prä-Astronautik Essen e.V. (IPE)
Cornelia Brandt
Wintgenstraße 26
D-45239 Essen

Interessengemeinschaft Prä-Astronautik Nordhessen (IPN)
Rüdiger Krug
Sudholzstraße 5
D-34233 Fuldatal

Mutual UFO Network – Central European Section (MUFON-CES)
Dipl-Phys. Illobrand von Ludwiger
Gerhart-Hauptmann-Straße 5
D-83620 Feldkirchen-Westerham

Regionales UFO-Forschungs-Centrum Nord (RUFON)
Gerhard Cerven
Groten Hoff 11
D-22359 Hamburg

Prisma Sky International
Hans-Peter Schäfer
Postfach 1541
D-57305 Bad Berleburg

UFO-Interessengruppe (U.I.G.)
Dirk Renner und Mario Ringmann
Warschauer Straße 36
D-15234 Frankfurt/Oder

Anhang 5

Oberstleutnant Charles Halts Bericht über den Vorfall von Rendlesham Forest

DEPARTMENT OF THE AIR FORCE
HEADQUARTERS 81ST COMBAT SUPPORT GROUP (USAFE)
APO NEW YORK 09755

REPLY TO ATTN OF: CD

13 Jan 81

SUBJECT: Unexplained Lights

TO: RAF/CC

1. Early in the morning of 27 Dec 80 (approximately 0300L), two USAF security police patrolmen saw unusual lights outside the back gate at RAF Woodbridge. Thinking an aircraft might have crashed or been forced down, they called for permission to go outside the gate to investigate. The on-duty flight chief responded and allowed three patrolmen to proceed on foot. The individuals reported seeing a strange glowing object in the forest. The object was described as being metalic in appearance and triangular in shape, approximately two to three meters across the base and approximately two meters high. It illuminated the entire forest with a white light. The object itself had a pulsing red light on top and a bank(s) of blue lights underneath. The object was hovering or on legs. As the patrolmen approached the object, it maneuvered through the trees and disappeared. At this time the animals on a nearby farm went into a frenzy. The object was briefly sighted approximately an hour later near the back gate.

2. The next day, three depressions 1 1/2" deep and 7" in diameter were found where the object had been sighted on the ground. The following night (29 Dec 80) the area was checked for radiation. Beta/gamma readings of 0.1 milliroentgens were recorded with peak readings in the three depressions and near the center of the triangle formed by the depressions. A nearby tree had moderate (.05-.07) readings on the side of the tree toward the depressions.

3. Later in the night a red sun-like light was seen through the trees. It moved about and pulsed. At one point it appeared to throw off glowing particles and then broke into five separate white objects and then disappeared. Immediately thereafter, three star-like objects were noticed in the sky, two objects to the north and one to the south, all of which were about 10° off the horizon. The objects moved rapidly in sharp angular movements and displayed red, green and blue lights. The objects to the north appeared to be elliptical through an 8-12 power lens. They then turned to full circles. The objects to the north remained in the sky for an hour or more. The object to the south was visible for two or three hours and beamed down a stream of light from time to time. Numerous individuals, including the undersigned, witnessed the activities in paragraphs 2 and 3.

CHARLES I. HALT, Lt Col, USAF
Deputy Base Commander

DEPARTMENT OF THE AIR FORCE
(unleserlich)

Antwort an: 13. Januar 1981
Z.Hd.: CD

BETRIFFT: Unerklärliche Lichter

An RAF/CC

1. Am frühen Morgen des 27. Dezember 1980 (etwa 3 Uhr) sahen zwei Streifenbeamte der Sicherheitspolizei der USAF außerhalb des hinteren Tors der RAF Woodbridge außergewöhnliche Lichter. In dem Glauben, ein Flugzeug könnte abgestürzt oder zur Landung gezwungen worden sein, erbaten sie die Erlaubnis, hinauszugehen und den Vorfall zu untersuchen. Der diensthabende Flugdirektor reagierte und gestattete den drei Streifenbeamten, zu Fuß hinzugehen. Die Männer berichteten, ein eigenartiges glühendes Objekt im Wald zu sehen. Sie beschrieben dieses Objekt als metallisch und dreieckig, mit einem Basisdurchmesser von etwa drei und einer Höhe von etwa zwei Metern. Es erleuchtete den gesamten Wald mit einem weißen Licht. Das Objekt selbst war oben mit einem pulsierenden roten Licht und einem Band (mehreren Bändern) blauer Lichter unterhalb ausgestattet. Es schwebte über dem Boden, oder es stand auf Beinen. Als sich die Streifenbeamten dem Objekt näherten, manövrierte es durch die Bäume und verschwand. Zu diesem Zeitpunkt gerieten die Tiere auf einer nahe gelegenen Farm in wilden Aufruhr. Das Objekt wurde etwa eine Stunde später in der Nähe des rückwärtigen Tors kurz gesichtet.
2. Am nächsten Tag fanden sich an der Stelle, an der das Objekt

gesichtet worden war, im Boden drei Eindrücke mit einer Tiefe von etwa vier und einem Durchmesser von etwa 18 Zentimetern. In der folgenden Nacht (29. Dezember 1980) wurde die Strahlung in dem Gebiet gemessen. Dabei wurde eine Beta/Gammastrahlung von 0,1 Milliröntgen mit Spitzenwerten in den drei Vertiefungen und in der Nähe des von ihnen gebildeten Dreiecks festgestellt. Ein nahe stehender Baum wies auf der den Vertiefungen zugewendeten Seite mäßige Werte von 0,05 bis 0,07 Milliröntgen auf.

3. Im weiteren Verlauf der Nacht sah man ein rotes, sonnenartiges Licht durch die Bäume schimmern, das sich bewegte und pulsierte. Einmal schien es glühende Teilchen auszustoßen, und danach zerbrach es in fünf weiße Teile. Schließlich verschwand es. Unmittelbar danach wurden drei sternartige Objekte am Himmel beobachtet, zwei davon nördlich und eines südlich, alle etwa 10 Grad über dem Horizont. Die Objekte bewegten sich schnell in spitzwinkeligen Bewegungen und strahlten rote, grüne und blaue Lichter aus. Die Objekte im Norden schienen bei Betrachtung durch eine leistungsstarke 8–12-Linse von elliptischer Form zu sein. Dann verwandelten sie sich in Kreise. Die nördlichen Objekte blieben eine Stunde oder noch länger am Himmel. Das südliche Objekt war zwei oder drei Stunden sichtbar und sendete von Zeit zu Zeit einen Lichtstrahl zu Boden. Zahlreiche Personen, darunter der Unterzeichnete, waren Zeugen der in Absatz 2 und 3 beschriebenen Ereignisse.

CHARLES I. HALT, Oberstleutnant, USAF
Deputy Base Commander

Anhang 6

Detailinformationen über die UFO-Akten des Public Record Office

AIR 16/1199
AIR 20/7390
AIR 20/9320
AIR 20/9321
AIR 20/9322
AIR 20/9994
AIR 2/16918
AIR 2/17318
AIR 2/17526
PREM 11/855

Anhang 7

PRIME MINISTER'S
PERSONAL MINUTE 5

SERIAL No. M. 412 /52

SECRETARY OF STATE FOR AIR

LORD CHERWELL

What does all this stuff about flying saucers amount to? What can it mean? What is the truth Let me have a report at your convenience.

W.S.C.

28 July 1952

AKTE PREM 11/855
Copyright bei der Krone von England (Crown Copyright). Abdruck mit freundlicher Genehmigung des Controllers des Stationery Office Ihrer Majestät

(Stempel:)
PERSÖNLICHES PROTOKOLL
DES PREMIERMINISTERS

STAATSSEKRETÄR FÜR LUFTFAHRT
LORD CHERWELL

Was soll all dieses Zeug über fliegende Untertassen? Was kann es bedeuten? Was ist die Wahrheit? Lassen Sie mir bei Gelegenheit einen Bericht zukommen.

W.S.C.
28. Juli 1952

AIR MINISTRY, 4
WHITEHALL,
S.W.1.

PRIME MINISTER

The various reports about unidentified flying objects, described by the Press as "flying saucers", were the subject of a full Intelligence study in 1951. The conclusions reached (based upon William of Occam's Razor) were that all the incidents reported could be explained by one or other of the following causes:-

(a) Known astronomical or meteorological phenomena

(b) Mistaken identification of conventional aircraft, balloons, birds, etc.

(c) Optical illusions and psychological delusions

(d) Deliberate hoaxes.

2. The Americans, who carried out a similar investigation in 1948/9, reached a similar conclusion.

3. Nothing has happened since 1951 to make the Air Staff change their opinion, and, to judge from recent Press statements, the same is true in America.

4. I am sending a copy of this to Lord Cherwell.

L.B.

9th August, 1952.

Put by

MINISTERIUM FÜR LUFTFAHRT
WHITEHALL S.W.1.

PREMIERMINISTER

Die verschiedenen Berichte über unbekannte Flugobjekte, von der Presse »fliegende Untertassen« genannt, waren Thema einer umfassenden Studie des Nachrichtendienstes des Jahres 1951. Die gezogene Schlußfolgerung (basierend auf Wilhelm von Ockhams Rasiermessertheorie) lautete, daß alle gemeldeten Vorfälle durch eines der folgenden Phänomene erklärt werden konnten:

a Bekannte astronomische oder meteorologische Phänomene
b Falsche Interpretation von konventionellen Flugzeugen, Ballons, Vögeln etc.
c Optische und psychologische Täuschungen
d Absichtlich herbeigeführte Täuschungen

2. Die Amerikaner, die in den Jahren 1948/1949 ähnliche Untersuchungen durchführten, kamen zu vergleichbaren Ergebnissen.
3. Seit 1951 ist nichts geschehen, was eine Meinungsänderung des Ministeriums für Luftfahrt bewirkt hätte. Nach neueren Pressemeldungen zu schließen, gilt für Amerika dasselbe.
4. Eine Kopie dieses Schreibens ergeht an Lord Cherwell.

9. August 1952 (Unterschrift)

Anhang 8

Zahl der an Project Sign/Grudge/Blue Book übermittelten UFO-Berichte

Jahr	Gesamtzahl der Sichtungen	Ungeklärt
1947	122	12
1948	156	7
1949	186	22
1950	210	27
1951	169	22
1952	1501	303
1953	509	42
1954	487	46
1955	545	24
1956	670	14
1957	1006	14
1958	627	10
1959	390	12
1960	557	14
1961	591	13
1962	474	15
1963	399	14
1964	562	19
1965	886	16
Gesamt	10 047	646

Bibliographie

englische Titel:

Berlitz, Charles, und Moore, William: *The Roswell Incident* (Granada Publishing, 1980)

Bord, Janet und Colin: *Alien Animals* (Granada Publishing, 1980)

Bryan, C.D.B.: *Close Encounters of the Fourth Kind: Alien Abduction and UFOs – Witnesses and Scientists Report* (Weidenfeld & Nicolson, 1995)

Butler, Brenda, Street, Dot, und Randles, Jenny: *Sky Crash: A Cosmic Conspiracy* (Neville Spearman, 1984)

Delgado, Pat, und Andrews, Colin: *Circular Evidence: A Detailed Investigation of the Swirled Crops Phenomenon* (Bloomsbury, 1989)

Evans, Hilary (hrsg.): *Frontiers of Reality* (Guild Publishing, 1989)

Goldman, Jane: *The X-Files Book of the Unexplained, Bd. 1* (Simon & Schuster, 1995)

Good, Timothy: *Alien Liaison: The Ultimate Secret* (Arrow 1992): *Beyond Top Secret: The Worldwide UFO Security Threat* (Sidgwick & Jackson, 1996)

Hopkins, Budd: *Missing Time* (Richard Merrick, 1981); *Intruders: The Incredible Visitations at Copley Woods* (Random House, 1987)

Howe, Linda Moulton: *An Alien Harvest* (Linda Moulton Howe Productions, 1989)

Hynek, Dr. J. Allen: *The UFO Experience: A Scientific Inquiry* (Ballantine Books, 1974)

Jacobs, David: *Secret Life* (Simon & Schuster, 1987)

Lindemann, Michael (hrsg.): *UFOs and the Alien Presence: Six Viewpoints* (The 2020 Group, 1991)
Mack, John E.: *Abduction: Human Encounters with Aliens* (Simon & Schuster, 1994)
Nagaitis, Carl, und Mantle, Philip: *Without Consent: A Comprehensive Survey of Missing-Time and Abduction Phenomena in the UK* (Ringpull, 1994)
Noyes, Ralph (hrsg.): *The Crop Circle Enigma* (Gateway, 1990)
Randle, Kevin, und Schmitt, Don: *UFO Crash at Roswell: The Truth about the UFO Crash at Roswell* (M. Evans Publishing, 1994)
Randles, Jenny: *UFO Study: A Handbook for Enthusiasts.* (Robert Hale, 1989)
Ruppelt, Edward J.: *The Report on Unidentified Flying Objects* (Doubleday & Co. Inc., 1956)
Schnabel, Jim: *Round in Circles: Physicists, Poltergeists, Pranksters and the Secret History of the Cropwatchers. (Hamish Hamilton, 1993);*
Dark White: Aliens, Abductions, and the UFO Obsession (Hamish Hamilton, 1994)
Shuker, Karl: *Mystery Cats of the World* (Robert Hale, 1989)
Spencer, John: *Perspectives: A Radical Examination of the Alien Abduction Phenomenon* (Macdonald & Co., 1989);
The UFO Encyclopedia (Headline, 1991)
Strieber, Whitley: *Communion: A True Story* (Centaury Hutchinson, 1987)
Transformation: The Breakthrough (Centaury Hutchinson, 1988)
Vallée, Jacques: *Dimensions: A Casebook of Alien Contact* (Souvenir Press, 1988)
Confrontations: A Scientist's Search for Alien Contact (Souvenir Press, 1990)

Revelations: Alien Contact and Human Deception (Souvenir Press, 1992)
von Däniken, Erich: *Chariots of the Gods?* (Souvenir Press, 1969)
Walters, Ed und Frances: *The Gulf Breeze Sightings* (Bantam Press, 1990)

deutsche Titel:
Berlitz, Charles, und Moore, William: *Der Roswell-Zwischenfall. Die UFOs und der CIA*, 13. Auflage 1995, Wien 1995
Bord, Janet und Colin: *Unheimliche Phänomene des 20. Jahrhunderts*, München 1995
Evans, Hilary (hrsg.): *Beweise: UFOs*, München 1988
Goldman, Jane: *Die wahren X-Akten. Das Buch der unerklärlichen Phänomene*, vgs/CVK 1996
Good, Timothy: *Jenseits von Top Secret. Das geheime UFO-Wissen der Regierungen. Eine Dokumentation*, Zweitausendeins, 6. Auflage 1993
Hopkins, Budd: *Fehlende Zeit. Von UFOs entführt. Dokumente und Berichte über aufsehenerregende Fälle*, München 1996
Eindringlinge. Die unheimliche Begegnung in den Copley Woods, München 1994
Jacobs, David: Geheimes Leben. *Dokumentierte Berichte über UFO-Entführungen aus erster Hand*, »Kopp, Jochen« 1995
Mack, John E.: *Entführt – von Außerirdischen*, Bettendorf 1995
Der Alien-Report. Begegnungen mit Außerirdischen – Wahn oder Realität?, München 1995
Strieber, Whitley: *Die Kirche der Nacht*, München 1989
Transformationen, München 1992

Vallée, Jacques: *Dimensionen. Begegnungen mit Außerirdischen von unserem eigenen Planeten*, München 1996
Enthüllungen. Begegnungen mit Außerirdischen und menschlichen Manipulationen, München 1997
Konfrontationen. Begegnungen mit Außerirdischen und wissenschaftlichen Beweisen, München 1996
von Däniken, Erich: *Freunde aus dem All. Kosmische Spuren: Neue Funde, Entdeckungen und Phänomene*, München 1995
Die Spuren der Außerirdischen, München 1992
Walters, Ed und Frances: *UFOs. Es gibt sie. Die Dokumentation der Begegnung in Gulf Breeze*, München 1995

Zeitschriften

(Es handelt sich zumeist um Zeitschriften, die von Organisationen oder Einzelpersonen im Eigenverlag hergestellt und vertrieben werden.)

Ancient Skies

Organ der Astronaut Society (s. dort),
Erich von Däniken und Dr. Johannes Fiebag (hrsg.)
Führende Zeitschrift im Themenbereich Paläo-SETI-Hypothese, neue Erkenntnisse und theoretische Ansätze, Literaturrezensionen. Erscheint zweimonatlich.

FGK-Report

Organ der Forschungsgesellschaft Kornkreise (s. dort)
Beschäftigt sich ausschließlich mit dem Kornkreisphänomen in England und anderswo.
Kritisch, aber offen eingestellt versuchen die Autoren dem Phänomen mit wissenschaftlich abgesicherten Methoden auf die Spur zu kommen. Erscheint vierteljährlich.

G.E.A.S. Forum

Organ der G.E.A.S. e.V. (s. dort)
Paläo-SETI, UFO-Forschung, Astronomie, Anthropologie und Vor- und Frühgeschichte. Erscheint zweimonatlich.

International UFO Reporter

Organ des J.A. en Hynek Center for UFO Studies,
2457 West Peterson Avenue, Chicago, Illinois 60659, USA
Englischsprachige UFO-Zeitschrift. Gute, fundierte und wis-

senschaftliche Beiträge zu aktuellen und historischen UFO-Fällen. Schwerpunkt: Sichtungen in den USA. Erscheint zweimonatlich.

Journal für UFO-Forschung

Organ der GEP (s. dort), Hans-Werner Peiniger und Gerald Mosbleck (hrsg.)

UFO-Forschung, kritische Analysen einzelner Fälle, Berichte zur weltweiten UFO-Forschung, umfassende Literaturrezensionen. Erscheint monatlich.

Magazin für Grenzwissenschaften

Walter Kelch und Stefan E. Riches (hrsg.), Niederstr. 31, D-56637 Plaidt

Themen: UFO-Forschung, Paläo-SETI-Hypothese, »Fabelwesen« und weltweite Mysterien.

Informationen über Astronomie, Meteorologie, Archäologie und Weltraumtechnik. Erscheint zweimonatlich.

MUFON-CES-Berichte

MUFON-CES (hrsg.)

Etwa alle zwei bis drei Jahre erscheinende Tagungsbände der zentraleuropäischen Sektion von MUFON. Wissenschaftlich ausgerichtet und gut fundiert.

MUFON UFO Journal

Organ des Mutual network, 103 Oldtown Rd., Seguin, Texas 78155, USA

Englischsprachiges Magazin der derzeit weltweit größten UFO-Forschungsgruppe.

Wissenschaftlich abgesicherte, gut recherchierte Berichte. Schwerpunkt USA. Erscheint monatlich.

OMICRON

Roland Roth (hrsg.), Rothwesstener Str. 9,
D-34233 Fuldatal-Simmershausen

Wird in direkter Zusammenarbeit mit der Giordano-Bruno-Gesellschaft (s. dort) erstellt. Themen: Paläo-SETI, UFO-Forschung, Wissenschaftliches, Frage der Akzeptanz außergewöhnlicher Entdeckungen und Erkenntnisse in der Gesellschaft.

Prisma Newsletter

Organ von Prisma Sky International, Hans-Peter Schäfer und Hans U. Althaus (hrsg.), Postfach 1541, D-57305 Bad Berleburg

Magazin für wissenschaftliche und grenzwissenschaftliche Themen: Schwerpunkte: Auseinandersetzungen mit dem UFO-Phänomen und der Paläo-SETI-Hypothese.

UFO-Kurier

Jochen Kopp (hrsg.), Hirschauer Str. 10,
D-72108 Rottenburg

Zur Zeit führendes, professionell gemachtes UFO-Magazin auf dem deutschsprachigen Markt mit wertvollen Übersetzungen aus der seriösen englischsprachigen Literatur und fundierten Beiträgen deutscher Forscher.

UFO-Nachrichten

Werner L. Forster (hrsg.), Postfach 1211,
D-87630 Obergünzburg-Kempten

Wieder neu auf den Markt gekommene Fortführung der ältesten UFO-Zeitschrift im deutschsprachigen Raum. Schwerpunkt: die eher mit Vorsicht zu behandelnden »Kontaktler-Geschichten«, es zeigt sich aber eine zunehmende Tendenz hin zu einer kritischen Behandlung der UFO-Themas und der Paläo-SETI-Hypothese. Erscheint zweimonatlich.

UFO-Report

Organ des Independent Alien Network (s. dort)
Aktuelle UFO-Meldungen und Berichte mit Schwerpunkt Entführungen (Humanoidensichtungen und Abductions) und Hinweise aus der Mythologie. Kommentare zum weltweiten Geschehen, Buchrezensionen. Erscheint vierteljährlich.

Unkown Reality

Organ der U.I.G. (s. dort)
Artikel zu UFOs, UFO-Entführungen, Paläo-SETI, Kornkreisen, Mythen und Legenden, Archäologie. Erscheint zweimonatlich.

Wissenschaft ohne Grenzen (WOG)

WOG-Verlag, Neuer Friedberg 1, D-98528 Suhl
Ein professionell gemachtes Magazin. Themen: die Arbeiten der IPE e.V. (s. dort), außerdem die Paläo-SETI-Hypothese und Querverbindungen zum UFO-Komplex. Erscheint vierteljählich.

Bildquellen

Die Seitenzahlen beziehen sich auf den Bildteil in der Mitte des Buches.

Seite 1:	© Colin Andrews
Seite 2, 3, 4, 5:	© Quest Picture Library
Seite 6:	© Ray Santilli (Roswell Footage Ltd.)
Seite 7:	© Ed Walters, mit freundlicher Genehmigung von William Morrow & Co, Inc.
Seite 8:	»Gesicht auf dem Mars«: © NASA/Quest Picture Library Andere: © Quest Picture Library
Seite 9:	© Nick Pope
Seite 10:	© Quest Picture Library
Seite 11:	Kenneth Arnold: © Quest Picture Library Operation Right to Know members: © John Holman
Seite 12:	© Quest Picture Library

Register